포스트 메타버스

※ 일러두기

본 출판물은 대전정보문화산업진흥원의 지원을 바탕으로 제작되었습니다.

다음 세상이 온다

포스트 메타버스

우운택, 이원재, 이은수 외 지음

THE NEXT WORLD
IS COMING

포르체

목
차

7장 **[전에 없던 새로운 감각: 메타버스와 예술]**

서

문

메타버스에 대한 다양한 시선

최근 메타버스Metaverse가 화제다. '초월'을 뜻하는 '메타Meta-'와 '세상'을 뜻하는 '유니버스Universe'를 결합한 단어인 메타버스에 대한 해석은 아직까지 각자의 경험과 지식에 따라 제각각이다. 관련 기술의 발전과 시대 환경에 따라 메타버스에 대한 정의도 계속 진화하고 있는 셈이다.

현재 주목받고 있는 메타버스란 '현실-가상 융합에 기반한 확장 가상 세계'이자 '융합 경제 플랫폼'이다. 즉, '아바타'를 통해 다양한 일상의 활동이 가능한 '소셜 미디어'이자, 경제적 가치 창출도 가능한 '지속되는 현실-가상 융합 경제 플랫폼'이다. 메타버스는 단일 기술이 아니라, 메타버스 플랫폼을 중심으로 콘텐츠, 네트워크, 디바이스 등의 정보통신 기술이 유기적으로 연동된 '현실-가상 융합 생태계'라고 할 수 있다.

'메타버스'가 뜨거운 유행어로 다시 등장함에 따라 국내외 관련 기업도 빠르게 대응하고 있다. 대면 활동이 어려운 코로나 팬데믹 상황에서 비대면의 한계를 극복할 수 있는 대안으로 '경제적 가치 창출이 가능한 현실-가상 융합 소셜 플랫폼'의 활용은 더 많아질 것이다. 그럼에도, 누군가는 '메타버스는 아직 없다Metaverse is Nowhere'고 하고 또 누군가는 '지금 여기Now Here' 있다고 논쟁한다. 왜 다시 메타버스인가? 다시 돌아온 메타버스2.0은 살아남아 일상의 기술이 될 수 있는가? 이질문에 답하기 위해 '메타버스에 대한 깊은 생각 포럼'을 시작하였고, '메타버스에 대한 다양한 시선'이라는 이름으로 첫 번째 논의를 정리하게 되었다.

　최근 대두되고 있는 메타버스는 피할 수 없는 현실-가상 융합 플랫폼이자 미디어이다. 메타버스가 일상의 기술이 되는 시점은 돌아온 메타버스2.0의 한계를 극복하고 일상에서 활용할 수 있는 메타버스3.0이 시작되는 때일 것이다. 우리가 인터넷과 데스크탑 컴퓨터 기반으로 기존의 메타버스1.0을 경험하였다면, 메타버스2.0은 무선네트워크와 스마트폰 기반으로 경험하는 현실-가상 융합 세계이다. 이에 반해 메타버스3.0은 초고속망과 안경형 플랫폼을 기반으로 '일상에서 경험하는 현실-가상 융합 경제 플랫폼'이 될 것이다. 이를 위해서는, 사물인터넷IoT, 초고속망, 에지 클라우드, 디지털 트윈Digital Twin, 인공지능, 메타버스, 가상자산, 가상증강현실 등의 유기적 연동으로 누구든 언제 어디서나 즉각적으로 필요한 정보를 활용하고 체험할 수 있어야 한다.

새로운 미디어는 늘 기회와 함께 오기 마련이다. 지금까지 미디어가 사람의 능력을 확장하는 도구로 활용되어 왔다면, 메타버스도 사람들이 더 즐겁고 행복하게 살 수 있게 돕는 도구로서 충분히 이용될 수 있도록 만들어야 한다. 그래서 이번 강연에서는 다시 돌아온 두 번째 메타버스는 왜 돌아왔으며, 이것이 지속 가능해지려면 어떤 형태여야 할지, 또 미래의 메타버스를 대비하여 우리는 무엇을 준비해야 하는지 등 메타버스의 기술적인 측면과 함께 이를 활용하는 사람의 시각이나 사회적 관점에서 메타버스를 이해할 수 있도록 도와줄 다양한 시선을 담았다. 가상 공간, 창작과 향유, 아바타, 상호작용, 놀이, 문화유산, 사회, 접근성과 확장성, 인문학적 해석, 인지적 관점, 음악, 공연, 건축, 예술, 도시, 언어 등의 관점을 담아 총 19분이 강연에 참여해 주셨다.

포스트 메타버스를 향한 첫걸음은 잘 내디뎠다. 새로운 기술이 주목받으면 거품과 혼돈의 시간이 먼저 찾아오고 실현의 시간을 거쳐 활용의 시간이 도래할 것이다. 이 책자가 혼돈보다는 정리와 논의의 진전에 조금이라도 도움이 되기를 바라는 마음이다. 현실-가상 융합은 이미 다가와 있는 미래다. 돌아온 메타버스2.0은 새로운 시작이고, 현실에서 활용 가능한 메타버스3.0으로 진화해야 한다. 여기에 다 담아내지 못한 내용은 이번 강연을 디딤돌 삼아 다음번 강연에서 더 심화시키고 발전시킬 수 있을 것이라고 생각한다. 이번 성과는 강연이 진행될 수 있도록, 또 강연이 책으로 나올 수 있도록 직간접적으로 참여하고 도와주신 모든 분들 덕분이다. 지원해 주신 KAIST와 대전시, 그리고 대전정보문화산업진흥원에도 감사드린다. 꼼꼼하게 원고를 읽고 책자로 정리해 준 출판사 포르체 관계자 분들께도 깊은 감사를 드린다.

우운택, 대표 저자

1장

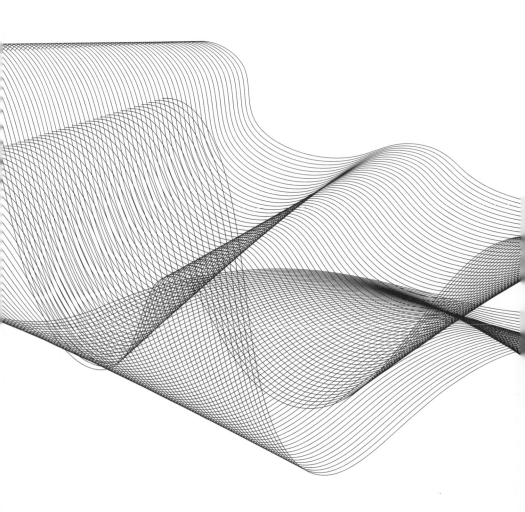

메타버스, 어디까지 왔나:

메타버스 개론

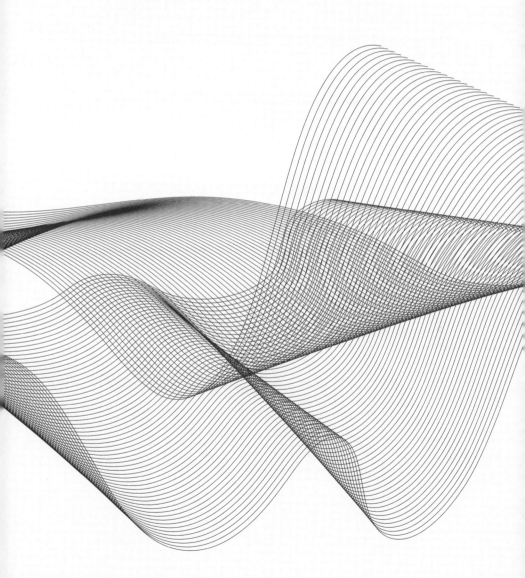

이제껏 없던
새로운 세상이 열린다

참여자

원광연 KAIST 문화기술대학원 교수
우운택 KAIST 문화기술대학원 교수
이은수 KAIST 문화기술대학원 교수
이원재 KAIST 문화기술대학원 교수

이은수: 메타버스가 단순한 화두에 그치는 것이 아니라, 인류사적
으로 기술의 발전이 어디까지 와있는지 조망해 볼 수 있
는 강연이었다. 특히 기계혁명을 통해 인류가 시간에 대
한 새로운 관념을 공유하게 되었다는 사실이 인상적인데,
메타버스도 우리 삶에서 많은 것을 바꿔놓을까.

원광연: 산업혁명으로 시간에 관한 관념 자체가 바뀌었다. 마찬가
지로 디지털 혁명을 통해 공간의 개념이 바뀌고 확장되
었다. 그걸 메타버스에 대입하면 공간보다 장소에 대한
개념이 바뀔 것으로 본다. 장소는 공간과 달리 추상적이
지 않고 현실적인 의미가 있다. 우리가 어떤 메타버스를
구현하느냐에 따라 장소에 대한 관념도 자유자재로 바뀔
수 있을 것이다.

우운택: 메타버스에 대한 진지한 논의가 이루어지기에 앞서, 새로운 분야가 산업계에서 주목되면서 논의가 상실되고 휩쓸려 가기 쉬운 상황이 되고 있는 것 같다. 물론 가상증강현실의 가치를 인정받는 것은 좋지만 메타버스의 기본 속성에 주목할 필요가 있지 않을까. 메타버스의 기본적인 속성은 사람들이 모이는 것이고, 앞으로 어떻게 모여서 무엇을 할 것인지가 중요하다.

이원재: 아직은 메타버스가 하나의 공공재로서 그 산업적 이익과 상관없이 인프라를 갖춰가는 차원으로 접근하기보다 사기업이 당장의 이익을 앞두고 추진하는 듯하다. 메타버스의 핵심이 잘 구현되려면 플랫폼의 통일 과정이 필요할 것 같다. 그게 가능할까?

원광연: 가능하다고 본다. 메타버스가 공공재가 되어야 말뜻 그대로 메타버스의 의미를 가질 것이기 때문이다. 당장은 여러 기업별 해석에 따라 각각의 서비스와 애플리케이션으로 진화하겠지만, 본격적인 메타버스는 일반적인 프로토콜에 따라 상호 교환되고 통일된 형태로 발전할 것이다.

우운택: 사실 메타버스를 비판하는 많은 커뮤니티에서는 각 기업에서 시장을 장악하고 싶어할 뿐 통합될 리가 없기에, 오

픈 플랫폼이 될 수 없다고 말한다. 하지만 세상은 바뀌기 때문에, 많은 사람들이 메타버스의 가치를 그런 쪽에서 찾으면 표준화에 대한 길도 열릴 거라고 본다. 영역별로 특정 회사가 장악하여 독점적인 플랫폼을 갖추더라도, 공공의 영역은 정부가 지원해야 하고, 또 전반적으로 표준을 만들도록 강제해야 하는 부분도 있을 것 같다. 정말 폭발적인 성장을 위해서는 2, 3억 가입자가 아니라 10억 이상 갈 수 있어야 하는데 혼자서는 쉽지 않을뿐더러 파이 자체가 너무 크다. 따라서 오픈하여 함께 갈 수 있는 분위기가 만들어지길 바란다.

이원재: 스마트폰 이후에 인터넷이 항상 연결되는 것으로 변하면서 엄청난 사회 변화를 만들었다. 기술 변화에 있어서 단말기의 역할이 그렇게 큰 것인가. 킬러 단말기가 한번 나오면 그것이 우리 일상의 삶을 어떻게 변화시키는가.

우운택: 새로운 디바이스가 나오면 새로운 인터페이스가 따라오게 된다. 컴퓨터를 쓰려면 컴퓨터가 있는 장소에 찾아가야 하는 시절이 있었는데, 이제는 모두 컴퓨터를 들고 다닌다. 그 기술의 주기는 점점 짧아지고 있다. 사람들의 니즈를 생각하면 변화 중 하나로 안경형 디스플레이가 상용화될 수 있을 것 같다. 물론 충분한 동력이 생기기 전에 사

라지는 것도 많아 확장할 수는 없지만, 이미 관심을 끌고 있고 인터페이스도 어렵지 않아 가능할 것으로 본다. 다만 걱정되는 부분은, 디바이스도 중요하지만 그것을 활용할 콘텐츠가 부족하면 소용없다는 점이다. 그래서 나는 메타버스를 좀 더 긴 호흡으로 봤으면 한다. 사람들에게 재미를 줄 수 있는 문화 산업을 기반으로 발전한다면 충분히 많은 사람을 모을 수 있지 않을까. 당장 갈 수 없는 곳을 가서 관광하거나, 보고 싶은 공연을 보거나, 박물관이나 전시를 쉽게 보러 갈 수도 있을 것이다. 그렇다면 개인적으로 AI보다 오히려 문화 산업이 진짜 미래의 산업이 아닐까 한다.

이은수: 기술이 빠르게 발전하면서 예전에는 실제로 가능할까 싶었던 기술들이 정말 눈앞에 다가와 있다. 이에 대한 사람들의 기대감도 적지 않은 것 같다. 우리는 지금 왜 메타버스에 집중하는 것일까.

원광연: 테크놀로지가 인간 욕망의 구현이라면, 왜 하필 지금 메타버스일까 생각해 보게 된다. 우리 사회는 너무 불안정하고, 많은 사람이 밝은 면보다 어두운 면이 늘어날 것 같다고 생각하고 있다. 그래서 메타버스를 통해 이 세상에서 도피하려는 동시에, 긍정적으로 본다면 지금의 세상

을 조금 더 좋은 세상으로 확장하려는 욕망이 내재되어 있는 것 같다. 그런 욕망이 모여서 지금 메타버스라는 하나의 사회 현상을 만들어낸 것이 아닐까 싶다.

동굴벽화에서 메타버스까지

인류의 시작부터 함께한 메타버스의 역사

✕ 원광연 교수 ✕

　근대 이후, 인류는 몇 차례의 산업혁명을 거치며 새로운 기술과 미디어로 세상을 변화시켜 왔다. 그리고 이제 또 한 차례의 산업혁명을 목전에 두고 있다. 어쩌면 우리는 이미 제4차 산업혁명이라고 불리는 새로운 산업혁명 시대에 살고 있는지도 모른다. 과거의 산업혁명이 그랬듯 4차 산업혁명도 새로운 시대에 걸맞은 새로운 미디어를 태동시킬 가능성이 농후하다. 혹시 최근 들어 급격한 관심을 받고 있는 메타버스가 앞으로 4차 산업혁명 시대를 대표하는 미디어로 진화하여 우리 삶에 자리 잡게 될까? 아직은 메타버스에 대한 의견과 전망도 분분한 상태다. 심지어 메타버스의 실체가 무엇인지, 그 정의조차 명확히 공감대가 형성되어 있지 않다. 나는 메타버스를 미디어의 일종으로 정의하고, 한 걸음 더 나아가 메타버스가 제4차 산업혁명 시대를 특정 짓는 미디어가 될 것이라고 본다. 그렇다면 지금까지의 미디어는 어떻게 변화해 왔으며, 현재에는 어느 지점에 도달해 있는지 그 흐름을 살펴보고 미래의 메타버스에 대해 고민해 볼 필요가 있을 것 같다.

나의 연구 인생을 크게 나눈다면 전반기 10년은 인공지능AI, 후반기 30년은 가상현실VR이었다. 미국에서 교수 생활을 할 때까지는 AI 연구를 하다가 1990년에 귀국했는데, 당시는 VR이라는 분야가 막 태동하던 시기였다. 우리나라 산업 발전에 도움이 될 만한 현실적인 연구를 하면 좋겠다는 생각에 VR로 방향을 급선회하고 그때부터는 쭉 VR 분야를 연구했다. AI는 인간의 지능, 인간의 사고를 모델링하는 분야Intelligence이고 VR은 현실Reality과 존재Presence에 대한 연구이다. 어떻게 보면 두 분야의 연구가 하나의 뿌리에서 나온다. 둘 다 인간의 정신적 프로세스라고 할 수 있는데, 나는 지능을 발현하기 위해 반드시 신체가 필요하다고 본다. 이런 견해는 전통적인 AI 연구의 체계와는 상충되지만, 사고를 이루기 위한 필요조건이 바로 현실을 인지하는 능력, 즉 현실감Sense of Reality이 아닐까 한다. 앞으로는 이 두 분야가 강하게 연결되어 연구되어야 할 것이다.

1. 가상현실에 대한 다양한 시도

내가 가상현실 연구를 시작하고 얼마 안 되어 전 세계적으로 가상현실 붐이 일었다. 누군가는 가상현실에서 생일 파티를 하거나 결혼식을 올리기도 하는 등, 이전까지는 생각지 못했던 다양한 활동이 가상 세계로 복사되거나 옮겨가게 되었다. 그런 흐름 속에서 나 역시 연구자로서 다양한 연구와 새로운 시도를 해왔다.

가상현실 연구 사례

가상현실 연구를 하면서 나름대로의 궁극적인 꿈을 하나 가지고 있었다. 그것은 바로, 지구 전체와 같이 어마어마하게 큰 3차원 가상 세계에 지형, 인공물, 인간, 동식물까지 모든 걸 모델링해서 실시간으로 옮겨보는 것이었다. 그렇다면 먼 우주 공간에서부터 전 세계 어디든 들여다보며 하나의 도시를 통과하고 건물을 통과하여 한 인물의 인체 속까지도 실시간으로 탐험이 가능할 것이다.

아쉽게도 은퇴할 때까지 이 꿈을 이루지는 못했지만 문제의 기술적 핵심을 어느 정도 구체화하여 그려볼 수는 있을 것 같다. 실제로 연구 당시에도 화성의 데이터는 실시간으로 렌더링할 수 있었다. 지구는 화성과 달리 사이즈도 훨씬 클뿐더러 구성하는 사물도 다양하기 때문에 단순 렌더링 기법에서 벗어나 복합적인 렌더링 기법이 요구된다. 게다가 자연계만이 아니라 인공물, 도시, 건축물, 여러 인프라를 비롯하여 전 세계 80억 인구까지 모델링하려면 상당한 데이터 사이즈가 필요해질 것이다. 그렇다면 관건은 이 어마어마하게 많은 데이터를 관리하는 동시에 리얼리즘을 유지하면서 실시간으로 시각화할 수 있는가 하는 점이다. 아직은 구체적으로 풀어야 할 문제가 많지만 동시에 연구자로서 이런 문제를 다루는 것 자체도 굉장히 즐겁고 보람 있는 과정이었다. 이러한 거대담론적인 연구를 바탕으로 실제 여러 분야에 결과를 응용해 보기도 했다. 주로 군사 시뮬레이션이나 게임에서 가장 활발하게 응용연구를 했고, 그 외에도 건축, 문화유산, 미디어아트, 패션 분야까지 가상현실의 적용 가능성을 확인할 수 있었다. 앞으로도 가상현실이 적용될 수 있는 분야는 무궁무진하다.

물론 개중에 실패한 연구도 많이 있었다. 이를테면 3D 내비게이션 윈도우를 개발하면서 앞으로는 모든 홈페이지가 '홈스페이스'로 변화하고, 따라서 일반 웹브라우저도 3D 웹브라우저로 바뀔 것이라고 기대했는데 아직은 이루어지지 않았다. 또 한번은 학생 한 명이 찾아와서 골프 시뮬레이션 서비스를 개발하고 싶다기에 골프보다 조깅이 더 대중화할 수 있는 아이템이 아닐까 싶어서 그쪽으로 개발하라고 조언했다. 사이버 공간에 접속해서 많은 사람이 동시에 함께 조깅할 수 있는 시스템이었는데, 이후 그 학생이 인천 국제 공항을 비롯해 몇 군데 이 시스템을 설치하기는 했지만 비즈니스로는 크게 성공하지 못했다.

자전거 시뮬레이션도 대중화되지는 못했지만 즐겁게 했던 연구 중 하나다. 비행기에 비하면 자전거 정도는 훨씬 쉬운 대상일 것 같지만 실제로는 그렇지 않다. 비행기 동역학 문제는 기본적으로 닫혀있는 시스템 Closed system 을 다루는 데 반해, 자전거는 실제로 지상에서 지면과 접촉한 상태로 움직이기 때문에 굉장히 복잡하고 다이나믹한 시스템을 풀어야 한다. 실제 자전거를 타는 것과 똑같은 느낌을 받을 수 있는 시뮬레이션을 개발하려고 했는데 이 역시 그리 성공적이지는 못했다.

또 다른 실패 사례로 'Space Machine'이라고 명명한 원격 체험 시스템이 있다. 뉴욕 브로드웨이 한복판에 360도 커버할 수 있는 비디오 시스템을 설치하고 원격 접속해서 뉴욕을 체험하게 해보자는 것이었다. 거기에 실제 길거리의 사람들과도 원격으로 커뮤니케이션할 수 있게 해서 더 실감 나는 원격 체험 시스템을 개발해 보았다. 당시 멀리 여행을 가기 어려운 사람들을 위한 것이었지만 여행 자체가 힘든 요즘 상황에 더 각광받을 수 있지 않았을까 싶다.

이렇게 다양한 VR 연구를 진행해 오면서, 개인적으로 황당했던 기억도 있다. 어느 날 총장님이 나를 부르더니, 학생 지도를 하나 부탁했다. 총장이 왜 갑자기 특정 학생을 지도하라고 하는지 의아했는데, 알고 보니 '아담'이라는 사이버 가수였다. 가상 캐릭터를 학생 삼아서 지도해 보라는 것이었다. 억지로 떠맡긴 했는데, 결국 '아담'은 내가 지도한 학생 중에서 유일하게 학위를 받지 못하고 중도 하차한 학생으로 남게 되었다.

2. 테크놀로지와 인간의 욕망

잡지 〈와이어드 Wired 〉의 에디터인 캐빈 켈리 Kevin Kelly 가 쓴 《기술의 충격》이라는 책에는 '테크놀로지는 인간이 만들어낸 것이 아니라 그 자체가 생명체'라는 내용이 나온다. 테크놀로지가 생명체의 특징인 Autonomy 자율성, Reproduction 생식/증식, Evolution 진화, Energy 에너지 프로세스 기능을 모두 갖추고 있다는 것이다. 이에 따르면 테크놀로지가 생명체로서 살아남기 위해서는 영양분을 섭취해야 한다. 즉 에너지를 필요로 한다는 것인데, 그 에너지는 다름 아닌 인간의 욕망이라는 것이 그의 주장이다.

가상현실에 대한 오래된 욕망

※ 그림 1 ※ 라스코 동굴벽화

이를 바탕으로 생각해 보면 선사시대 때부터 인간이 존재했으니 테크놀로지도 인간이 존재하던 바로 그 순간부터 존재했을 것이다. 그리고 그 모든 테크놀로지 중에서도 가상현실이 가장 앞선 것이 아니었을까 싶다. 그 예로 라스코 동굴벽화를 가보면 들어가는 순간 '와, 경이롭다' 하는 느낌이 우리를 압도한다. 이 동굴벽화는 단순히 그림이 아니다. 동굴 그 자체가 하나의 가상 세계인 것이다. 오늘날의 언어로 비유하자면 현실 세계의 연장에 있지만 현실은 아닌 또 다른 세계가 바로 메타버스다. 즉 인간의 욕망이 그때부터 이미 하나의 가상 세계를 만들어냈다고도 볼 수 있을 것이다. 이처럼 현실과는 다른 이상적인 세계를 만들고자 하는 인간의 욕망은 이미 1만 5천 년 전 동굴벽화에 각인되어 있다.

그 이후로도 역사적으로 이러한 욕망의 결과물을 살펴볼 수 있다. 유럽 중세 성당에 가보면 그 화려함과 엄숙함에 놀라게 된다. 스테인드글라스를 타고 들어오는 오색 창연한 빛이 만들어내는 그 성당의 공간 자체가 현실 세계와 천국이 만나는 일종의 중간 세계라고 볼 수 있다.

르네상스 시대에 들어가면 천국과 현실 사이의 그 중간 세계가 또 다른 형태로 바뀐다. 선형 원근법이 개발되기 시작한 르네상스 시대에는 이제 벽면을 추상적인 스테인드 글라스가 아니라 현실과 완전히 같은 3차원 세계로 재현할 수 있게 된다. 즉 벽면의 그림은 2차원 평면의 그림으로 존재하는 것이 아니라, 현실 공간이 벽면의 그림을 통해 확장된 가상의 공간, 즉 천국의 세계를 보다 직접적으로 경험할 수 있는 메타버스 공간을 만들어내게 된 것이다.

인간의 상상력으로 발전한 가상현실 기술

이준 열사가 활약한 무대로 우리나라 국민들에게 친근한 네덜란드의 헤이그에서 차로 30분 정도 가면 스헤브닝겐Scheveningen이라는 유명한 해변 피서지가 나온다. 네덜란드뿐 아니라 북유럽에서 유명한 여름 피서지다. 내가 이곳을 방문했던 당시는 겨울이라 다소 을씨년스러웠음에도 매우 아름다운 해변이었다. 전망대에 올라가면 해변 전체를 더 잘 관람할 수 있다. 재미있는 건, 이 전망대가 실제 해변에 위치하고 있지 않다는 것이다. 이 전망대는 헤이그 시내 한복판의 작은 건물 안에 있다.

건물에 들어가 보면 둥그런 벽에 해변의 전광이 3차원으로 정확히 묘사되어 있고, 사람들은 그 중간의 기둥을 따라 전망대에 올라가 전망을 감상하게 된다. 이런 시설을 디오라마Diorama 혹은 파노라마Panorama라고 한다. 영화가 발명되고 대중화되기 이전에는 꽤나 대중적인 볼거리였다. 특히 20세기 초에는 관광이 어려웠기에 직접 관광을 가지 못하는 사람들은 이런 디오라마를 찾아가 가상 관광을 즐기곤 했다. 이후 영화가 등장하면서 이런 디오라마 극장들은 대부분 폐쇄되었다.

그 뒤를 잇는 것이 현재의 가상현실과 가장 비슷하다고 할 수 있을 만한 모턴 하일리그Morton Heilig의 '센소라마Sensorama'다. 영화 제작자이자 발명가인 하일리그가 1960년대 중반에 개발한 것인데, 작은 디스플레이를 통해서 실제 모터사이클을 운전하는 것과 똑같은 경험을 할 수 있었다. 영상은 물론이고 스테레오 사운드, 의자의 바이브레이션과 얼굴에 부딪치는 맞바람, 심지어 냄새까지 재현하여 오감을 자극하는 체험 기구였다. 아쉽게도 당시의 테크놀로지 수준이 높지 못해서 이 기술이 널리 보급되지는 못했다.

사실 하일리그의 더 큰 꿈은 바로 텔레스피어Telesphere, Classroom of the Future였다. 그는 미래에도 단순히 교실에서 교사가 책으로 가르치는 것은 바람직하지 않다고 생각했다. 그래서 돔 형태의 큰 교실을 구상했다. 돔 한쪽은 대형 화면으로 채우고 반대쪽은 계단식으로 의자를 설치해서 학생들이 입체적인 화면을 실제로 감상하고 체험하며 몰입할 수 있도록 한 것이다. 불행히도 이 역시 당시의 기술 부족과 자금 부족으로 실현하는 단계까지는 가지 못했다. 하지만 나 개인적으로는 연구자로서 하일리그의 센소라마와 텔레스피어에서 무척 큰 영감을 받았음을 실토한다.

그 후의 가상현실은 다들 알다시피 우리에게 익숙한 영화나 소설에서도 다양한 방식으로 묘사되었다. 1992년에는 《스노 크래시》라는 소설에서 처음으로 메타버스라는 용어가 사용되었고, 〈트론〉이나 〈아바타〉 등의 영화는 우리가 VR의 개념을 이해하고 더 나아가서 기술 발전을 미리 경험해보는 데 큰 역할을 했다. 이처럼 상상력을 바탕으로 한 소설이나 영화와 함께 기술의 발달이 이루어지면서 오늘날 우리가 알고 있는 메타버스까지 도달하게 된 셈이다.

이처럼 가상현실, 증강현실AR, 메타버스 같은 것들은 역사적으로 함께 발전해 오다가 최근 들어 더욱 주목을 받고 있다. 개념을 다시 한번 정리하고 넘어가자. 가상현실은 인간을 가상 세계로 들여보내는 것이고 증강현실은 거꾸로 컴퓨터 안의 가상 세계를 3차원 세계로 흩어내는 것이다. 개념적으로 보면 가상현실과 증강현실은 정반대라고도 볼 수 있다. 그리고 가상현실과 증강현실 사이의 적절한 혼합으로 혼합현실MR이 존재하고, VR과 MR과 AR을 통틀어 확장현실XR이라는 용어가 통용되고 있다.

앞으로도 이러한 '경험' 테크놀로지는 인간의 욕망을 충족시키면서 지속적으로 발전해 나갈 것이고, 이후 교육, 교통, 쇼핑, 엔터테인먼트, 의료, 비스니스, 제조산업 등을 획기적으로 바꿀 것이라는게 우리의 소망이자 비전이기도 하다. 현재로서는 거기까지 이르지못했으나 시간문제일 뿐 언젠가는 이루어질 것이라 기대한다.

3. 미디어로서의 메타버스

요즘은 메타버스라고 하면 주로 로블록스^{Roblox}나 제페토^{Zepeto}같은 서비스를 떠올린다. 이런 개념은 사실 20여 년 전에 우리나라의 싸이월드, 미국의 세컨드라이프^{Second Life}에서 먼저 시작되었다고볼 수 있다. 세컨드라이프는 아바타를 통해 가상 세계에서 상호작용하도록 한 서비스로, 지금 봐도 우리가 현재 구상하는 메타버스의기능이 녹아있는 것을 알 수 있다. 앞으로의 기술 발전은 현대 사회에서 우리에게 어떤 메타버스를 가져다주게 될까. 여기에서는 메타버스를 하나의 미디어로 보고 그 가능성을 들여다보려고 한다.

산업혁명이 가져온 세계관의 변화

미디어로서의 메타버스를 말하기 전에 우선 4차 산업혁명의맥락을 살펴볼 필요가 있다. 산업혁명의 특징은 1차부터 4차까지 각각 증기기관, 전기, 디지털, 그리고 인공지능이라는 파괴적인 기술이 등장하여 급격한 사회 변화를 촉발시켰다는 것이다. 하지만 이와더불어 산업혁명의 핵심은 기술의 혁신을 넘어 '세계관의 변혁'으로도 볼 수 있다.

    1차 산업혁명은 기계혁명으로서 기존의 세계관을 변화시켰는데 그중에서도 특히 시간의 개념이 완전히 바뀌게 된다. 《멋진 신세계》라는 소설의 저자 올더스 헉슬리 Aldous Huxley 는 산업혁명을 배경으로 한 〈Time and the Machine〉이라는 시에서 이런 표현을 썼다.

    시간은 새로운 발명품이다.

    우리가 이전까지 생각했던 시간은 이제는 더 이상 없다.

    예전의 시간은 자연계가 우리에게 주어준 시간이다.

    즉 해 뜰 때, 해가 중천에 떴을 때, 해가 질 무렵, 해가 진 후.

    이것이 우리가 생각하는 시간이었다.

    하지만 산업혁명으로 말미암아 우리는 이제 새로 정의된

    시간에서 살고 있다.

    그리고 맨 마지막에는 이런 대목도 나온다.

    시간은 산업사회의 새로운 발명품이다.

    (증기기관을 발명한) 제임스 와트와 (증기기관차를 발명한) 스티븐

    슨은 시간의 발명자들이다.

    과거 1950~1960년대에 우리나라에는 '코리안 타임'이라는 게 있었다. 선진국 사람들이 보기에 우리나라 사람들이 시간을 잘 지키지 않는다고 해서 생긴 단어였다. 우리나라 사람들이 유난히 게을렀던 것일까? 그렇지 않다. 당시 우리나라 사람들은 산업혁명 이전의 세계에서 살고 있었던 것뿐이다. 이 사례에서 보아도 1차 산업혁명이 얼마나 혁신적으로 시간의 개념을 바꿔놓았는지 짐작할 수 있다.

그렇다면 제2차 산업혁명은 세계관을 어떻게 바꾸어 놓았는가? 제2차 산업혁명은 공간의 개념을 바꾸어 놓았다고 할 만하다. 순식간에 에펠탑과 같은 구조물이 올라가고 마천루가 솟아난다. 인간은 더 이상 2차원의 평면에 살지 않는다. 인간의 위치와 삶은 X-Y 좌표가 아니라 X-Y-Z 좌표로 정의된다. 물론 2차원의 공간도 거의 무한대로 넓어진다.

3차 산업혁명 때는 또 새로운 공간이 우리의 세계관을 넓혔다. 2차 산업혁명 때와 달리 좌표계로 정의되는 실제 공간이 아니라 인포메이션 공간, 즉 사이버 공간이다. 1980년대 초, 컴퓨터가 타임지 '올해의 인물'로 선정되었다. 잡지 커버의 부제는 'The computer moves in', 즉, '컴퓨터가 우리 가정에 들어온다'였다. 컴퓨터가 TV나 냉장고처럼 가전제품의 하나로 우리의 가정에 들어온 것이 아니라 가족의 일원으로 이사를 온 것이다. 지금이야 컴퓨터나 스마트폰 등, 디지털 기기를 매개로 하는 사이버 스페이스나 인포메이션 스페이스가 우리 생활공간의 일부가 될 만큼 익숙하지만, 만약 우리가 50년 전으로 타임머신을 타고 돌아가 그때의 사람들에게 이러한 개념에 대해서 설명한다면 어떨까? 그들을 이해시키는 것은 아마 거의 불가능한 일일 것이다. 그만큼 이것은 아주 획기적인 혁명이었다.

이제 우리가 다음으로 맞닥뜨릴 제4차 산업혁명은 현실과 가상이 결합된 새로운 '장소Place'에 대한 혁명이 될 것이라고 본다. 현실 세계의 실제 공간과 디지털 기술이 제공하는 가상의 공간이 혼재된 새로운 '장소'의 개념을 만들어낼 것이다. 제4차 산업혁명은 기술적인 측면에서는 AI 혁명이나 빅데이터 혁명으로 치부될 수 있을지 몰라도, 인간이 인지하는 세계관의 변화라는 측면에서 나는 제4차 산업혁명을 하이브리드 혁명이라고 이름 짓고 싶다. 하이브리드라는 단어는 이질적이지만 보완적인 요소가 서로 협력하고 시너지를 발휘하여 원하는 최적의 솔루션을 만들어내는 것을 뜻한다. 가솔린과 전기를 함께 사용하는 하이브리드 자동차와 마찬가지 개념이다.

사실 하이브리드적인 접근이 새로운 것은 아니다. 우리는 지금까지 주어진 문제가 있을 때 때로는 아날로그 방식으로, 때로는 디지털 방식, 혹은 아날로그와 디지털의 적절한 콤비네이션 방식으로 해결해 왔다. 이는 하드웨어와 소프트웨어, 알고리즘과 데이터, 문화와 기술, 인간과 기계 등의 측면에서도 마찬가지다. 다만 그것을 어떻게 선택하고 어떤 비율로 결합할 것인지 결정하는 것이 바로 우리의 몫이자 향후에도 중요한 이슈라고 볼 수 있다. 그리고 여기에서 앞으로 중요해지는 또 다른 두 가지 결합이 바로 실제 세계와 가상 세계의 하이브리드다.

미디어로서의 메타버스 체험하기

인간은 주변의 환경을 인식하고 반응하며, 또한 교감하고 소통하면서 환경을 바꾸기도 한다. 이를 환경에 대한 직접적인 개입으로 경험할 수도 있지만, 현대 사회에서는 통상적으로 미디어를 통해 간접적으로 경험하게 된다. 이 미디어의 변화를 산업혁명의 맥락에서 살펴보자. 제1차 산업혁명 당시 가장 중요한 미디어는 바로 책, 신문, 잡지와 같은 인쇄 매체였다. 인쇄 매체는 지금까지도 저널리즘에서 우선시될 뿐 아니라 신뢰성이 담보되는 매체로서의 파워를 가지고 있다. 이러한 미디어 매체가 제2차 산업혁명 때는 전화, 라디오, TV와 같은 전자 매체로, 제3차 산업혁명 때는 컴퓨터나 스마트폰과 같은 디지털 매체로 바뀌어 갔다.

그렇다면 앞으로 제4차 산업혁명에서는 이러한 미디어의 역할을 메타버스가 하게 될 가능성이 있지 않을까. 왜냐하면, 미래에 우리가 접하는 환경은 실제 세계와 가상 세계가 혼재하는 하이브리드 세계일 것이기 때문이다. 메타버스가 인간과 하이브리드 세계와의 중간에서 중추적인 미디어의 역할을 하기 위해서는 여러 가지 기술적, 사회적 이슈들이 해결되어야 하겠지만, 특히 우리가 하이브리드 세계를 어떤 방식으로 체험하느냐가 가장 중요한 문제로 대두될 것이다.

어떤 콘텐츠가 있을 때 우리는 그 콘텐츠를 적절한 시스템을 통해, 그리고 인간과 접촉하는 디스플레이를 통해 체험하게 된다. 그런데 지금 우리가 다루는 콘텐츠들은 실제 세계를 기반으로 한 콘텐츠가 아니라 가상 세계의 콘텐츠가 혼합되어 있는 상태다. 따라서 기존의 미디어들이 그것을 제대로 표현하기에는 역부족일 수밖에 없다. 특히 디스플레이에 국한해서 들여다본다면, 지금까지 메타버스를 체험하기 위해 제안된 스마트폰, 머리 착용 디스플레이HMD, 고글, 반투명 디스플레이, 홀로그래픽 디스플레이 등은 아직 여러모로 제한적이기 때문에 메타버스를 충분히 담아내기에는 부족하다. 그렇다면 앞으로의 디스플레이는 어떤 형태가 되어야 할까.

아마 우리의 주변 환경은 상당히 많은 스크린으로 둘러싸이게 될 듯하다. 1908년 에드워드 포스터Edward Morgan Forster의 소설 《전망 좋은 방》에는 창문을 통해 세상을 관조하는 두 연인의 이야기가 나온다. 창문은 세상을 내다볼 수 있는 스크린, 즉 굉장히 소중한 인터페이스다. 기술이 발전하고 우리가 문명사회로 나아갈수록 창문의 가치는 점점 높아졌고, 네덜란드에서는 한때 창문의 개수와 그 크기로 세금을 매긴 적도 있다.

지금도 우리는 창문을 통해 세상과 소통한다. 다만 실제 창문이 아니라 '윈도우Windows'라 부르는 디지털 창문으로 대체되었다. 우리는 이미 수많은 디스플레이로 둘러싸여 있다. 1인 1PC를 넘어 노트북, 태블릿PC, 스마트폰까지 여러 개의 디스플레이를 들고 다니는 사람도 많다. 그런데 현재의 문제는 이 디스플레이들이 서로 독립적이며 커뮤니케이션이나 인터랙션을 하지 않는다는 점이다. 그러나 미래에는 어떤 공간이든 상당히 많은 디스플레이가 갖춰지고, 이렇게 많은 디스플레이가 서로 네트워킹이 되어 데이터를 주고받으며 인간들에게 하나의 일관된 세계관을 제공할 것으로 기대한다.

TV에서 출발한 진화와 혁명

우리를 둘러싼 수많은 디스플레이가 일관된 세계관을 전달해 주는 가운데, 특히 TV가 큰 역할을 할 것이다. 지금까지의 TV는 텔레-비전vision, 말 그대로 먼 곳을 보는 역할이었는데, 앞으로는 Tele-presence로 진화하면서 다른 세계를 들여다볼 수 있는 포털 형태가 되지 않을까. 이미 TV는 컴퓨터나 다른 통신 기기와 마찬가지의 다기능을 가지고 있는데, 앞으로는 더욱 유연성을 지니면서 우리 주변 환경을 구성하는 다양한 역할들을 하게 될 것이라 생각된다.

이러한 TV의 진화 과정을 통해서 최종적으로 메타버스라는 미디어에 도달하는 과정을 예상해 보자면, 우선 컴퓨터와 TV가 결합해 지금의 '스마트TV' 형태가 되는 데는 인터넷이 큰 기여를 했다. 이러한 비전은 MIT 미디어랩의 창시자인 니콜라스 네그로폰테 Nicholas Negroponte가 1985년도에 이미 예언했던 것인데, 그의 예언이 실현되는 데 약 20년이 걸린 셈이다.

그런데 앞으로는 이 스마트TV가 다시 가상 세계와 만나고, 그곳에서 제공하는 공공, 재무, 문화, 쇼핑 등의 다양한 콘텐츠와 결합하여 메타버스라는 형태로 진화할 것으로 보인다. 그 단계에 도달하는 데 이번에는 VR, XR을 비롯해 AI와 5G도 큰 역할을 할 것이다. 또한, 이 메타버스는 클라우드에 존재하게 되지 않을까 싶다. 우리가 보통 생각하는 Information Cloud가 아니라 Experience Cloud

로 진화한 형태로서, 우리가 클라우드로부터 데이터를 다운받거나 업로드하는 것이 아니라 우리가 그 클라우드 안으로 들어가는 것이다. 이것이 바로 메타버스의 진화 방향이라면, 메타버스가 앞으로 새로운 미디어의 역할을 할 것이라고 예상해 볼 수 있다.

지난 2006년 어느날, 수업을 하다가 학생들에게 이런 제안을 한 적이 있다. "우리가 꼭 이렇게 교실이라는 현실 공간에 모여야 할까? 내가 세컨드라이프에 카이스트 캠퍼스를 옮겨놓을 테니 우리 거기서 만나자." 그래서 실제로 세컨드라이프에서 한 학기 수업을 진행했다. 새롭고 재미있는 시도이기는 했으나 당시에는 아직 여러 가지 제약이 따르다 보니 교육의 퀄리티가 만족할 만한 수준은 아니었던 것 같다.

그리고 몇 년 후인 2013년부터 2016년까지, 이번에는 반대로 원격에 있는 학생들과 함께 수업을 해보기로 했다. 스크린을 이용하여 서울대학교와 카이스트 학생들이 똑같이 대칭형으로 앉아 한 교실에서 온라인과 오프라인이 결합된 형태의 수업을 진행해 볼 수 있었다. 꽤 효율적이고 장점이 있었으나, 만약 두 개 학교가 아니라 세 개 이상의 더 많은 사람들이 만났다면 진행하기 어려운 형태였다.

메타버스는 앞으로 이 두 가지의 장점을 혼합한 시스템으로 진화하게 될 것이다.

캐나다의 미디어 이론가 마셜 매클루언Herbert Marshall McLuhan은 미디어에 대하여 'The medium is the message', 즉 미디어는 메시지라고 했다. 그러나 여태까지의 미디어와 달리 메타버스가 미디어로서 자리를 잡는다면 메시지 역할에 그치지 않을 것이다. 그러면 우리는 이렇게 말해야 한다. 'The medium is the life.' 미디어는 우리의 삶 그 자체라고 말이다.

메타버스가
다시 돌아오고 있다!

메타버스에서 포스트 메타버스로

✕ 우운택 교수 ✕

최근 대두되고 있는 메타버스를 하나의 미디어라고 본다면, 새로운 미디어는 늘 기회와 함께 온다. 미디어도 기술도 사람의 능력을 확장하는 도구라고 할 수 있는 만큼, 이 미디어가 과연 사람들이 즐겁고 행복하게 사는 데 기여할 수 있을지가 중요할 것이다. 그래서 우선 메타버스의 기술적인 측면보다는 이를 활용하는 사람이나 사회적 관점에서 메타버스를 이해해 보았으면 한다.

많은 사람이 '메타버스가 오고 있다'고 말하지만 엄밀히 보자면 이미 왔다 갔고, 또 다시 오고 있다는 게 정확하다. 메타버스라는 새로운 미디어를 기차로 비유하면 새로운 초고속 열차일 텐데, 메타버스를 바라보는 사람들은 여전히 과거의 철도에 머물러있는 듯하다. 현재 산업계에서 다루는 메타버스는 이미 20여 년 전에 다루었던 이야기를 반복하고 있어서, 그때의 시행착오가 고스란히 되풀이될 수

있다는 우려가 든다. 또한 메타버스를 바라보는 시민들 역시 초고속
열차가 다니기 어려운 옛날 철도를 그대로 고수한 채 새로운 열차를
맞이하려 하고 있는 게 아닌가 싶다. 그림에도 새로운 열차에 대한
의지가 잘 모여 철도가 만들어지길 바라는데, 시민, 산업, 정부가 각
기 생각하는 철도가 어떤 형식으로 만나긴 하더라도 결국 기차가 달
릴 수 없는 철도가 되지 않을까 하는 우려도 든다. 메타버스를 두고
나오는 다양한 이야기가 각자의 동상이몽이 되지 않았으면 한다.

그렇다면 메타버스는 왜 다시 돌아왔으며, 이것이 지속 가능해
지려면 어떤 형태여야 할까. 또 미래의 메타버스를 대비하여 우리는
무엇을 준비해야 하는가. 메타버스에서 포스트 메타버스로 나아가
는 지금의 단계에서 우리가 생각해 봐야 할 것들은 무엇이 있을지
한 번쯤 짚어보면 좋을 듯하다.

1. XR과 함께 돌아온 두 번째 메타버스

[그림 2]는 가상증강현실을 다루는 사람들에게 잘 알려진 내용
이다. 우리가 살고 있는 물리적인 세상과 가상현실을 서로 연동하면
어떻게 될까? 각각 별개로만 존재하는 것이 아니라, 현실에 대응하
는 '가상화한 현실'을 조금 더 긴밀하게 결합하는 새로운 형태의 혼
합현실에 대하여 상상해 볼 수 있을 것이다.

이때 현실 공간에 가상현실의 일부를 가져오는 것을 증강현실
Augmented Reality, 가상 공간에 현실의 일부를 가져가는 것을 증강가상
Augmented Virtuality 이라고 부른다. 우리가 보고 싶은 걸 보여주는 게 중

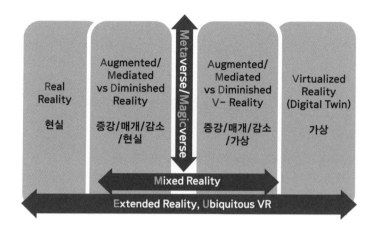

※ 그림 2 ※ 가상현실, 증강현실에 대한 개념

강현실이라면, 보고 싶지 않은 걸 없애는 것은 감소현실Diminished Reality이라고 한다. 그리고 우리가 있는 공간이나 물리적 객체를 매개로 해서 새로운 정보나 공간을 연결하는 것을 매개현실Mediated Reality이라고 부르기도 한다. 가상과 현실을 넘나드는 이러한 개념이 메타버스와 연결되면 새로운 가치를 만들어낼 수 있을 것으로 기대되고 있다.

그런 의미에서 메타버스는 매개현실 또는 현실과 가상을 융합한 확장 가상 세계라고 할 수 있다. 이 확장 가상 세계는 키보드와 마우스로 접근할 수도 있지만, 아바타를 활용하여 탐색할 수도 있다. 동시에 일상의 현실과도 연결되어 있으므로 일상의 활동도 할 수 있는 공간이다. 따라서 혼합현실Mixed Reality을 기반으로 우리 상상력을 가미해 만들어내는 다양한 층위의 매개현실, 또는 확장 가상 세계, 그것이 바로 메타버스라고 할 수 있다.

우리가 흔히 상상하는 메타버스의 모습은 영화 〈레디 플레이이 원〉에 잘 드러나있다. 영화에서는 2045년쯤을 배경으로 하고 있는데, 언제쯤 영화 같은 메타버스를 체험할 수 있을까? 최근 빠른 관련 기술의 발전과 코로나로 인한 비대면 상황의 지속 등으로 그 시기가 앞당겨질 것으로 예상된다. 아마도 현재 상황을 고려하면 향후 10년 이내에 상상하는 메타버스를 실현하고 체험할 수 있을 것으로 기대된다.

XR의 겨울과 돌아온 메타버스

메타버스의 첫 발현은 기대했던 것만큼의 변화를 이끌지 못하고 10년 만에 잊혀졌다. 그 이후 추운 시기를 겪었던 메타버스가 현재 다시 뜨거운 주목을 받기까지 변화의 흐름을 먼저 짚어볼 필요가 있다.

VR이 처음 꽃피던 시기는 90년대 무렵으로, 미국 정부에서도 10년간 많은 투자가 이루어졌고 한국에서도 1세대 연구자들이 VR이 뿌리내리도록 많은 역할을 했다. 다만 초기의 연구가 충분한 기대에 미치지 못하다 보니 90년대에 성장하던 VR은 2000년대에 들어오면서 축소되는 분야가 되었다.

2000년대에는 기존의 VR에서 벗어나 새로운 가능성을 탐색하기 시작한 시기였다. 혼자 체험하는 VR이 아니라 네트워크로 함께 체험하는 네트워크 가상현실, 현실을 가상에서 시뮬레이션하고 현실의 문제를 해결하는 디지털 트윈, 지능이 있는 공간에서 가상을 체험하고 활용하는 유비쿼터스 가상현실Ubiquitous Virtual Reality 등 다양한 형태의 새로운 개념이 등장하게 된 것이다.

특히, 2003년엔 인터넷 기반 가상 세계 서비스인 '세컨드라이프'나 디지털 트윈에 대한 이야기가 소개되었다. 세컨드라이프가 시작되던 당시에는 한창 인기를 끌었지만, 10년 정도가 지난 2012년도 이후로는 세컨드라이프를 더 이상 찾지 않게 되었다. 또한 인터넷 기반 가상 세계를 더 이상 찾지 않던 그 시기는 2007년에 등장한 아이폰이 1억 대 이상 확산되어 사람들이 스마트폰을 일상적으로 사용하게 된 시기와도 맞물려 있다. 이때쯤 새로운 스마트폰을 기반으로 가상현실에 대한 다양한 시도가 이루어지는데, 오큘러스Oculus도 2012년 스마트폰으로 체험하는 가상현실을 선보였다. 이 회사는 2014년에 페이스북에 흡수 합병되어, 스마트폰 기반으로 VR이 부활하게 되는 신호탄이 되었다.

이후 페이스북은 2015년도 스페인 바르셀로나에서 열린 모바일 월드 콩그레스Mobile World Congress 에서 삼성전자 스마트폰으로 HMD 기반 가상현실 체험을 시연하면서 10년 이내에 안경형 가상 증강현실을 체험할 수 있게 할 것이라고 호언장담하기도 했다. 그 시기가 이제 얼마 남지 않은 지금, 과연 그 포부가 실현될지도 궁금해진다.

스마트폰이 일상화되면서 마이크로소프트는 2016년 안경형 디스플레이를 출시했다. 홀로렌즈Hololens 라는 안경형 디스플레이를 선보이며 스마트폰을 대체할 새로운 플랫폼으로 소개하였고, 새로운 증강현실 미래를 이야기하기 시작했다. 그동안 가상현실이나 증강현실을 체험하려면 PC에 선을 연결해야 했는데, 홀로렌즈가 처음으로 그 선을 잘라내고 안경을 쓰는 것만으로 증강현실을 체험할 수 있음을 보여준 것이다. 2019년에 발표한 홀로렌즈2는 주변 컴퓨터로 에지나 클라우드를 사용해 복잡한 계산을 한 뒤 그 결과를 넘겨받을 수 있는 업그레이드된 버전으로 발표되었다. 실제로 우리가 안경을 쓰고 걸어다니며 가상현실을 체험할 수 있는 가능성을 보여준 시도였다고 할 수 있다.

2020년 가을 NVIDIA 개발자 대회에서는, 젠슨 황Jensen Huang이 '메타버스가 오고 있다'고 발언하며 많은 사람들이 메타버스에 본격적으로 주목하게 되었다. 일반 대중이 메타버스에 폭발적인 관심을 가진 것은 2021년 3월부터였는데, 이 시기는 로블록스가 미국 증시에 상장하던 시기와도 맞물려 있다. 그러면서 점차 미국뿐 아니라 한국에서도 사람들의 관심이 높아지고 있는 추세다.

돌아온 메타버스는 어디로 가고 있나

메타버스는 현재 어디까지 온 것일까. 현실이 아닌 가상에서 살아가는 사람들의 모습을 묘사한 공상과학이 현실에서 어느 정도 실현된 것은 2000년대에 이르러서라고 볼 수 있다. 당시 인터넷 기반으로 책상에 앉아 가상 세계를 경험하는 세컨드라이프 같은 세계를 1세대 메타버스라고 한다면, 지금 10대들을 중심으로 성장하고 있는 메타버스는 스마트폰을 기반으로 하는 2세대 메타버스라고 할 수 있다.

잠깐의 붐을 일으켰지만 사그라진 1세대 메타버스와 달리 지금의 메타버스는 지속 가능한 것일까? 물론 기존의 메타버스가 잠시 사람들의 주목을 끌 수는 있겠지만, 실용화하는 데에는 근본적으로 한계를 지닐 수밖에 없다고 본다. 우리가 살고 있는 물리적인 세계와 같은 가상 세계가 존재한다 해도 아직 2세대 메타버스를 체험할 수 있는 플랫폼이 스마트폰과 같은 아주 작은 창뿐이라서 메타버스의 가치를 온전히 활용하기는 어렵기 때문이다.

과연 언제쯤 메타버스가 우리 일상의 일부로 들어오게 될까. 아마 안경형 디스플레이를 쓰고 다니면서 자유롭게 디지털 정보에 접근하고 활용하는 시기가 아닐까 한다. 마크 저커버그가 말했듯 2024년쯤 안경형 플랫폼이 1억 대 이상 보급된다면, 2030년쯤에는 일반인들이 메타버스를 제대로 체험하고 활용할 수 있게 되지 않을까 기대해 볼 만하다.

한편으로는 메타버스에 대한 관심이 과열되면서 메타버스는 'Bullshit', 헛소리일 뿐이라고 주장하는 사람들도 있다. 메타버스는 새로운 것이 아니라 이미 존재했던 것인데 새삼스럽게 일종의 마케팅 요소로 이용되고 있으며, 메타버스에서 말하는 철학은 우리가 인터넷을 개발하고 사용할 때부터 이미 해오던 이야기라는 것이다.

또한 메타버스를 이야기하는 많은 CEO 중 아무도 메타버스의 미래가 마냥 유토피아일 수는 없다는 이면에 대해서는 말하지 않는다는 점도 지적한다. 사실 메타버스를 다루며 실제로 연구자들에게 많은 인사이트를 주기도 하는 여러 SF 소설이나 영화를 보면 밝은 미래만 그리고 있지는 않다. 많은 기업들이 메타버스가 미래의 유토피아인 것처럼 말하지만 그런 세상을 배경으로 한 소설에서는 사실상 메타버스를 디스토피아의 하나로 그리고 있는 것이다. 메타버스라는 단어가 처음 등장한 소설 《스노 크래시》조차 마약의 다른 표현이다.

그리고 메타버스의 연구 방향과 활용성에 대해서도 의문을 제기하는 사람들이 많다. 메타버스가 정말 제대로 된 가치를 지니려면 진입장벽이 낮아야 하고, 신뢰할 수 있는 플랫폼이어야 하며, 각 기업이 만들고 있는 메타버스가 상호 운용되어야 실질적으로 효율적인 활용을 할 수 있을 것이다. 하지만 어떤 기업이든 자신의 메타버스를 통해 세상을 지배하고 싶어 할 뿐, 다른 메타버스와 호환되도록 운용하는 것에 대해서는 관심이 없으며 실제로 그렇게 될 리도 없다는 것이다.

무엇보다도 많은 사람들이 메타버스를 이야기하고 있지만 그 이전과 이후에 뭐가 다르며, 도대체 무엇이 좋아진다는 것인지 아무도 구체적으로 말하지 않는다는 점도 문제로 제기되고 있다. 이러한 맥락으로 많은 사람들이 메타버스는 그저 헛소리일 뿐이라는 기사를 리트윗하기도 했다.

메타버스에 대한 다양한 입장

마크 저커버그는 페이스북이 생각하는 메타버스에 대해 말하는 영상을 올리며 메타버스에 대한 사람들의 우려를 어떻게 불식시킬 것인지 답변하는 동시에 페이스북의 사명도 메타로 바꾸었다. 실제로 메타는 메타버스의 개발에 사운을 걸었다고 해도 과언이 아닌 상황이다. 1만 명의 연구자들이 메타버스를 개발하기 위해 투입되었고, 1년에 100억 달러의 예산을 쓰겠다고 밝혔다. 뿐만 아니라 향후 5년 이내에 추가로 1만 명의 엔지니어를 더 뽑아 메타버스 개발에 투입할 것이며, 마찬가지로 매년 1천만 달러의 예산을 쓰겠다고 선언했다.

우리나라를 통틀어도 코어 인력 100명, 개발자 1,000명을 모으기가 어려운데 메타버스를 개발하기 위해 벌써 1만 명의 인력을 투입했다는 것을 보면, 메타버스를 단순히 실리콘밸리나 월스트리트의 buzzword^{유행어}일 뿐이라고 치부할 수는 없을 듯하다. 또한 한국과 중국도 메타버스에 많은 관심을 보이고 있는 만큼 서로가 어떤 형태로 보조를 맞춰갈 수 있을지도 궁금해진다.

이렇듯 메타에서 가상현실이라는 플랫폼으로서의 메타버스를 말하고 있다면, 마이크로소프트는 또 다른 관점에서 현실 공간을 기반으로 가상현실을 체험하게 만드는 쪽에 무게중심을 두고 있다. 예를 들면 한국인과 외국인이 각자 모국어로 대화하면 그것이 저절로 번역되는 식의 상징적인 콘셉트 영상을 공개하기도 했다. 언어의 장벽 없이 누구나 메타버스에서 만나 다양한 일을 할 수 있으리라는 비전을 보여주는 것이다. 마이크로소프트가 특히 주력하는 분야는 오피스 쪽으로, 팀 동료들을 만나 어떻게 효과적으로 일하게 될 것인지를 다루고 있다. 현재 당면하고 있는 줌 기반 커뮤니케이션의 문제점을 마이크로소프트는 어떻게 이해하고 어떻게 해결하고 싶은지 보여주는 것이다.

각 기업마다 메타버스에 대해 생각하는 색깔이 다소 다른 가운데, 곧 애플이나 구글 같은 회사도 메타버스 이야기를 하지 않을까 싶다. 이렇게 기업들이 나름대로 메타버스를 해석하는 것과 별개로 여러 커뮤니티에서도 메타버스에 대해 다양한 입장을 보이고 있다.

우선 가상증강현실을 연구하는 사람들은 메타버스에 대해 상대적으로 객관적인 시각을 견지하고 있다. 이미 세컨드라이프에서 가상현실을 경험해 봤고 당시에도 이에 대한 다양한 논의가 있었기에 과열에 대한 우려의 목소리를 내고 있는 것이다. 그래서, 첫 번째 실패를 교훈 삼아 지금은 다음 단계의 새로운 메타버스를 이야기해야 한다는 목소리가 주를 이룬다.

그런가 하면 게임 커뮤니티에서는 이것이 새로운 게임의 형태라고 주장하기도 한다. 특히 로블록스나 포트나이트Fortnite 등에서 메타버스를 활용하고 있는데, 플랫폼을 통해 사용자들이 일방적으로 게임을 하는 것뿐 아니라 프로그램 언어를 몰라도 누구나 쉽게 게임을 만들고 사람들과 공유할 수 있기 때문에 게임이야말로 메타버스의 미래가 아니겠느냐는 것이다.

또 가상 세계이기 때문에 아바타로 경험하는 부분이 매우 중요하다는 이야기도 나온다. 이전에는 키보드나 마우스로 가상 세계에 접근했다면 이제는 아바타를 통해 가상 세계를 탐험하게 되는데, 그렇다면 나를 대신하는 아바타를 어떻게 표현하고 구현할지가 중요한 문제가 될 것이다. 그래서 아바타를 만들어주는 것부터 꾸미는 것까지 다양한 비즈니스 모델이 등장하고 있다. 대표적인 예인 제페토뿐 아니라 최근에는 나이키도 메타버스에서 비즈니스를 시작했다.

메타버스에서 경제적인 활동이 이루어진다면 당연히 지속 가능한 가상 자산 관리 시스템이 구축되어야 할 것이다. 위버스나 오픈씨에서는 메타버스가 경제 플랫폼이 되려면 블록체인 기반의 새로운 가상 자산을 다룰 수 있는 시스템과 결합해야 한다고 이야기하고 있다. 또 최근에 웹 커뮤니티에서는 웹이 2D 화면을 넘어 3D로 나아가 정보를 접근하고 활용하는, 즉 web3.0이 메타버스라고 주장하기도 한다.

이렇듯 현재로서는 메타버스에 대해 다양한 입장들이 혼재해 있다. 어떻게 보면 우리는 메타버스라는 거대한 코끼리를 두고 각자자기 경험과 지식에 기반하여 코끼리의 코, 다리, 꼬리만을 만지면서 그게 전부인 것처럼 말하고 있지 않은가 싶기도 하다. 그 각각의 요소가 모두 중요하겠지만 앞으로는 조금 더 총체적인 그림을 이해하려는 노력이 필요한 시점이다.

메타버스의 정의

사람들이 바라보는 메타버스라는 단어가 혼란스럽게 느껴질 수 있지만, 2007년에 메타버스에 대한 다양한 논의를 토대로 메타버스의 미래를 다룬 로드맵이 정리되었고 여기에 정확한 정의도 등장한다. '메타버스는 ①가상으로 향상된 물리적 현실과 ②현실과의 연동으로 지속 가능한 가상 공간의 융합'이라는 것이다.

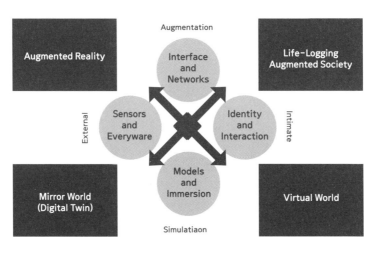

※ 그림 3 ※ Metaverse Roadmap [ASF '07]

[그림 3]을 보면 '메타버스에 중요한 컴포넌트Component가 있다'고 하면서 네 가지 핵심 요소를 제시한다. 사람들이 이 네 가지 요소 각각을 메타버스라고 오독하는 경우가 많은데, 그게 아니라 메타버스가 이 네 개의 컴포넌트로 구성된다는 뜻이다.

[그림 3]처럼, 로드맵에서는 메타버스의 요소를 ①사람과 관련된 Intimate와 환경과 관련된 External의 연속체 Continuum, ②가상

에서 가져온 정보나 콘텐츠를 활용하는 현실 공간에서의 Augmentation과 가상의 공간에 현실 정보를 가져와서 관측하고 미래를 예측하는 Simulation 연속체 두 축으로 설명하였다. 우리가 살아가는 물리적인 공간은 이분법적으로 나누자면 환경과 사람으로 구성되어 있다. 그 환경에 대한 현실 세계의 정보를 받아 그대로 미러링한 것이 거울 세계 'Mirror world'이며, 거울 세계의 정보를 현실에서 활용하는 것이 증강현실이다. 그리고, 사람들이 현실에서 하는 일상의 활동을 가상 세계에서 재현하는 것이 가상 세계 'Virtual world'이고, 일상의 활동을 가상 세계에 연동하고 가상 세계의 정보나 콘텐츠를 일상의 활동에 활용하는 것이 '라이프 로깅 Life Logging'이다. '가상으로 향상된 물리적인 현실', 그리고 '현실과 연결되어 지속 가능한 가상 세계'가 아주 긴밀하게 연결되어 구성된 것이 바로 메타버스라는 것이다.

2. 메타버스는 지속 가능한 경제 플랫폼일까

메타버스의 정의와 같이 현실과 가상의 융합으로 만들어진 확장 가상 세계에서 아바타를 통해 사람들과 다양한 경험을 하고, 또한 현실에서 벌어지는 것과 마찬가지로 경제적 활동까지 이루어지기 위해서는 다양한 관련 기술의 생태계가 구축되어야 한다.

경제 플랫폼으로 기능하는 메타버스

현실과 가상이 융합된 생태계를 구축하려면 여러 가지 기술적인 발전으로 인프라를 갖추어야 한다. 일단 다양한 데이터를 가상으로 보내는 디지털 포메이션이 자동으로 일어나려면 IoT 등의 센서로 현실을 모니터링할 수 있어야 한다. 또 현실 가까이에서 에지나 클라우드를 통해 정보를 모으고 인공지능을 이용한 데이터 해석이나 학습을 통해 정보와 지식을 체계적으로 관리해야 한다. 그렇게 축적된 정보나 지식을 누구나 일상에서 필요할 때 활용하는 참여형 플랫폼이 가능해지려면 착용형 가상증강현실 기술이 필요하고, 또한 경제적 활동을 위해서 NFT 같은 가상 자산 관리 시스템도 결합되어야 할 것이다. 그 외에도 사람들의 상상력으로 다양한 층위의 가상 세계를 만들어 연결시키는 여러 가능성을 그려볼 수 있다. 그렇다면 메타버스는 별개의 세계로 단독 존재하는 것이 아니라, 이런 기술 인프라 위에 만들어져야 실질적으로 활용할 수 있는 가상 공간이 될 수 있을 것이다.

하지만 공학적으로 이런 인프라를 구축한다고 해도 바로 제대로 동작할 수 있는 것은 아니다. 사람들이 실제로 모여서 일상 활동을 할 수 있는 가상 세계가 되려면 일단 누구나 쉽게 접근할 수 있는 개방형이어야 하고, 신뢰할 수 있는 공간이어야 하고, 각자 만들어 놓은 많은 메타버스들이 상호 운용되는 공간이기도 해야 한다. 이런 조건들이 다 갖춰져야 메타버스가 우리가 꿈꾸던, 경제 활동까지 가능한 소셜 미디어가 되는 것이다.

더불어 이렇게 만들어진 메타버스가 경제 플랫폼으로도 기능하기 위해서 가장 중요한 것은 무엇보다 사람들이 모여야 한다는 점이다. 세컨드라이프의 사례를 보면 통계적으로 그 공간에 모인 사람들이 최대 1천만 명 정도이고, 동시 접속자 수는 수십만 명 수준이었다. 경제적인 수익을 창출하려면 수억 명이 모이고 수천만 명이 동시 접속할 정도가 되어야 한다. 그럼 메타버스는 그런 공간이 될 가능성이 있을까?

전 세대가 쓸 수 있는 플랫폼이 되기 위해서는 몇 가지 포인트가 있을 것이다. 재미있는 공간인가, 재미가 없다면 의미라도 있는 공간인가, 강제로라도 모이게 할 수 있는 공간인가 혹은 적절한 보상이 주어지는가 등 사람들을 설득하거나 유지할 수 있는 여러 시스템이 콘텐츠와 함께 가야만 메타버스가 유의미한 공간으로 지속 가능할 수 있다.

동시에 해결해야 할 사회적 숙제도 많다. 메타버스가 경제 활동 플랫폼이 되면 또 상당히 많은 문제가 생길 것이다. 일단 노동의 의미나 세금의 의미가 재정립되어야 한다. 시공간의 한계를 넘어 다양한 문화가 쉽게 모이고 충돌한다면 새로운 제도나 규범은 또 어떻게 정할 것인가? 디지털 트랜스포메이션이 대규모로 일어난다면 여러 개인정보가 가상으로 넘어가고 가상의 활동을 실시간으로 모니터링할 수 있게 되는데 그 관리나 보안, 윤리 문제는 어떻게 해결할 수 있을까? 굉장히 많은 사회문화적 해석과 대응이 필요하겠지만, 그런 부분이 포괄적으로 고려되어야 비로소 메타버스가 우리에게 일상의 공간이 될 수 있을 것이라고 본다.

언제쯤 일상에 적용될까

메타버스가 성공적으로 우리 일상에 안착할 수 있을지, 아직 경제학적 근거를 들 수는 없지만 몇 가지 성공 사례를 보고 벤치마킹을 해볼 수는 있을 것 같다.

보통 기술의 사이클에서 성공적으로 사람들의 관심을 모았다고 보는 수치를 1천만 명 정도라고 한다. 아이폰의 경우 처음 등장한 것이 2007년이었는데, 2008년에 이미 판매량이 1천만 대를 넘었다. 그리고 경제 활동이 가능한 규모인 1억 명을 언제 넘기느냐가 중요한데, 아이폰은 2011년에 1억 대가 팔렸고 2016년에는 10억 인구가 아이폰을 쓰고 있었다고 한다.

그렇다면 메타의 가상 세계를 경험할 수 있는 디바이스인 메타 퀘스트2의 판매 수치를 비교해볼 수 있을 것이다. 2020년 가을에 소개된 메타 퀘스트2가 아이폰보다 빨리 보급될 수 있을지 들여다봤을 때, 현재까지는 아이폰과 비슷한 보급 속도를 보이고 있다. 올해 중으로 1천만 대를 돌파할 것으로 보이는데, 얼리 어답터 외에 일반인들까지 구매에 동참해야 가능한 수치인 1억 대가 언제까지 팔릴지는 아직 미지수다. 하지만 1년에 10조 원씩 투입하여 2025년까지는 일상에서 메타버스를 경험하게 하겠다며 총력을 기울이고 있는 메타사의 비전을 보면, 1억 명까지도 가능하지 않을까 희망적인 전망을 기대할 수는 있을 것 같다.

그럼 10억 명까지는 어떨까. 아이폰의 경우를 벤치마킹해 본다면, 메타 퀘스트2가 2029년까지 10억 대가 팔리는지의 수치가 메타버스가 우리 일상에 스며들 수 있을지를 가늠하는 관건이 되지 않을까 싶다. 당장 메타버스가 실현되기를 기대하는 분들에게는 실망스러운 통계일 수도 있겠지만, 냉정하게 봤을 때 메타버스가 정말 일상적인 공간이 되기 위해서는 이 정도의 시각 프레임으로 느긋하게 바라볼 필요가 있다.

일상적인 가상증강현실의 가능성

메타버스가 일상에 들어오는 시기는 결국 증강현실이 안경형 디스플레이와 접목되는 시기와도 맞물려 있을 것이다.

90년대 초반에 증강현실이라는 단어가 등장했는데, 2000년대 중반까지도 데스크톱 환경에서나 경험할 수 있었고, 몰입감은 아직 부족한 수준이었다. 그러다가 아이폰이 등장하면서부터 모바일폰 기반의 증강현실을 경험하게 되었다. 처음 스마트폰이 등장한 2007년에는 공간 기반 정보제공 수준이었지만, 지금은 공간뿐만 아니라 물체 인식을 기반으로 실감성 높은 가상 콘텐츠를 현실에서 경험하는 시대가 되었다.

그러나 일상에서 우리가 휴대폰을 들고 다니면서 본다는 건 불편한 인터페이스이기 때문에, 사람들은 스마트폰을 매개로 증강현실을 경험하고 싶어 하지는 않을 것이다. 그렇다면 보다 일상적인 경험을 위해서 결국 안경형 디스플레이가 필요하게 되지 않을까. 그리고 실제로 그 가능성을 보여준 것이 마이크로소프트에서 개발한 안경형 디스플레이 홀로렌즈였다. 게다가 이미 퀄컴Qualcomm이라는 회사가 이런 안경에 들어가는 칩셋을 팔고 있다. 5G로 주변에 있는 에지나 클라우드에 접속하여 정보를 받을 수 있는 기본 틀이 이미 갖춰져 있다는 것이다. 페이스북이나 애플도 이미 안경형 디스플레이에 대한 비전을 이야기하고 있는 시점이기 때문에, 아마 안경형 디스플레이가 나중에는 보편적으로 활용되지 않을까 기대해 볼 수 있을 것 같다.

3. 메타버스의 과학문화 증강도시 활용 가능성

우리가 가상 세계에서 경험하는 것도 중요하지만 더 큰 가치는 현실로 가상을 가져와 경험할 수 있는 부분이 아닐까 싶다. 그런 관점에서 보면 우리가 도시 전체에서 가상을 경험하는 증강도시의 가능성도 고려할 만한 의의가 있을 것이다. 그래서 2019년 부산 시범 사업 때는 실제로 도시 전체에서 가상을 경험하는 스마트 증강도시의 개념을 제안하기도 했다.

제안한 스마트 증강도시란 사물인터넷, 초고속망 5G, 에지 클라우드, 디지털 트윈, 인공지능, 메타버스, 착용형 가상증강현실 등 정보통신 기술의 유기적 연동을 통해 도시의 통합적 모니터링, 효율적 관리, 예측·검증 시뮬레이션 등을 하며, XR 플랫폼을 통한 시민 참여로 도시 문제를 관리하고 해결하여 시민의 삶을 향상하는 스마트 도시라고 정의할 수 있다. 이러한 도시가 만들어지기 위해서는

①현실과 가상의 유기적 연동이 이루어지는 것이 중요하고, 또한 ②맥락이나 장소에 따라 3D 증강을 경험할 수 있으며, ③현실과 가상 양방향의 상호작용과 협력이 이루어지고, ④참여형 문제 해결 플랫폼을 갖추는 것이 핵심 요인이라고 할 수 있겠다.

그런 도시가 만들어지면 우리가 안경형 디스플레이를 쓰고 다니면서 도시 어디에서나 가상증강현실을 체험할 수 있을 것이다. 싱가포르에서 이런 비슷한 시도를 먼저 하기도 했는데, 2015년에 7천3백만 달러 정도의 예산을 들여 싱가포르 전체를 가상 세계로 옮기는 데에 성공했다. 그런데 이 가상도시는 증강도시의 관점에서 보면, 그냥 가상 세계로 3D 모델링하여 시뮬레이션하는 수준으로, 현실 공간에서 가상으로 정보를 보내거나 가상의 결과물을 현실로 가져오는 부분은 누락되어 있다. 앞으로 이런 부분이 결합된다면 좀 더 재미있는 도시를 만들 수 있을 것이다.

제대로 된 메타버스 기반 증강도시는 우리가 먼저 해볼 수 있지 않을까? 그래서 2년 전부터는 대전을 증강도시로 만들어보려는 시도로써, 엑스포 공원을 중심으로 그 부근을 새로운 디지털트윈 기반 메타버스에서 경험할 수 있는 모습으로 실현시키고자 하는 이야기도 해보고 있다. 증강도시의 구현이 가능하다면 정부 차원에서는 도시 계획 시뮬레이션이나 여러 기관·시설물의 관제, 또 새로운 서비스를 시도해 볼 수도 있을 것이다. 기업에서는 ESG 경영을 시뮬레이션하거나 산업 플랫폼으로도 활용할 수 있으며, 시민들에게는 체험과 소통의 소셜 플랫폼이 되어줄 수 있다. 그로 인해 도시에 사는 사람들의 능력과 경험을 확장하고, 나아가 관련된 많은 산업 분야에서도 새로운 변화를 맞을 수 있지 않을까.

4. 미래로 가는 메타버스, 무엇을 할 것인가?

메타버스가 단순히 10대들의 재미있는 놀이터로만 남는 게 아니라 전 세대가 다양한 새로운 경험을 하고 자기 능력을 확장할 수 있는 미디어로서의 역할을 하게 하려면, 하나의 사회 간접 자본으로 메타버스를 이해할 필요가 있다.

우선 도로를 깔고 각 가정에 전기나 수도를 배달하는 것처럼 메타버스를 누구나 쉽게 접근할 수 있게 만들어주는 인프라로서의 메타버스를 정부가 관리할 필요가 있다. 정부가 선수로 참여하여 뛰는 것이 아니라, 다양한 아이디어를 가지고 새로운 시도를 하는 사람들을 잘 지원하고 공정하게 게임을 할 수 있도록 관리하는 역할을 해야 한다고 본다.

그 외에도 풀어야 할 숙제들은 많다. 기술 관점에서도 아직 완성된 단계가 아니기 때문에, 현재의 기술에서 가능한 메타버스도 있지만 계속해서 기술을 개발하면서 메타버스의 영역을 더욱 확장해 나가야 할 것이다.

먼저, 메타버스를 일상에서 활용하기 위해서는 실감 실측 3차원 디지털 트윈을 구축하고 개방형 플랫폼으로 공개해야 한다. 개방형 플랫폼으로서 디지털 트윈 기반 메타버스를 구축하고 생태계를 만든다고 했을 때, 사람을 대변하게 되는 아바타를 중심으로 한 쟁

점도 여러 가지가 있다. 나를 대변하는 아바타는 실사를 기반으로 할 것인지 아니면 다양한 CG 캐릭터를 사용할 것인지, 나를 대변하는 아바타는 어떻게 제어할지, 인공지능 아바타는 동등한 자격을 가질 수 있는지 등 기술적인 이슈 외에도 사회문화적인 문제까지 풀어가야 하는 부분이 적지 않다.

우리가 새로운 기술을 통해 역량을 확대해 온 것처럼 메타버스도 역량 확장 도구로 활용해야 한다. 메타버스라는 새로운 세계와 관련 기술이 사람과 사회의 능력을 확장하는 도구로 정착되도록 하기 위해서는 사회적으로 합의해야 하는 더 중요한 부분이 숙제로 남아있다. 메타버스를 활용하는 사람이 기술에 종속된 아바타로 전락하지 않도록 하려면 어떻게 해야 할까? 메타버스를 일상으로 활용하는 증강도시의 시민은 행복할 것인가. 이 기술이 사람을 위해서 쓰이지 않는다면 오히려 사람들은 여전히 스마트폰을 벗어나지 못한 채 기계나 인공지능에게 밀려나는 일상을 살게 될 수도 있다. 그래서 경제적 가치와 사회문화적 가치 사이의 조화가 무엇보다 중요하다. 일상의 일부분이 될 메타버스가 사람이나 사회의 능력을 확장하는 도구로써 사용되도록 해야 한다. 사람과 사회를 지금보다 더 행복하게 만드는 유용한 도구로서 메타버스가 자리 잡을 수 있도록 더 많은 사람들의 참여로 함께 만들어가는 일상의 메타버스가 되기를 바라는 마음이다.

2장

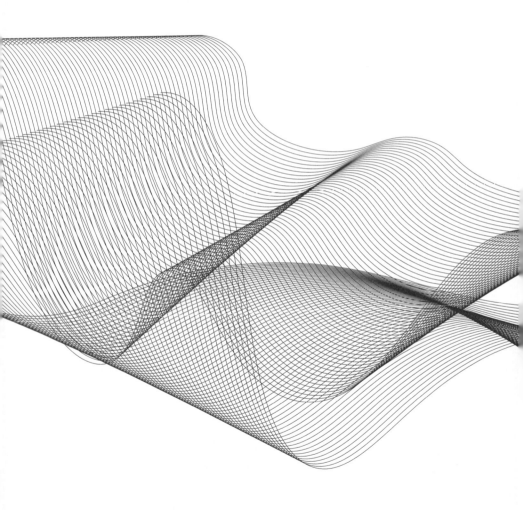

현실과 가상의 경계를 넘나들다:

메타버스와 공간

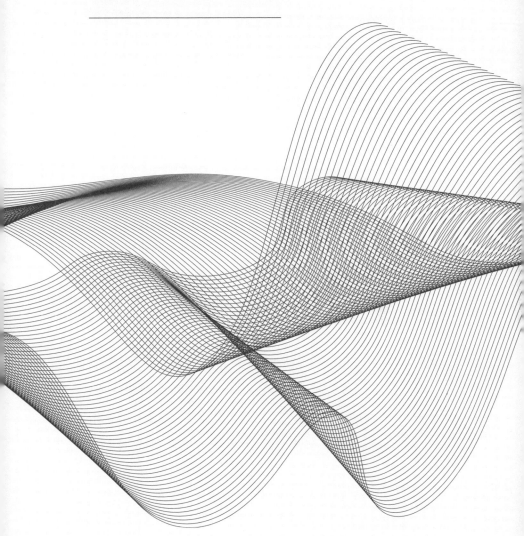

물리적인 한계를
뛰어넘은 공간

참여자

이지현 KAIST 문화기술대학원 교수

차승현 KAIST 문화기술대학원 교수

이동만 KAIST 문화기술대학원 교수

우운택 KAIST 문화기술대학원 교수

이은수 KAIST 문화기술대학원 교수

이원재 KAIST 문화기술대학원 교수

우운택: 가상 세계를 잘 만드는 것도 중요하지만 실제로는 우리가 그곳에서 무엇을 할 것인지가 정말 중요한 이슈일 것이다. 우리가 가상 세계를 어떻게 구축할 것인지 생각해 보면, 현실에서 사람이나 공간, 액티비티의 근접성proximity을 가상에서 어떻게 연결할 수 있을지가 중요할 것 같다. 물리적 한계가 없는 가상 세계에, 물리적 공간인 현실의 근접성을 가져갈 수 있을까.

이지현: 아직은 연구 과정이라 정확히 답을 내리기는 어렵지만, 우리는 주로 사람의 경험적인 관점을 제시하고 있다. 현재 가상의 근접성은 좀 더 심리적인 부분과 많이 연관되어 있다. 예를 들면, SNS에서의 친구 관계나 어떤 장소에

대해 내가 얼마나 애정이 있고 계속 살고 싶은가 하는 거리감 같은 걸 측정하는 것이다. 물리적인 것은 이미 측정이 가능하지만, 내가 얼마나 그것을 가깝게 느끼는지에 대한 가상의 근접성도 계산이 가능하게 만들겠다는 것이다. 좀 더 연구가 정리되면 더욱 발전시킬 수 있는 부분이 있을 것이라 본다.

👤**이은수**: 이지현 교수님은 현실 세계와 가상 세계를 포함하여 근접성을 하나로 측도하는 방법을 개발하고 계신 것 같다. 실제로 정책 면에서 건물을 짓거나 교통 정책 변화를 만들 때의 영향을 시뮬레이션하고, 또 사람들이 어떻게 느낄지까지 집단적으로 수렴할 수 있는 통로가 가상 세계에 만들어진다면 도시 계획에 있어 획기적인 일이 될 거라는 생각이 든다.

👤**이지현**: 실제로 광주에서 백화점을 짓느냐 문화유산을 보호하느냐 하는 갈등이 있어서 자문을 해준 적이 있는데 시뮬레이션을 제대로 하는 것이 정말 중요하다고 본다. 제대로 들여다보면 꼭 양자택일을 하는 게 정답은 아닐 수도 있다. 그래서 외관을 잘 보존하면서 백화점으로 쓸 수도 있는, 묘한 아이디어를 얻을 수도 있으니 잘 생각해 보라는 답을 했었다. 정책적인 면에서도 앞으로 전문가들에게

의견을 구해 더 좋은 답을 얻을 수 있는 부분이 있을 것으로 생각한다.

우운택: 여러 가지 공간에 대해 다뤄보니 대학교라는 공간도 생각해 보게 된다. 공간으로서의 대학교가 향후 사라지게 될 거라는 예측을 하기도 하는데, 학교 역시 가상 세계에서 새로운 형태로 만들어가게 될까.

이동만: 개인적으로 지난 한두 달 동안 학교 교육이 메타버스를 통해 어떻게 변화해야 할지 다양한 각도로 고민했다. 그래서 얻은 결론은 학교의 물리적 공간이 갖는 의미는 유지하되, 가상에 존재하는 학생들의 다양한 요구를 담을 수 있도록 결합해야 한다는 것이다. 단순히 메타버스에 또 다른 공간을 만들면 해결될 것 같지만, 그렇게 쉬운 문제는 아니다. 전문가마다 바라보는 각도가 다른데, 다만 교육에 있어서 학생들과 교수자도 새롭게 배우고 가르치는 기회의 장이 될 거라는 사실에는 모두 공감하고 있다.

차승현: 사실 극단적으로 말하자면 교육 공간이 사라져도 된다고 생각한다. 교육 공간의 두 가지 목적성은 지식 전달, 그리고 사회화라고 볼 수 있을 것이다. 우선 지식 전달에 있어서는, 굳이 대면하지 않아도 좋은 강사들이 더 좋은 콘텐

츠를 통해 충분히 교육의 효과를 내고 있다. 그렇다면 사회화 과정은 어떨까. 물리적으로 학교 공간에 있다고 사회화를 배우는지 생각해 보면, 사실 요즘에는 온라인 게임에서 더 많은 사회화가 이루어진다고 볼 수도 있을 것이다. 물론 당장 없어져야 한다는 의미가 아니라, 교육의 두 가지 목적성이 가상 공간 안에서 조금씩 충족된다면 차차 그런 가상 공간으로 스며드는 과정이 이루어지지 않을까 싶다.

이은수: 지금까지는 주로 현실의 대체 공간으로서 메타버스를 바라봤는데, 경험이 아예 없는 공간에 대해 구현하는 부분은 깊은 논의를 해보지 못했던 것 같다. 그러면서 재미있는 생각을 해봤다. 첫째는 감옥에 있는 죄수들에게 메타버스를 열어줄 것인가 하는 점이다. 일반 사회에 해악을 끼칠 수 있기 때문에 그들을 격리하는 것인데, 가상 공간은 어떨까. 교정 분야에 있는 분들은 그런 점도 고민되실 것 같다. 둘째로, 메타버스에서 폐허가 된 유적지를 복원해 만나보거나 비싼 돈을 들여서 가야 하는 여행을 가상으로 경험하는 것도 좋겠지만, 실제로 내게 소중한 추억이 담긴 공간에 대한 메모리를 간직하는 차원에서 활용될 수 있지 않을까. 예를 들어 내가 갔던 호텔이 너무 좋았다면, 사진 찍듯이 그것을 가상 공간으로 간직하는 서비스

도 나올 수 있을 것 같다.

차승현: 감옥에 대한 건 정말 재미있는 아이디어인 것 같다. 플랫폼 '세컨드라이프'가 생각나는데, 그 공간 자체가 일종의 두 번째 찬스일 수도 있겠다는 생각이 든다. 죄수라고 해도 중간에 자유롭게 활동하는 시간이 있을 때, 그때도 이런 기회를 뺏을 것이냐고 한다면 그렇지는 않을 것 같다. 그 안에서 또 문제를 일으켰다면 그 공간 안에서도 어떤 액션을 취할 수 있을 것이다. 둘째로, 우리가 플레이 리스트에 나만의 추억의 노래를 담는 것처럼 누구나 가지고 있는 자기만의 공간을 가상으로 간직하는 것도 좋은 아이디어인 것 같다. 물론 기술이 어느 정도까지 100% 싱크로하게 만들어줄 것인지가 핵심이겠지만, 투어리즘과 비슷하게 좋은 경험을 할 수 있을 듯하다.

이원재: 가상 공간에서 우리의 현실 공간을 재현하는 게 일차적인 목표인지, 아니면 극복하는 게 목표인지에 대한 논의가 하나의 포인트인 것 같다. 사실 현실의 건축에서 중력이나 물리적 공간의 한계 등을 과학적으로 고려할 텐데, 마블 영화를 보면 말도 안 되게 도시가 솟아오르는 광경을 보여주기도 한다. 나는 메타버스가 그런 것일 줄 알았는데, 막상 사람들이 그 안에 들어가면 좋아하지 않을 것이

라는 생각도 든다. 그렇다면 가상 공간은 오히려 현실 세계에서 한계라고 부를 만한 것들을 재현하는 게 목표라고 해야 할까.

👤이동만: 일단 그렇지 않다고 본다. 그동안 기술은 사람들을 끊임없이 끌어당기는 형태로 발전했고, AI가 나오면서 더 빨라졌다. 사회가 유기체로서 공존이 아닌 공진을 해야 한다고 생각하는데, 기술과 인간이 맥락을 공유하지 않으면 함께 진화해 나갈 수가 없다. 서로 역할을 상황에 따라 주고받을 수 있어야 한다. 그런 면에서 보면, 공간에서 갖는 물리적 한계를 뛰어넘는다고 표현하기보다, 하나의 도시 공간 자체가 다양한 의미를 가지고 있는데 왜 그걸 하나씩밖에 다루지 못하느냐고 묻고 싶다. 극단적인 예로 10여 년 전만 해도 공부하면서 음악 듣는 걸 이상하게 생각했다. 그런데 이제는 음악 들으면서 공부하고, 비디오를 보면서 공부하기도 하고, 멀티 태스킹이 가능하게 인간이 변화하고 있다. 앞으로도 현실 세계에서 AI를 쓰는 멀티플 월드가 굉장히 당연하게 느껴지는 세대가 나타날 것이라고 본다. 그래서 결국 메타버스라는 기술 자체가 인간의 발전에 도움이 되려면 하나의 유기체로서 공진의 모드로 가야 하지 않을까.

차승현: '적응'이라는 단어가 중요한 것 같다. 건축 역사를 보면 우리가 움집에서 시작해서 돌집, 심지어 구리 표면으로 된 집까지, 다양한 시도가 되어왔다. 사람은 적응의 동물이라고 하는데, 만약 가상 공간에서 마블 영화 같은 도시가 펼쳐지면 처음에는 새롭고 어지러운 느낌이 들 수 있다. 하지만 그 안에서 한두 달 살아봤을 때 어떨지는 또 다른 얘기다. 여기에 건축적인 디자인 가이드라인 연구가 필요할 것이라고 본다. 향후에는 물리적인 건축 공간에서 불가능했던 부분을 해결해서 가상 공간의 건축물에 다양성을 만들었으면 한다. 예를 들면 건물이 꼭 땅에 있지 않고 배에 있다면 떠다니기 때문에 주변의 풍경이 다양해질 것이다. 그러나 한편으로는 디지털 트윈도 꼭 필요하다. 가상 세계에 물리적인 법칙이 적용되어 있을 때, 어떤 재해 상황을 가정한 시뮬레이션을 해보고 예측, 방지할 수 있는 중요한 역할의 측면이 있다. 그 두 가지가 합쳐지는 부분에 대해서는 우리가 더 고민하고 만들어가야 한다고 생각한다.

이원재: 메타버스가 사회적 공간으로서 가져야 하는 공공성은 어떨까. 특히 이동만 교수님이 인터넷의 공공성에 관한 어떤 정책적인 연구나 활동을 굉장히 앞장서서 하신 분인데, 메타버스의 공공성을 어떻게 만들어가야 한다고 생각

하시는지 궁금하다.

🧑이동만: 메타버스의 공공성에 대해서 생각해 보지는 않았는데, AI 나 빅데이터의 공공성과 크게 다를 바 없을 듯하다. 누 군가에 의해 만들어지고 누군가 사용한다면 그 밸런스가 중요하다. 개인적으로 20여 년 동안 인터넷 거버넌스 활 동을 해오고 있는데, 여기에 중요한 핵심은 인터넷에 관 여하는 모든 사람에게 동등한 보이스를 낼 수 있게 해주 자는 것이다. 그 안에 정부, 기업, 시민사회, 기술자, 학계 등 다양한 사람들이 포함될 텐데, 예를 들어 인터넷망이 돈 많은 누군가에게는 고급 서비스를 제공하고 돈 없는 사람들에게는 안 좋은 서비스를 제공한다면 당연히 문 제가 될 것이다. 인터넷과 마찬가지로 메타버스 역시 만 드는 사람도 중요하지만 쓰는 사람도 중요하고, 또 공공 성을 유지하는 부분도 매우 중요할 것이다. 가상의 공간 이라고 해서 공공성에 어긋나는 행동을 마음대로 하다가 뒤늦게 문제를 해결하는 일이 없도록, 거버넌스 시스템을 만들면서 가는 것이 좋지 않을까.

우리는 이미 현실과 가상이 공존하는 도시에 살고 있다

Virtual Placemaking in Urban Informatics

이지현 교수 ×

우리가 살아가는 도시는 다양한 종류의 정보를 품고 있고, 우리는 그 정보를 모으고 분석하여 더 좋은 공간에서 살아가기 위한 연구와 노력을 하고 있다. 어떻게 보면 가장 일상적인 공간이지만, 이러한 분석을 통해 살펴보면 공간에 대한 다양한 요소를 새로운 시각으로 이해할 수 있다.

보통 도시 계획을 할 때는 두 가지 정도의 클리셰가 있다. 개인적으로 좋아하지 않는 방식이기도 한데, 첫째는 도심 개발을 할 때 항상 구도심을 옆에 두고 조금 떨어진 곳에 아예 새로운 신도시를 지어버리는 것이다. 그러다 보면 구도심은 그대로 쇠락해 가고, 새로 지어진 신도심은 특색 없는 똑같은 모습이 되어버린다. 또 하나는 일종의 기술만능주의다. 극단적으로 말하자면 휴대폰 하나만 가지고 도시에 들어가서 '이것만 있으면 모든 도시의 컨트롤이 만사

OK' 식으로 첨단 기술만을 강조하는 것처럼, 기술적인 측면만을 부각한다는 것이다.

이런 식의 도시 계획은 사람을 고려하지 않는다는 점이 가장 큰 문제인데, 이제는 좀 더 새로운 방식의 도시 발전을 고민해야 하지 않을까. 특히 살아가는 장소라고 하면 지금까지는 아파트, 주택 같은 물리적인 것으로만 생각했지만, 이제는 테크놀로지를 통해 그 개념을 보다 확장해 나갈 시점이 아닐까 싶다. 우리가 살고 있는 도시를 들여다보면 다각도로 많은 정보가 담겨있다. 그러한 Urban Informatics를 통해 어떻게 Good Placemaking을 해나갈 수 있을지, 특히 가상의 공간을 확장해 나가는 메타버스의 관점에서 살펴보려고 한다.

1. 도시와 도시 정보

가상 공간을 만든다는 것은 사실 새로운 이야기는 아니다. 예를 들어 '심시티' 같은 게임에서도 가상 공간에 도시나 집을 만들어 살아가는 것을 토대로 하고 있고, 메타버스도 마찬가지로 가상의 공간에서 활동하고 살아갈 수 있는 하나의 월드인 셈이다.

이런 하나의 도시 안에는 사람, 장소, 그리고 테크놀로지가 포함된다. 이것들은 따로 존재하는 것이 아니라 사람과 장소, 사람과 기술, 또 장소와 기술의 연결과 그 접점에서의 무수히 많은 결합으로 이루어진다. 또 그 안에 다시 디자인, 건축, 도시 설계, 휴머니티 등 다양한 분야들이 들어가 있을 것이다. 이런 수많은 정보들을 바로 Urban Informatics라고 한다.

도시를 이루는 많은 요소가 결국은 모두 연계되어 있기 때문에 도시를 하나의 네트워크로 보고자 하는 움직임도 지난 10년에서 15년 사이에 점점 더 활발해지고 있다. 여기서 도시를 네트워크로 본다는 것은 그 안에 있는 물리적인 공간과 가상의 공간을 모두 포함하는 것이다.

Augmented proximity in a network

80년대에 토론토대학교 폴 밀그램 Paul Milgram 교수가 현실과 가상의 연속성을 설명하면서 MR의 개념을 설명했다. 이에 착안하여 우리 랩에서는 최근에 '확장된 근접성 Augmented proximity'이라는 개념을 제안한 바 있다. 근접성 Proximity 도 마찬가지로 거리에 관한 개념이기 때문에, 사람과 사람 사이에도 물리적인 거리와 가상에서의 거리가 있을 수 있다. 아마 지금의 현대인은 그 중간 어딘가에 있다고 볼 수 있을 것 같은데, 페이스북 친구를 생각하면 이해가 될 것이다. 보통은 오프라인에서 더 친밀한 경우가 많지만, 때로는 오프라인에서는 그렇게 친밀하지 않은데 페이스북에서는 오히려 교류도 많이 하고 친밀해진 관계를 경험하기도 한다. 이처럼 친밀도에 따라 서로에게 물리적으로 허용하는 거리가 있고, 또 대면하는 관계가 아니라 일종의 가상을 기반으로 한 관계를 맺기도 한다. 그렇다면 이제는 물리적인 근접성과 가상의 근접성의 혼합 형태로써 두 가지를 다 고려해야 하지 않을까.

이처럼 물리적인 공간과 가상의 공간 사이에는 분명히 차이점도 있고 흥미로운 지점도 많기 때문에, 이런 부분에 대해 계속해서 연구를 진행해 나가고 있다. 정리하자면, 우리가 살아가는 공간에는 물리적인 근접성과 가상의 근접성이 공존하고 있다. 그래서 그 가운데에 두 가지가 결합되고 연속되는 형태의 개념으로 Augmented proximity의 용어를 제안하는 것이다. 분명히 이러한 영역이 존재하기 때문에 앞으로는 네트워크에서도 새롭게 고려할 필요가 있다고 본다.

Urban Informatics의 이용

Urban Informatics를 들여다보면 도시를 구성하는 굉장히 많은 정보가 나온다. 그 정보와 각종 API를 이용하여 가공되기도 하기 때문에, 이를 바탕으로 실제 도시에 대한 분석을 할 수 있다. 여태까지는 공간이나 도시에 대해 대부분 물리적인 부분을 위주로 생각했다면, 이제는 물리적인 제약을 가상의 근접성으로 극복하는 과정도 중요하게 다뤄져야 한다. 이런 가상의 정보를 이용해 도시 정보를 보완하고 실제로 활용할 수 있도록 하는 다양한 서비스도 나오고 있다. SNS도 그 일종이라고 할 수 있는데, 이런 서비스를 통해서 새로운 솔루션을 찾아낼 수 있지 않을까 기대해 볼 수 있다.

구체적으로 들여다보면 어떤 것들이 있을까. 일단 앞서 말했다시피 물리적인 근접성을 다루는 연구가 따로 있었고, 또 가상의 근접성에 대한 연구도 따로 되어왔기 때문에 이런 서비스가 완전히 새로운 개념으로 등장하고 있는 것은 아니다.

몇 가지 간단히 소개하자면, 공간을 분석하는 방법에서는 Space Syntax나 ArcGIS 같은 툴을 주로 사용하고 있다. 도시에서 어떤 도로의 선을 따서 분석하기 좋게 툴에 집어넣으면, 그에 따라 중심가를 찾아내거나 도보로 갈 수 있는 거리를 알려주는 식이다. 그래서 이런 툴을 이용해 다양한 연구가 진행되는데, 예를 들어 2017년에 진행된 연구 중에는 중국 땅을 액티비티 패턴으로 분석한 것이 있었다. 액티비티를 분석한 다음 유사한 6가지 그룹으로 나누고, 지역별로 사람들이 주로 무엇을 하는 곳인지 레이블링을 한 것이다. 아마 이러한 액티비티를 분석하기 위해 SNS를 사용했을 것이기 때문에 가상 요소가 섞여있다고도 볼 수 있지만, 아직은 물리적인 요소에 치중한 연구라고 볼 수 있다.

반면, 네덜란드의 암스테르담에서는 에어비앤비의 위치를 결정하기 위해 완전히 가상의 요소에 치중한 연구 결과를 사용했다. 지도에 색깔별로 근접성을 분석하여 적용해서, 사람들이 여행을 적게 한 지역과 많이 한 지역을 분류한다. 그리고 사람들에게 추천할 만한 지역임에도 아직 여행객이 적은 곳을 위주로 하여 전략적으로 에어비앤비를 만들어 사람들을 유입시킨 프로젝트였다.

이러한 연구를 바탕으로 한 서비스는 이외에도 무궁무진할 것이다. 도시에서 나오는 여러 가지 정보를 재가공하고 가상 현실을 결합하기도 하면서 앞으로도 다양하고 재미있는 연구가 나올 것으로 기대된다.

2. 현실과 가상이 결합한 도시

미래형 도시는 이미 눈앞에 있다

도시의 다양한 정보를 통해서 어떻게 조금 더 좋은 공간을 만들어갈 수 있을까. 전제해야 할 것은, 우리는 이미 Augmented proximity 시대에 살고 있다는 점이다.

아마 지금 갑자기 인터넷이 끊기면 엄청난 혼란이 올 것이다. 물론 인터넷에 완전히 몰입되어 있는 20, 30대와 비교적 거리가 있는 50, 60대가 느끼는 패닉의 정도는 또 다를 수 있다. 하지만 지금의 시대를 살고 있는 사람들이 이미 일상에 체화되어 느낄 만큼 물리적인 요소와 가상의 요소가 결합된 형태의 세상에 들어섰다는 것만은 분명하다.

그렇다면 이러한 시대를 살고 있는 우리가 그 속도를 어떻게 혼란스럽지 않게 조절할 것인지, 그리고 인류로서 어떻게 조금 더 좋은 경험을 할 수 있는지는 앞으로 고민해 나가야 할 문제다. 도시적인 관점에서 어느 정도의 지점에 중점을 둬야 할지는 아직 더 연구가 필요하겠지만, 가능한 한 더 좋은 경험을 하게 하는 쪽으로 목표를 두고 나아가야 할 것이다. 현실과 가상이 공존하는 Augmented proximity의 관점에서, 도시 개발을 하고 발전 계획을 세우기 전에 한번쯤 다 같이 고민해 볼 수 있는 기회가 되었으면 한다.

메타버스에서
나는 어떤 집에 살까

메타버스와 건축디자인

✕ 차승현 교수 ✕

디지털 기술의 발전은 건축 디자인 분야에도 많은 변화를 가져왔다. 우리가 건축물에 대한 연구가 굉장히 중요하다고 말하는 이유는, 사실상 사람들이 실내 공간에서 보내는 시간이 하루의 90% 이상인 경우가 많기 때문이다. 그래서 우리가 주로 머무는 실내 건축 공간을 연구하고 좀 더 발전시키기 위한 노력은 꾸준히 계속되어왔다. 최근에는 VR, AR 기술이 발전하고 가상 세계 속 건축물이 등장하면서 지금까지와는 또 다른 새로운 관점의 건축디자인이 요구되고 있다.

1. 가상 공간에 지어지는 새로운 건축물

현실 공간에서 가상 공간으로

약 20여 년 전부터 사람들이 가상 공간 안에서 다양한 활동을 할 수 있도록 하는 콘텐츠가 점점 발전하고 있다. 최근 더욱 각광받는 메타버스가 그 하나의 예일 것이다. 메타버스의 대표적인 예시 중 하나로 언급되고 있는 제페토는 2021년 10월 기준 회원 수가 약 2억 4천만 명으로, 작년에 비하면 약 1억 명 정도가 늘어났다. 아직까지는 10대들이 80%의 비율을 차지하지만, 추후 접근성이 높아지면 여러 연령대가 이용하는 보편적인 공간이 될 수 있을 것이다. 이렇듯 우리가 앞으로 가상 공간에서 단순한 게임이나 사교 활동뿐 아니라 여러 가지 일상의 활동까지 하게 된다고 하면, 우리는 더 많은 시간을 가상 공간 내에서 보내게 될 것이다. 결국 가상 공간 자체의 건축디자인에 대한 연구도 중요한 문제가 될 것이라는 뜻이다.

다만 지금까지의 가상 공간을 활용한 건축디자인은, 최종적으로 실제 공간의 건축물을 더 잘 만들기 위한 목적으로 발전되어 왔다. 일반인에게는 다소 생소할 수 있으나 건축에서는 POE Post-Occupancy Evaluation 와 PreOE Pre-Occupancy Evaluation 라는 용어가 많이 사용된다. POE는 말 그대로 거주 후 공간 평가를 말한다. 건물이 지어진 뒤에 실제로 목적된 기능을 잘 수행하고 있는지, 또 이 공간이 사람들에게 만족스러운 공간인지 체크하는 것이다. 보통 건물이 지어진 뒤 1년, 3년, 5년 이상 주기적으로 체크하여 불만족스러운 부분을 수정하거나 개선하게 된다. 간단한 문제는 건물이 지어진 후에도 개선할 수 있겠지만, 구조적인 부분 등의 근본적인 문제라면 사후에 확인하는 POE 방식으로는 한계가 있을 수밖에 없다.

이를 극복하기 위하여 지난 20년간 다양한 건축 디자인 툴의 발전과 VR, AR 기술 보급을 통해 PreOE 방식을 도입하게 되었다. 건물이 지어지기 전에 다양한 시뮬레이션과 VR, AR 기기를 활용한 디자인 계획 및 검토를 통해 사후에 발견될 수 있는 건물의 문제점을 사전 파악하고 해결할 수 있게 된 것이다. 또한 가상으로 만든 건물 공간 안을 직접 돌아다니면서 디자인을 확인하고, 문의 위치나 창문의 사이즈 등의 디테일을 평가하고 점검하며, 조명에 따른 빛의 밝기를 확인하는 등 최적의 공간 요소를 가진 공간 디자인을 찾기 위해 가상 공간 건축물을 유용하게 활용하고 있다. 현재 건축에서의 디지털 활용은 이렇듯 실제 건축물을 잘 짓기 위해 현실 세계의 건축물을 디지털로 미리 구현하고 정보를 얻는 것에 중점을 두어왔다. 즉 실제 건축물을 잘 만들기 위한 기술로써 활용되어온 셈이다.

실제로 사람들이 시간을 보내게 될 가상 공간 속 건축 디자인에 대해서는 아직 많은 연구가 이루어지지 않았다. 그렇다면 앞으로 우리가 가상 공간 속에서 효율적으로 건축디자인을 하기 위해서는 실제 세계의 건축물과 가상 건축물이 어떻게 다른지에 대한 고민과 연구가 필요할 것이다. 어떻게 보면 굉장히 기본적이고 당연한 이야기일 수 있지만, 그 당연한 이야기를 강조하는 것이 우리가 가상 공간 속 건축디자인 패러다임을 변화시키기 위하여 선행되어야 할 부분이다.

현실과 가상 건축의 차이점

우리가 건축물을 지을 때는 콘셉트부터 설계, 시공, 유지 관리까지 다양한 과정을 거치게 된다. 그리고 그 과정에서 많은 전문 인력이 필요하다. 건축주, 건축가, 구조나 배관 설비 엔지니어부터 공사의 전체적인 흐름을 관리하는 CM 매니저, 인테리어 디자이너, 조명이나 전기 설비까지 많은 분야의 사람들이 그 과정에 함께하게 된다. 따라서 현실에서 하나의 건축물을 만드는 데에는 어쩔 수 없이 다양한 제약이 생길 수밖에 없다. 건축가가 어떤 좋은 아이디어를 떠올렸다고 해도 실제로는 물리적인 제약에 의해 현실화하기 어려운 부분이 있는 것이다.

반면 가상 세계의 건축은 현실의 건축과는 크게 다른 몇 가지 요소들이 있다. 가장 큰 차이는 바로 '물리적인 영향력', 즉 중력이 없다는 점이다. 보통 건축물을 지을 때는 기본적으로 중력을 고려한 구조 계산을 바탕으로 한다. 그런데 가상 공간에서는 구조 계산이 필요하지 않은 것은 물론이고 건축 재료의 영향도 받지 않는다. 건축 재료의 수급이나 공사비 등의 현실적인 조건을 고려할 필요가 없으므로 기존의 상상을 뛰어넘는 자유로운 디자인의 적용이 가능해지는 셈이다.

또한 현실에서 건물을 지을 때는 그 지역의 기후나 환경에 따라서도 형태가 달라지기 마련이다. 강수가 많은 곳, 눈이 많이 오는 곳, 햇빛이 많이 드는 곳과 그늘이 지는 곳 등의 주변 환경에 따라 지붕의 모양이나 창문 크기 등이 달라져야 한다. 실제로 사람들이 공간에서 불만족을 느끼는 주된 이유는 디자인적 요소보다는 공기의 질, 온도, 습도 같은 부분이다. 그래서 실내 환경 조성에 대해서도 많은 고려가 이루어져야 하는데, 가상에서는 아예 생략될 뿐 아니라 건축물을 지은 뒤의 유지 관리를 위한 노력과 비용까지도 고려할 필요가 없다.

또 한 가지, 건축 법규는 건축물을 지을 때 중요하게 고려해야 하는 요소다. 도로에서 몇 미터 떨어져야 한다든가, 높이는 어때야 하고, 건폐율, 용적률, 피난 루트 등 법규에 따라서 고려해야 하는 부분들이 세밀하고 다양하며 그것이 디자인에 영향을 미친다. 그러나 가상 세계에서는 이런 현실적 법규와 상관없이 자유롭게 디자인할 수 있게 될 것이다.

2. 가상 공간 속 주거 공간

이렇듯 현실에서는 건축을 할 때 고려해야만 하는 다양한 요소들이 있지만, 가상 공간 속 건축디자인은 다양한 현실 속 한계를 초월한다는 큰 차이점을 갖는다. 그렇다면 지금까지 등장했던 가상 건축물의 디자인은 어떻게 만들어지고 있을까.

주거 공간의 예시

　실제로 현실에서 우리가 많이 살아가는 아파트 건물과 가상 공간에서의 거주지를 비교할 때 두 가지 정도를 생각해 볼 수 있다. 한 가지는 가상 공간 내의 건축물 디자인이 실제 세계의 디자인과 닮아 있다는 점이다. 2층 주택에 정원이 있고 자동차도 주차되어 있는 것은 현실에서도 볼 수 있을 법한 건축디자인이다. 또 한 가지는, 우리가 현재 가지고 있지 못한 것에 대한 욕구를 대변하는 것처럼 보인다는 점이다. 물론 아파트도 편리하고 좋은 주거 공간이지만, 한 번쯤 누구나 살고 싶어 했을 법한 넓은 주택과 정원의 풍경이 가상 공간에는 기본적으로 펼쳐져 있다.

　메타버스에서의 기술 발전은 결국 우리가 얼마나 몰입할 수 있느냐, 오감을 얼마나 충족시킬 수 있느냐의 방향으로 나아가고 있다. 그렇다면 가상 공간은 결국 우리가 현실에서 얻지 못한 것을 얻어서 욕구를 충족시킬 수 있는 하나의 공간이 되지 않을까 짐작되기도 한다. 한편으로는 보통 사람들이 살고 싶어 하는 강 조망권이나 숲세권 같은 조건이 충족되는 충분히 좋은 공간에 살고 있는 사람들이라면 굳이 가상 공간에서 그런 것들을 즐기기 위해서 메타버스에 들어올 이유가 있을까 하는 의문도 가져볼 수 있다. 결국 이 가상 공간에 들어오는 것 자체도 어쩌면 사람들의 경제 수준을 나누는 하나의 척도가 되지 않을까 하는 우려도 든다.

　SKT의 이프랜드ifland 거실 공간 역시 현실 공간과 비슷하게 만들어져 있다. 우리에게 너무나 익숙한 공간의 모습인데, 재미있는 것은 가상 공간에 굳이 필요하지 않은 것들도 구현되어 있다는 점이다. 건물 구조적으로 하중을 받쳐주는 디자인을 적용했고, 가상공간에서 빛이 불편함을 일으킬 수 있는 요소가 아닌데도 커튼이 갖춰져 있다. 현실과 비슷하게 짓기 위해서 현실의 요소를 모방해서만든 공간이라고 볼 수 있을 것이다. 또 다른 가상 공간으로 파이어폭스에서 만든 메타버스 플랫폼인 모질라 허브Mozila hubs의 거실 공간에는 벽난로가 설치되어 있다. 인간은 유목민 시대부터 모닥불을중심으로 공간을 형성했다. 모닥불을 피워놓고 그 주위에 사람들이모여 이야기를 나누기도 하고, 그 주변에서 따뜻하게 잠을 자기도했을 것이다. 그런 모닥불처럼 실제로 벽난로가 거주 공간에 들어오기도 하는데, 모질라에서도 벽난로가 있는 거실이 실제로 사람들이모여 신규 활동을 하기 위한 공간으로 제공되고 있다.

가상에서 주거 공간의 역할

공간이라는 것은 사람들이 원하는 욕구를 채워줘야 하는데 지금의 가상 공간 속 거주 공간은 그런 욕구를 채우기는 어려운 부분이 있다. 인간에게는 기본적으로 의식주가 필요하고, 실제로 우리가현실 세계에서 살고 있는 거주 공간은 그런 기본적인 욕구를 충족시켜주는 곳이다.

그런데 가상 공간에서는 클릭 한 번으로 옷을 바꿔 입을 수도있고, 먹지는 않겠지만 음식들을 다양하게 차려놓을 수도 있을 것이다. 현실 공간과 비슷한 모습을 갖출 수는 있지만 옷을 수납하지 않기 때문에 수납공간도 필요하지 않고, 요리를 하지 않으니 부엌 공간도 의미가 없으며, 잠을 자지 않는데 침대를 두어야 할 이유도 없다. 그렇다면 거주 공간이라는 것이 실제 거주에 필요한 요소를 갖추는 것이 아니라 사람들이 모여서 친교 활동을 하거나 휴식하는 공간으로서 의미를 가지게 되지 않을까 싶다.

그런데 한편으로 그러한 친교나 휴식 활동을 꼭 거주 공간에서 해야 할 것인가는 다시 생각해 볼 만한 문제다. 가상 공간은 배경을 자유롭게 바꿀 수 있다는 특징이 있기 때문에 원한다면 집이 아니라 탁 트인 어느 하와이 해변에서 친교 활동을 할 수도 있고, 숲속에 들어가 명상을 할 수도 있을 것이다. 지금까지 이 가상 공간에서의 건축디자인은 우리가 해온 습관이나 고정관념에 많이 걸쳐있는데, 이제는 단순히 현실에 있는 공간을 가상에 똑같이 디자인할 이유는 없을 것 같다. 우리가 보통 일터에서도 창의성을 키우기 위해 공간 혁신을 해야 한다는 말을 많이 하는데, 이 공간 혁신에서 창의성을 올리는 방법은 두 가지다. 디자인의 다양화, 그리고 공간감이다. 그런데 이것조차 현실 세계의 건축물을 바탕으로 나온 이야기다. 공간 충고가 높을 때 사람들의 창의력이 올라가고, 공간이 컴팩트하게 구성되어 있을 때 사람들의 집중력이 높아지며, 자연 요소를 넣으면 보다 편안함을 느낀다. 그러나 이런 사고는 결국 실제 세계의 건축 요소를 고려한 것이다. 그렇다면 그런 요소들이 실제로 가상 공간 안에서는 어떻게 작용할 것인지는 고민해야 할 문제이다.

앞으로는 라이센스를 가진 건축가의 역할이 많이 줄어들고, 자신만의 아이디어로 새로운 공간을 창조하는 크리에이터가 많아지지 않을까 싶다. 또한 그들이 현실 세계를 바탕으로 한 건축에 대한 고정관념을 상당 부분 깨줄 수도 있을 것으로 기대된다. 무엇보다 최근에는 디지털 기술의 발전으로 인해 건축디자인에 대한 진입 장벽이 상당히 낮아지고 있다. 초보자라도 며칠이면 건물을 만들어낼 수 있고, 그 외에도 여러 플랫폼이 누구나 자신의 건물을 디자인할 수 있는 툴들을 제공한다. 디자인의 콘셉트를 얻는 방법도 마찬가지다. 심지어 건축디자인을 공부하는 전공자들도 핀터레스트에서 아이디어를 얻어 디자인 콘셉트를 따온다. 예전에는 완전히 제로에서부터 디자인을 고민해야 했다면, 지금은 디자인 아이디어부터 툴까지 손쉽게 공간을 디자인할 수 있는 기회가 다양하게 제공되고 있는 것이다. 그래서 공간을 만드는 크리에이터들의 역할이 더욱 다양해질 것으로 보인다.

3. 가상의 문화 공간

현실에서 즐길 수 있는 다양한 문화적인 요소들도 가상의 공간에서 구현하려는 다양한 시도와 노력이 이루어지고 있는데, 그 몇 가지 예시를 먼저 살펴보겠다.

문화 공간

예전에는 오프라인 공간에 관객이 모여 관람하는 형태로만 콘서트가 진행되었는데, 최근 가상 공간에서 콘서트를 여는 여러 가지 시도들이 있었다. 스눕 독Snoop Dogg은 샌드박스 콘서트에서 오프라인 콘서트와 비슷한 무대 디자인을 하여 공연을 진행했고, 릴 나즈 X Lil Nas X는 로블록스에서 콘서트를 할 때 무대 디자인은 비슷하게 하는 대신 공연자의 아바타 사이즈를 키우고 관객들과 인터랙션도 할 수 있게 하는 형식을 선보였다. 트래비스 스캇Travis Scott은 포트나이트 콘서트에서 마치 우주를 날아다니는 것 같은 효과를 주는 등 가상 공간의 특징을 구현하여 가상 공간 콘서트의 새로운 모습을 제시하기도 했다.

가상 공간에서 전시가 이루어진 예를 살펴보면, 갤러리 360이라는 전시관에서 360도 사진을 기반으로 전시 공간을 구현하고 그림을 배치했다. 또 VRallART라고 해서 전시 공간을 가상에 구현하고 그 안에 그림을 배치하는 전시가 이루어지기도 했다. 다만 이러한 전시 공간은 현실 세계에서 보는 전시를 모방한 형태다. 이비자의 Amnesia 나이트클럽을 가상의 디센트럴랜드Decentraland에 구현하는 시도도 있었다. 다만 클럽이라는 공간은 직접 몸으로 즐기고 술도 마시는 곳이기 때문에 VR로 그 몰입감을 느끼는 데에는 한계가 있을 수밖에 없다.

가상에서 문화 공간의 역할

건축에서의 공간이란 결국 사람들의 욕구를 채워주어야 한다. 콘서트의 경우 가상 공간을 충분히 활용할 수 있는 문화 공간일 것이라는 생각이 든다. 공연의 목적 자체가 사람들이 즐기게 하는 것인데, 가상 공간 안에서는 실제로 사람들이 즐길 수도 있고 가상 공간의 효과들을 더 다양하게 이용할 수도 있다. 오히려 현실 세계에서 비용이나 기술의 제약으로 할 수 없었던 무대 연출을 가상 공간 안에서는 손쉽게 구현할 수 있는 것이다. 우주에 가거나 망망대해에 갈 수도 있고, 또 사람들과 함께 인터랙션하는 효과를 낼 수도 있는 자유로운 연출이 결국 콘서트의 기능과 목적에 부합하는 면이 있다. 실제로 가상 공간에서 진행된 릴 나즈 엑스 콘서트를 3천만 명이 관람했고 트래비스 스캇의 공연 유튜브 조회수가 1억 6천만 회에 이르는 등 엄청난 성공을 거두었다. 전시 공간의 경우 우리가 전시를 보러 가는 것은 그 실제 공간과 작품이 어우러져서 주는 또 다른 느낌이나 아우라가 있기 때문일 것이다. 가상 공간에서 전시를 볼 때는 현실과 가상이 100% 싱크로되지 않는 한, 가상 공간 자체가 현실을 대체하려고 하는 것이 아니라 오히려 가상 세계에서 가능한 것들을 활용해 또 다른 재미를 주려는 노력이 필요할 것이라고 본다.

4. 가상의 상업 공간

가상에서의 상업 공간의 역할

상업 공간은 결국 고객에게 브랜드를 홍보하고 구매욕을 높여 구매로 이어지게 하는 역할을 가진다. 현재까지 가상에 꾸며놓은 상업 공간은 사실상 브랜드의 정체성을 보여주고 홍보하는 차원이지, 실제로 매출을 올리기 위한 수단으로서는 역할을 하지 못하고 있다.

그렇다면 상업 공간을 만들었을 때 사람들은 그곳에서 쇼핑하기를 원할까? 우리는 온라인 쇼핑을 할 때 단시간 내에 다양하고 상세한 정보를 바탕으로 구매 결정을 한다. 그런데 이 가상 공간 안에서는 상세한 정보를 얻기까지 공간 탐색이라는 추가적인 단계를 거치게 된다. 공간 탐색을 통하여 상품을 선택하고, 그 뒤에 온라인 쇼핑에서처럼 정보를 받아야 하는 것이다. 그렇게 본다면 상업 공간으로서의 가상 공간이 실질적인 역할을 할 수 있을지는 아직 의문이다. 현재로서는 홍보 목적으로 또는 가상 공간 안에서 상품을 현실 공간보다 돋보이게 만들 수 있는 그런 공간을 구현해 나가는 방향으로 활용이 가능할 것이다. 미래에 가상 공간이 상업 공간의 역할을 더욱 잘하기 위해서는, 현실 세계 건축디자인 또는 공간 디자인의 한계로 인해 할 수 없었던 방식으로 새로운 아이디어를 적용하여 상품을 전시해 볼 수 있다. 이를 통해 현실 세계에서 그리고 온라인 쇼핑보다 가상 공간 속 상업 공간 안에서 물건들이 더욱 돋보이게 하는 상업 공간 디자인이 필요할 것이다.

5. 가상 공간 디자인이 나아갈 방향

건축디자인 분야에서 우리는 아직 가상 공간의 이점을 활용하기보다는 기존의 패러다임에 갇혀있는 것 같다. 단순히 현실 세계를 모방하거나 현실에서 좋았던 공간을 가상 공간으로 옮기는 것이 아니라, 더 혁신적으로 예전의 것을 버리고 다양한 시도를 해보는 것이 필요하다. 건축물의 본래 목적은 사람들을 다양한 기후로부터 보호하는 목적을 가지고 있었다. 현실 공간과 가상 공간의 차이에서 언급했듯이 가상 공간은 기후에 영향을 받지 않는다. 결국, 가상 공간 안에서는 건축물의 필요성 자체부터 다시 생각해 봐야 할 것이다. 또한 실제로 가상 공간 속 건축물이 필요하다면, 현실 세계의 연구 및 디자인 가이드라인을 따르는 것이 아닌 가상 공간 자체 안에서 어떤 공간에 더 만족감을 느끼고, 어떤 공간이 사람들의 창의성이나 퍼포먼스를 높여줄 수 있는지 등에 대한 많은 연구가 필요할 것이다. 그러한 가상 공간 가상 건축디자인 가이드라인이 만들어진다면 공간의 기능성을 향상시키고 사람들에게 더욱 만족스러운 가상 공간이 되지 않을까. 이를 통해 메타버스가 우리의 일상에 스며든다면 지금보다 훨씬 많은 시간을 보내게 될 가상 세계가 사람들에게 보다 만족스러운 공간으로 구현될 수 있기를 바라본다.

메타버스가 공존하는 스마트 도시 공간

Urban Space Robot

※ 이동만 교수 ※

도시는 물리적으로 존재하는 공간이지만 인터넷의 도입 이후로는 새로운 영역들이 확장되어 왔다. 근처에 사는 이웃을 넘어 공통 관심사를 가진 사람들을 채팅으로 만날 수도 있고, 멀리 있는 사람과 영상을 통해 회의를 할 수도 있게 된 것이다. 그렇다면 메타버스가 도래한 도시에서는 현실에서 할 수 없었던 영역을 증강된 현실에서 시도하는 새로운 기회가 열리고, 궁극적으로 도시 전체가 스마트한 공간으로 새로운 지표를 열 수 있지 않을까.

1. 도시 공간의 사회성 = 장소성

도시의 공간은 처음 만들어진 목적을 넘어 그 공간에 거주하는 사람들의 활용에 따라 다양한 모습을 가지게 된다. 이를 건축학에서는 장소성 Placeness 이라 하며 장소가 가지고 있는 물리적, 사회적, 문화적 의미의 복합체를 가리킨다. 이러한 공간의 장소성은 시간의 흐름에 따라 여러 형태를 가지기 때문에 도시의 공간은 일반적으로 중첩된 장소성을 가진다. 예를 들어, 서울시의 시청 광장을 생각할 때 여러 종류의 장소성을 떠올려볼 수 있다. 원래 목적인 시민들의 휴식 공간, 축제를 즐기기 위해 모이는 공간월드컵 경기 응원, 사회적 이슈를 함께 논의하는 공간촛불 집회 등 다양한 장소성으로 사람들에게 인지되고 있는 것이다.

하나의 장소가 갖는 복합적인 의미

컴퓨터 분야에서는 장소성에 대해서 'sense of place', 즉 장소가 가지고 있는 사회적인 의미라고 이야기하기도 한다. 위의 예에서처럼 하나의 장소라고 해도 많은 사람이 다양한 형태의 경험을 하며, 또 사람마다 그 장소에 어떤 추억이 있다면 제각기 다른 의미를 부여하게 될 것이다. 사회적이고 개인적인 의미에 따라 공간을 보는 각도도 달라지는 것이다. 이처럼 어떤 장소가 가지고 있는 다양한 의미를 이해해야 한다. 따라서 장소성이란 그 장소가 가지는 물리적인 의미와 사람들의 어떤 행위로 인해 더해지는 의미가 복합된 것이라고 말할 수 있다. 대부분의 장소는 하나의 의미만이 아니라, 여러 가지 의미를 동시에 지니게 된다. 물리적인 공간으로서 장소를 바라볼 때의 한계는 그 복합적인 특징이 동시에 드러나기 어렵다는 것이다. 이를테면 한 장소에서 축구 경기와 촛불 집회가 동시에 일어날 수는 없기 때문이다.

그런데 메타버스를 생각해 보면 한 공간에 대해서도 여러 개의 세계를 만들어낼 수 있기 때문에, 그러한 물리적 한계를 뛰어넘어 다양한 형태의 세상이 동시에 존재할 수 있는 가능성과 기회를 가지고 있다고 볼 수 있다.

2. 현 스마트 공간 시도의 한계와 극복 방안

스마트 공간은 얼마나 스마트한가?

우리나라에서 약 10년 전쯤 인천을 스마트 도시로 만들려는 시도를 했는데 사실상 큰 변화를 이끌어내지는 못했다. 그리고 10년이 지난 지금도 몇 년 전부터 국가적으로 세종, 부산 등 몇몇 도시에 스마트 시티 시범 사업들이 이루어지고 있다.

그동안은 도시 전체를 센서화하여 데이터를 공유하면서 관련 서비스를 제공할 수 있도록 했다. 이를 통해 교통량 변화 추이, 주차 공간 등을 보여주는 Smart Santander라는 프로젝트도 진행되었고, MIT에서 특정 도시의 안전성을 보여주는 StreetScore 서비스를 제공하기도 했다.

하지만 아쉬운 점은 아직 도시 공간이 이를 적극적으로 활용하지 못하고 수동적인 역할에 그치고 있다는 것이다. 디지털 기술로 수집한 데이터를 활용하는 방식은 개개의 서비스로만 존재할 뿐, 그 정보를 활용해 도시 자체를 새로운 공간으로 구축하고 변화시키는 과정은 전혀 이루어지지 않고 있다. 그래서 도시가 다양하게 가지고 있는 성격을 표현하는 단계에는 이르지 못한 것이 현실이다.

궁극적인 스마트 공간

스마트 공간이 지향하는 바를 궁극적으로 살펴보면 가장 중요한 건 사람과 결합되어야 한다는 점이다. 사람이 결합함으로써 다양한 도시 스케일의 에이전트가 존재하게 되고, 그 에이전트들은 상황에 따라 지속적으로 발전하고 진화하여 결국 그것들이 커다란 하나의 집합체인 것처럼 움직일 수 있게 되어야 한다. 즉 각자 다양한 활동을 하되 그것이 결합하여, 스스로 발전할 수 있는 하나의 유기체가 되어야 한다는 것이다.

현재의 스마트 도시처럼 단순히 사용자가 필요한 다양한 데이터를 제공하고 그 데이터에 따라 다양한 애플리케이션이 각각 존재한다면, 여러 에이전트가 개별적으로 각자 진화할 뿐 하나의 유기체처럼 움직이게 될 수는 없을 것이다. 결국 도시는 궁극적으로 Passive Player가 아니라 Active Player가 되어야 한다는 의미다. 그러려면 공간 자체가 스스로 어떤 형태로 쓰이는지 알아야 하고, 그 공간이 거기에 맞춰서 지속적으로 배우고 또 진화할 수 있는 형태가 되어야 한다.

20년 전 영화지만 〈마이너리티 리포트〉를 보면 이런 궁극적인 형태의 스마트 도시의 모습을 상상해 볼 수 있다. 도시가 각 개인의 특성에 맞춰 환경을 변화시키거나 거리 정보를 제공하는 등 끊임없이 사람에게 맞는 형태로 바뀌고 적응해 나가는데, 어찌 보면 이것이 상당히 미래 지향적인 도시를 구현한 것이 아닌가 싶다.

그런 공간이 되려면 도시가 기존에 가지고 있던 물리적 한계를 뛰어넘고, 그로 인해 사람들이 한 시간에 한 장소에만 머물러야 한다는 물리적 한계에 머무르지 않고 다양한 형태의 경험을 할 수 있는 기회를 제공해야 할 것이다. 물론 도시 공간의 여러 형태를 유연하게 연결하기 위해서는 여러 기술적 이슈가 존재한다. 다만 그러한 이슈를 풀기에 앞서, 스마트 공간을 구현하기 위해서는 장소에 대한 다각도의 이해를 바탕으로 각각의 장소성을 발견하는 것이 무엇보다 중요하다고 본다.

장소성 발견을 위한 연구 사례

장소성 발견을 위한 연구의 예를 간단히 소개해 본다. 물리 데이터와 소셜 데이터를 결합하여 장소가 가지고 있는 다양한 의미를 추출하는 것인데, 공간의 의미를 알기 위해 많이 쓰이는 지표 중 하나가 바로 POI Point of Interest다. POI는 사람들이 관심을 갖는 장소를 나타내는 것인데, 대부분의 도시 공간이 음식점, 헬스장, 교회 등 다양한 POI로 구성되어 있기 때문에 그 공간의 특성을 쉽게 파악할 수 있다. 예를 들어 음식점이 많은 곳은 상업 공간이고, 주거지가 많으면 주거 공간이 될 것이다. 이런 공간의 특성은 통시적이기 때문에 한번 정해지면 보통 그것이 지속된다. 그런데 시간이나 계절 등 다양한 조건에 따라서 그러한 특성이 어떤 순간에 더 많이 발현되는지는 달라질 수 있다.

전화의 셀 타워 Cell Tower를 기반으로 위치 정보와 그 위치에 있는 POI의 상관관계를 통해 그곳의 장소성을 발굴하는 연구를 했을 때, 결과적으로 패턴이 유사하기는 하지만 요일에 따라 조금씩 다르게 나타났다. 음식점, 카페, 헬스장, 쇼핑 매장 등 분야별로 POI가 가장 높게 나타나는 곳들을 고르고, 시간대별로 관심도가 높은 장소를 연결하여 데이터화하고 맵으로 만들어보니 어느 공간에 어떤 장소성이 높게 나타나며 또한 이러한 장소성이 어느 시기에 발현되는지 알 수 있었다. 이렇듯 장소의 통시적인 부분뿐 아니라 즉시적인 부분의 발현까지 고려한다면, 그에 따라 다양한 서비스를 만들어낼 가능성도 충분하다고 볼 수 있다.

장소성을 발견하고 진화하는 공간지능

장소성 발견과 진화가 이루어지기 위해서는 첫 번째로 이 공간이 가지고 있는 여러 물리 데이터나 사용자 참여 데이터를 살펴봐야 한다. 예를 들면 물리 공간으로서 그곳의 교통량, 소음의 정도 등이 포함될 수 있고, 사용자 참여 데이터는 SNS를 바탕으로 사람들이 그곳에서 주로 어떤 행위를 하며, 얼마나 많은 사람이 오가는지 등을 알아볼 수 있을 것이다.

두 번째로는 이 공간을 통해 사람들이 어떤 행위를 하고 어떤 자원이나 사물을 쓰는지 알아야 하고, 세 번째로 이러한 필요에 의해 사람들이 요구하고 선호하는 서비스는 무엇인지, 또한 다수 간에 선호도의 충돌은 없는지 등을 살펴야 한다. 그래서 최종적으로는 공간지능이 자가 진화하여 사용자가 원하는 최적의 서비스를 제공할 수 있어야 할 것이다.

결론적으로 공간에서 사용자의 행위가 어떻게 일어나는지 지속적으로 살피고 추출하는 것이 결국 공간의 의미를 발굴해내는 것이라고 본다. 이런 단계를 거쳐서 공간의 구성과 의미를 파악하고 적절한 서비스를 제공하며 지속적으로 발전하는, 즉 공간의 장소성을 이해하고 진화할 수 있는 공간지능을 만들어낼 수 있을 것이다.

3. 메타버스와 스마트 도시의 만남

장소성의 새로운 해석

메타버스라는 용어는 간단히 말해 '현실 세계에 없는 온라인 3차원 가상 세계'를 의미한다. 메타버스 안에서 우리는 상상의 나래를 펼칠 수 있고 현실에 존재하지 않는 부분도 가능케 할 수 있다는 뜻이다. 그런데 생각해 보면 꼭 현실에 없는 세상뿐 아니라, 존재하더라도 현재 내 눈에 보이지 않는 부분을 가져와 보여주는 것도 메타버스가 아닐까 싶다.

현재 우리가 말하는 메타버스는 주로 게임에서 새로운 세상을 만드는 것처럼 여겨지곤 한다. 여기에서 질문을 던져보고 싶다. 그 세상은 현 세계와는 완전히 동떨어진 별개의 세상일까. 사실 게임에서는 어느 정도 그런 면도 있다. 현실의 자신과 완전히 다른 자아를 창출해서 실제의 일상과는 전혀 다른 형태로 살아가기도 한다. 그래서 가상과 현실을 넘나들 때 괴리를 느끼기도 하지만, 다른 측면에서는 가상과 현실이 함께 가면서 병행할 수 있는 부분도 있을 것이고 개인적으로는 그쪽의 가능성을 더욱 크게 짐작하고 있다.

메타버스가 현실 세계와 연결되려면 완전한 가상 요소보다는 증강현실이 특히 중요해질 것이다. 실생활에 가상의 것을 증강시키는 부분이 연결된다면 일상에서도 새로운 네트워크 세상이 열리는 셈이라고 본다. 지난 2년 전쯤 이런 부분에 대해 영국 에든버러 대학교의 로빈 윌리엄스Robin Williams 교수 연구팀이 연구한 내용이 있다. 메타버스와 AR이 함께하는 것을 'Augmented duality'라고 표현해서, 현실 세계에 있지만 동시에 증강된 새로운 세상을 느낄 수 있는 가능성을 메타버스가 제안한다는 것이었다.

그동안 많은 사람이 메타버스가 현실에 없는 새로운 세상을 만드는 것처럼 여겨왔지만, 오히려 현실 세계에서 해보지 못한 다양한 부분을 증강된 현실에서 해볼 수 있는 새로운 기회로써 해석할 수도 있을 것이다.

장소성 연구는 공간이 지닌 여러 의미를 발견하고 지속적으로 학습하여 사람들이 원하는 공간에 최적의 서비스를 제공하는 메타버스와 결합하게 되면 새로운 기회를 제공할 수 있다. 이를 위해서는 첫 번째로 그 공간이 어떤 형태로 활용되는지를 이해해야 한다. 주말에 사람이 모이는 곳인지, 모여서 사회적인 행위를 하는 곳인지, 혹은 주로 어떤 놀이를 하는 곳인지 등 물리적인 공간에 축적된 다양한 의미를 발굴해야 한다. 두 번째는 현실 세계에 모여있는 사람들에게 어떤 장소성이 이 사람에게 가장 맞는 것인지 실시간 공간 의미를 추론할 수 있어야 하며, 마지막으로 그 내용에 따라 다양한 의미의 공간을 재구성할 수 있어야 할 것이다.

메타버스와 AR을 활용하면 일단 실제 공간에서 자신이 보지 못했던 장소의 다양한 의미를 이해하는 데 도움이 될 것이다. 예를 들면, 기존의 AR은 여행자에게 어떤 공간에 갔을 때 단순히 한 가지 종류의 정보를 전달하는 것 이상의 역할은 하지 못했다. 그런데 이 공간이 가지고 있는 사회적인 의미, 시간 축을 통해 다양하게 축적된 사람들의 장소성을 경험할 수 있다면 공간에 대한 이해가 훨씬 새로워지지 않을까.

또한 한창 인기였던 게임인 '포켓몬GO'처럼, AR을 통해 어떤 공간에 존재하는 다양한 장소성을 각각의 새로운 세계로 만들면, 그 공간이 가지고 있는 또 다른 의미를 찾아볼 수도 있을 것이다. 이를 통해 새로운 공간 안에서 그 공간을 원하는 다른 사람들과도 교류하고, 또 새로운 행위를 함께할 수 있는 기회도 되지 않을지 기대해 본다.

3장

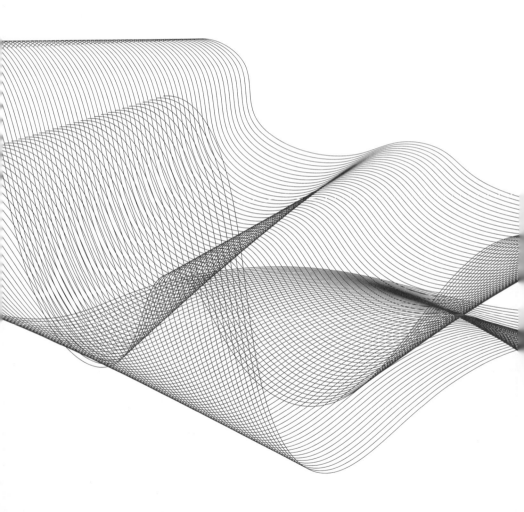

누구나 원하는 대로
존재할 수 있는 세계:

콘텐츠 창작과 향유

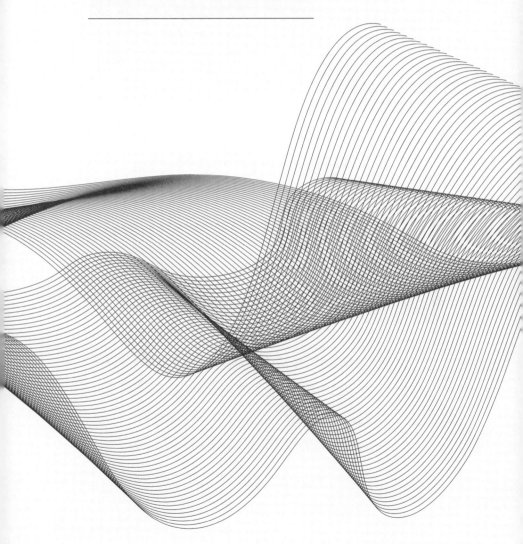

창작과 향유의
패러다임이 변화하다

참여자

노준용 KAIST 문화기술대학원 교수
시정곤 KAIST 문화기술대학원 교수
우운택 KAIST 문화기술대학원 교수
이은수 KAIST 문화기술대학원 교수
이원재 KAIST 문화기술대학원 교수

👤**이원재**: 메타버스가 일상화되면 현실과 가상이 흐려질까. 현실과 가상의 경계가 흐려지는 것일지, 사람들이 그냥 가상의 세계로 몰입해 들어가 버리는 것일지 궁금하다.

👤**노준용**: 메타버스가 비단 가상의 세계만을 표현하는 건 아니라고 생각한다. 현실에서도 증강이 일어나고 가상에서도 전혀 새로운 세상이 펼쳐지며, 그 중간 지점도 있을 것이다. 예를 들면 텔레-이머전Tele-immersion이 그 중간 지점이라고 할 수도 있을 것이다. 만약 우리가 한자리에 앉아있지만 누군가는 물리적으로 다른 공간에 있으면서 함께하고 있다면, 제3자의 관점에서 봤을 때 이들이 하나의 공간에 실제로 있는 것인지 가상으로 있는 것인지 헷갈릴 수 있다. 그런 관점에서 현실과 가상의 중간 지점도 존재할 것이라고

본다.

이원재: 우리가 생각만 하면 그 아이디어를 쉽게 표현할 수 있게 해주는 기술적 도구를 개발하기 위해서 많은 공학자가 노력하고 있다. 그 툴을 쥔다면 이전보다 훨씬 창의적인 표현도 가능해질 것이다. 그런데 아이디어 주체가 따로 있고, 그것을 대신 구현하는 사람이 있을 경우 예술의 주체에 대한 논란이 있다. 굉장히 많은 시간과 노력을 투자한 그 예술적 활동을 누구나 할 수 있는 툴이 만들어진다고 가정하면, 예술의 개념이 많이 바뀔 것 같은데 어떤가.

노준용: 예전에는 창작 아이디어가 있더라도 그것을 표현하는 도구가 불편하다는 제약이 있었다면, 이제는 전문가와 일반인의 구분 없이 누구나 표현할 수 있는 자유가 주어질 것이다. 그렇다면 굳이 내 아이디어를 다른 사람에게 표현해 달라고 맡길 필요 없이, 스스로 더 쉽게 만들어낼 수 있는 세상이 되지 않을까.

이은수: 창작에 대한 진입 장벽이 낮아진다면, 나처럼 약간의 코딩 지식만 있는 사람도 메타버스 안에서 나를 모델로 3D 모델링할 수 있을까. 과정을 얼마나 단축할 수 있을지 많은 사람들이 궁금해할 것 같다.

노준용: 우리가 야구를 좋아하면서도 프로 선수만큼의 실력이 없어서 관람만 할 수도 있겠지만, 메타버스에서는 직접 선수가 될 수 있다. 예술을 감상하는 데서 오는 기쁨뿐 아니라 창작자의 기쁨까지도 누릴 수 있다. 이것이 사람들의 자연스러운 욕구 발현이라고 본다. 그런 세상에서 나를 표현하는 아바타를 얼마나 쉽게 만들 수 있겠느냐고 한다면, 이런 데 특화된 기술을 만드는 회사들이 존재한다. 사진 한 장으로도 나의 3D 모델이 만들어질 수 있다. 그래서 근시일 내에 지금보다 더 사실적으로 발전할 것으로 예측한다.

우운택: 메타버스가 10대의 놀이공간에 그치지 않고 일반인들이 모두 들어올 수 있는 공간이 되려면, 사람들이 쉽게 가서 쉽게 콘텐츠를 만들어낼 수 있어야 할 것 같다. 그렇다면 지금 하고 있는 것들이 쉽게 메타버스 플랫폼과 결합될 수 있을까, 언제쯤 사람들이 실시간으로 콘텐츠를 만들고 활용하는 게 가능할지 궁금해진다.

노준용: 현재 나와있는 기술로는 몇몇 회사들이 메타버스 환경에서 누구나 쉽게 접근하고 뭐든지 만들어낼 수 있도록 코딩 문제를 고민하고 개발하고 있다. 이런 플랫폼을 만드는 회사에서 사람들이 코딩을 쉽게 할 수 있도록 얼마나

기술을 지원하느냐에 따라 가능해질 것으로 본다. 궁극적으로는 메타버스에서 누구나 콘텐츠를 만들고 활용할 수 있게 될 것이다.

이은수: 디지털 커뮤니케이션의 미래에 대해 질문을 드리고 싶다. 앞으로 우리가 메타버스로 연결된다면 문화 창달의 기회가 많아지고 가속화되는 점에 대해 조금은 우려도 된다. 네트워킹이 어떤 임계점을 넘어가면, 오히려 문화의 다양성이 줄지 않을까. 문화가 성숙되지 않은 상태에서 문화를 갖추기도 전에 전 세계의 사람들이 메타버스에서 모든 것을 공유하게 되는 상황이 문화적으로 가속된다고 볼 수 있을까.

시정곤: 문화, 커뮤니케이션, 기술의 세 가지 축을 놓고 봤을 때 상관성이 굉장히 빠르게 변하고 있다. 끊임없이 커뮤니케이션 양식이나 문화가 변화하는데 그 촉매 역할을 하는 게 기술이다. 그런데 과거의 문화와 현재의 문화 중 무엇이 더 좋고 바람직하다고 보기는 어려운 문제인 것 같다. 어떻게 보면 받아들일 수밖에 없는 부분이기 때문에, 오히려 그 현상을 어떻게 받아들일 것인지 고민하면서 그 상관성을 긍정적으로 폭넓게 맞이해야 하지 않을까.

이원재: 메타버스를 통해 우리의 욕망이 실현된다고 보면, 그 안에서 우리가 추구하는 욕망은 인간을 더 자유롭게 하는 방향으로 작용하게 될까.

시정곤: 개인적으로 디지털 모바일 커뮤니케이션을 하면서 느꼈던 바에 따르면, 욕망이 우리에게 자유로움을 줄 것이냐고 했을 때 두 가지 의미가 있다고 본다. 그 자유로움이 개인주의를 극대화하는 것인지, 우리의 커뮤니티를 좀 더 아름답게 만들고 서로 공존할 수 있게 만드는 것인지에 대한 것이다. 디지털 커뮤니케이션을 부정적인 측면에서 바라볼 때는 전형적인 화자 중심 커뮤니케이션이라고 본다. 사용자 중심의 자유로움을 극대화시키는 것이다. 그런 의미에서의 자유로움이 확장되는 것은 바람직하지 않다. 화자 중심보다는 청자 중심의 커뮤니케이션이 필요하다. 그런 관점에서 메타버스를 희망적으로 바라본다면, 개인의 자유를 극대화하는 패턴도 있겠지만 그보다 놀이를 통해 함께 어울리는 데서 즐거움과 욕망의 실현이 이루어지다 보니 욕망이 극대화되어도 공감과 공존의 자유로움이 확장되는 면이 있지 않을까. 그런 의미에서 두 가지 측면을 모두 고려할 수 있지만, 어느 정도 기대감도 갖게 된다.

배우지 않고도
창작할 수 있는 세계

콘텐츠 생성과 향유 방식의 변화

✕ 노준용 교수 ✕

메타버스라고 하면 우리는 어떤 이미지를 떠올릴까. 마크 저커버그는 메타버스란 결국 인터넷, 즉 사람들과의 연결이라고 표현했다. 그런데 예전에는 한 발 떨어진 곳에서 들여다보는 정도의 연결이었다면 이제 메타버스에서 말하는 연결은 그 안으로 들어가 완전히 체화된 경험을 하게 되는 것이다. 즉 이전보다 훨씬 몰입감 있는 연결을 경험하는 것이 바로 메타버스에 대한 하나의 정의라고 할 수 있겠다.

1. 메타버스의 세상이 오고 있다

메타버스는 이 시대의 명실상부 가장 뜨거운 화두가 되고 있다. 메타버스의 세상이 오면 앞으로는 어떤 것들이 가능해질까. 이전에는 바깥에서 인터넷을 들여다봤다면 이제는 나와 상대방을 표현하는 각각의 엔터티 Entity, 독립체 가 있고, 이들이 만나 협업을 하거나 공연을 보고 게임을 즐기는 등 다양한 활동을 할 때 그 안에서 공유되는 엔터티로 보다 공존감을 느끼는 세상이 될 것이다. 훨씬 몰입화된 인터넷을 경험하게 되는 것이다.

메타버스가 정말 상용화될 수 있을지 고려할 점 중 하나는, 실제로 이런 세상을 만들고자 노력해도 마켓 자체가 열리지 않는 경우도 있다는 것이다. 예를 들어 10여 년 전 〈아바타〉라는 영화가 개봉하면서 한창 입체 영화에 대한 비전이 펼쳐졌다. 그때 사람들은 앞으로 모든 영화가 입체로 만들어질 거라 예상했지만 안경을 써야 하는 불편함, 시각적 피로감 등으로 인해 실제로 상용화하는 데에는 성공을 거두지 못했다.

메타버스의 대표적인 사례 중 하나로 꼽히는 세컨드라이프 역시, 당시에는 많은 관심을 받았으나 지금은 유저 수가 현격히 줄어든 상태다. 결국 메타버스라는 것이 이미 시도해 봤으나 실패한 경험이 아니냐는 의견도 적지 않다.

그럼에도 앞으로 메타버스의 세상이 열릴 것이라고 생각하는 이유는, 세상은 결국 변화하기 때문이다. 이때 변화하는 방향이 어느 쪽인지가 중요한데, 실제로 세상이 발전하는 방향은 메타버스가 추구하는 바와 가까워지고 있는 것으로 보인다.

2. 메타버스를 향한 변화의 흐름

새로운 세계를 향한 변화들

이를테면 이런 것이다. 예전에는 누군가와 대화하기 위해 직접 찾아가야 했다. 그러다 전화기가 발명되고, 이어 인터넷이나 영상통화, 메시지로 커뮤니케이션을 하게 되었다. 사람들의 능력을 향상시키기 위해 여러 디바이스도 만들어졌는데 처음에는 각 집집마다 데스크탑 PC가 한 대씩 놓였다가, 이제는 모두의 손안에 모바일 컴퓨터가 보급되었다. 사람들 간에 주고받는 데이터 역시 텍스트에서 이미지로, 비디오로 발전했다.

앞으로도 무언가는 더욱 발전해 나갈 것이다. 그런데 그 발전하는 방향이 결국 메타버스가 표현하고자 하는 세상을 가리키고 있다. 현재 우리가 경험하는 인터넷보다 훨씬 몰입화된, 체화된 인터넷을 느끼게 될 것이고, 손안에 들고 있는 디바이스를 넘어서서 내 눈앞에 바로 접목된 디바이스를 경험할 수 있으며, 비디오를 넘어서 훨씬 몰입감 있는 홀로그램 같은 것을 활용하게 될 수도 있을 것이다.

또 다른 관점에서 생각해 보면, 유럽의 확장을 떠올려볼 수 있다. 5, 600년 전에 유럽이 급속히 팽창했던 데에는 경제적, 정치적, 종교적, 문화적 이유가 있었다.

이 시기의 유럽 상황을 경제적 관점에서 보자면 유럽에서는 동쪽으로 가는 시장을 개척해야 했다. 그런데 오스만 투르크 제국이

지중해를 장악하고 있어 그곳을 통과할 수 없기 때문에 다른 쪽으로 항로를 개척해 나가게 됐다. 정치적으로는 기존의 왕권 중심 사회에서 점점 제국주의 형태로 변화하던 시기였고, 사회문화적, 기술적 관점에서 보자면 나침반이 발명되고 항해술이 발달했으며 지동설이 받아들여지는 사회가 되고 있었다. 이렇게 많은 변화가 이루어지면서 유럽 안에 쌓인 에너지는 더 이상 그 안에 머물지 못하고 외부로 분출될 수밖에 없었다. 그렇게 유럽은 전 세계를 정복해 가면서 시장을 확장하고, 그 와중에 신대륙을 발견하며, 새 나라를 건설하고 새 경제 체제를 만들어갔다.

지금의 우리 시대는 어떨까. 지구 전체의 관점에서 봤을 때 엄청나게 많은 경제 활동이 일어나면서 지구 안에서 다 소비할 수 없는 에너지가 쌓이고 있고, 사람들은 또 다른 시장을 열고 싶어 한다. 예로 SpaceX라는 회사에서는 이제 화성으로 가서 우주를 개발하겠다며 재활용하는 로켓을 이용해 보다 저렴한 비용으로 우주에 갈 수 있는 방식을 개발하고 있다. 이미 지구를 벗어나 물리적으로 다른 세계에 가려는 시도가 이루어지고 있는 것이다.

반면 페이스북 같은 회사에서는 피지컬한 방식이 아니라 가상의 세계를 만드는 방식으로 새로운 세계를 열려고 시도하고 있다. 페이스북이 전 세계 수십억 명을 연결하고 있듯이 실제와 연결되는 가상 세상을 만들겠다는 포부로 최근 회사 이름도 메타로 바꾼 바 있다.

이러한 변화에 대해서도 여러 관점에서 들여다볼 수 있다. 우선 경제적으로 글로벌한 회사들이 자본주의 사회에서 존속하려면 끊임없이 시장을 개척하고 수입을 내야 하므로 새로운 세상을 만들어 시장을 확보해 나가려는 움직임으로 볼 수 있다. 또한 정치적 관점으로 보자면 새로운 세상에서 디지털 화폐를 통용시키겠다는 주장을 미국 정부는 반대하고 있지만, 결과적으로 미국이 아니더라도 중국 등에서 얼마든지 시도할 수 있기에 궁극적으로는 디지털 화폐의 시장이 열릴 수밖에 없을 것이다. 기술적으로는 이전의 세컨드라이프에 비해 기술적 진보가 이루어진 지금 이전보다 훨씬 현실감 넘치는 디지털 묘사가 가능해진 상황이다.

이런 요소와 배경을 바탕으로 메타에서는 올해 10조 원이 넘는 예산과 엄청난 인력을 투입하여 메타버스 세상을 건설하겠다고 선언했는데, 나에게도 실제로 페이스북에서 메일로 제안이 오기도 했다. 한국에서 관련 연구를 하는 연구자에게까지 이메일을 보낼 정도로 전 세계 인재를 모으려는 의지를 투력하고 있다는 걸 개인적으로도 체감했던 일이었다.

메타버스는 단계적으로 다가온다

일각에서는 메타버스가 이미 존재하는데 왜 새롭게 생긴다고 표현하느냐고 묻기도 한다. 사실 우리가 예측하는 새로운 세상이란 어느 날 갑자기 생기는 것이 아니라, 이미 존재하기 시작한 것이 점점 계속되며 벌어지는 현상이다.

예를 들어 1990년대 초반, 내가 대학 공부를 하던 시절에 앞으로는 인터넷이라는 게 세상을 지배할 것이라는 예측이 있었다. 당시에는 이미 인터넷이 있고 이메일도 있는데 뭐가 새롭다는 것인가 싶었지만, 우리는 실제로 그때와는 전혀 다른 세상에서 살고 있다. 당시에는 배달 주문할 때 전화를 하지 않고 인터넷을 이용하거나, 채소나 과일을 살 때도 직접 보지 않고 주문하는 게 오히려 번거롭고 불편하다는 생각이 지배적이었다. '그냥 전화로 하면 되는데 굳이 집에 가서 컴퓨터를 켜고 인터넷으로 주문한다고?' 그러나 결국 세상은 우리가 생각지 못한 방향으로 끝없이 변화했다. 이미 인터넷은 우리 곁에 있었지만, 전혀 새로운 세상이 남아있었던 것이다. 그렇게 차근차근 변화가 이루어지면서 2017년에는 45억 명이 인터넷을 활용하게 되었다고 하는데, 지금은 아마 그보다 더 늘었을 것이다.

아마 메타버스도 이와 마찬가지가 아닐까. 지금도 메타버스가 존재하긴 하지만 앞으로는 생각지도 못한 방향으로 발전하여, 우리가 훨씬 더 몰입감 있게 연결되는 새로운 세상이 열릴 수 있을 것이다. 지금 우리 주변을 살펴보더라도 코로나19 시대가 찾아오며 줌zoom과 같은 원격 화상을 많이 사용하고 있다. 처음에는 줌으로 수업을 하면 교수도 학생도 서로 불편하지 않을까 우려했지만 이제는 다들 적응하여 코로나가 끝나도 비대면 수업이나 업무가 가능하지 않을까 하는 가능성도 대두되고 있다. 그렇다면 굳이 출장을 갈 필요 없이 줌을 상용화하게 될 수도 있을 것이다.

하지만 아직은 줌이 비대면에 대한 완벽한 솔루션은 아니다. 기본적으로 서로 다른 화면을 바라보기 때문에 아이컨택이 되지 않는다는 점이라든가, 또 커뮤니케이션을 할 때는 언어 외에도 비언어적인 소통이 필요한데 상대방 얼굴을 살피기에는 영상이 너무 작다는 점도 뇌를 피곤하게 만든다. 그래서 앞으로는 정말 사람과 사람이 대면하여 소통하는 것처럼 보다 몰입감 있는 기술을 우리 연구실에서도 개발하려고 하고 있다. 두 사람이 각각 대전과 뉴욕에 있더라도 서로 같은 공간에 있는 것처럼 공존감을 느끼게 해줄 수 있다면, 어디까지가 현실이고 어디까지가 가상인지조차 모호해지는 세상이 오지 않을까.

이런 방식의 커뮤니케이션을 한다면 실제 내 얼굴로 소통할지 혹은 나를 대체할 수 있는 아바타를 이용할지 선택하게 될 수 있다. 자고 일어나서 아직 꾸미지 않은 얼굴이더라도, 상대방에게는 화장을 했거나 정장을 입은 것 같은 모습으로 보여줄 수 있을 것이다. 이렇게 되면 기존과 다른 전혀 새로운 표현이 가능해질 것으로 보인다. 실제 내 모습을 바꾸지 않아도 성별이든 외모든 얼마든지 개성 있는 방식으로 내가 원하는 내 모습을 표현할 수 있게 되는 것이다.

최근에는 딥페이크 같은 기술을 통해 아예 실제와 다른 사람을 애니메이션으로 만들어내거나, 내가 캠 앞에서 표정을 짓고 말하는 모습을 촬영하면 유명한 정치인이나 연예인의 얼굴에 그대로 적용되어 실제로 그들이 말하는 것 같은 콘텐츠를 만들 수 있게 되었다. 이는 인공지능을 활용한 것인데, 앞으로 메타버스 세상이 펼쳐진다고 해도 인공지능이 없어지는 것이 아니라 인공지능 기술이 메타버스 세상을 만들어가는 기술적 동력이 될 것으로 보인다. 그렇다면 우리가 메타버스 세상을 기대하는 동시에 인공지능이 할 수 있는 역할이 무엇인지도 함께 고민해 나가야 할 것이다.

지금 시대에서는 외모가 중요한 것이 아니라 사람의 마음이 중요하다고 흔히 말하지만, 앞으로 중요한 것은 아바타가 아니라 그 뒤에 있는 사람의 실제 모습이 중요하다고 말하는 세상이 다가올지도 모르겠다.

인공지능이 만들어내는 세상

미국의 심리학자 매슬로Abraham Harold Maslow는 인간의 욕구를 피라미드로 형태로 설명했는데, 이에 따르면 아래 단계의 욕구가 해결되었을 때 사람들은 그 상위 단계의 욕구를 느끼게 된다고 한다. 아무것도 가지고 있지 않은 상태에서 사람들은 기본적인 의식주를 해결해야 행복을 느낄 수 있다. 그래서 산업화 시대의 기술 개발 목표는 가능한 한 많은 사람들의 먹고 사는 문제를 해결하는 것이었다.

그 다음에는 자연스럽게 상위 레벨의 욕구가 충족되어야 행복해진다. 자연히 다음 단계에 있는 친밀감과 우정의 욕구를 충족하는 것이 산업화 이후 인터넷 시대에 풀고자 하는 기술적 목표였다. 그래서 주변 사람이나 멀리 있는 사람들과 친구를 맺고 내 일상을 공유하며 '좋아요'를 받는 데서 오는 행복감을 얻을 수 있는 페이스북이나 카카오톡 같은 서비스가 성공을 거두게 된 셈이다.

전 세계가 연결되어 친밀감과 우정의 욕구가 어느 정도 해결된

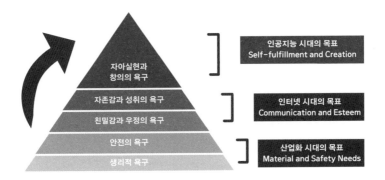

※ 그림 4 ※ 매슬로의 인간 욕구 피라미드

이후에는 궁극적으로 가장 위 단계에 있는 창작의 욕구를 충족시켜 줄 수 있는 기술이 필요해질 것이다. 그에 따라 앞으로는 인공지능 기술의 활용으로 사람들이 창작을 하거나 새로운 시도를 할 수 있는 기회가 늘어나게 되지 않을까. 그렇다면 결국 인공지능 기술은 단지 지식의 저장이나 축적으로만 활용되는 것이 아니라, 그걸 넘어서서 우리가 발산하고 싶은 창의력을 아주 쉽게 발현하도록 도와주는 역할을 하게 될 것이다.

그래서 메타버스를 통한 디지털 세계가 오면 많은 사람들이 콘텐츠 창작을 하고 나를 표현하고자 하는 시도를 하게 되겠지만, 지금까지 이것은 일반인들이 하기에는 쉽지 않은 작업이었다. 예를 들어 애니메이션을 만든다고 했을 때 여기에 필요한 툴이 굉장히 어렵고 복잡하기 때문에, 창의력을 발현하기 전에 그 툴을 익히는 데에만 많은 시간과 노력이 든다. 메뉴를 다 숙지한다고 해도 실제로 내가 원하는 만큼 자연스럽게 활용하는 노하우를 쌓기는 어려울 것이다. 그래서 사람들이 메타버스를 창조의 장으로 진정 즐기기 위해서는, 자유롭게 창작할 수 있도록 돕는 다양한 기술이 필요해진다.

3. 메타버스에서 컨텐츠를 창조하는 기술

몸의 움직임 표현하기

우리 연구실에서 개발해 발표한 기술 중 하나가, 디스플레이에서 내가 만들고 싶은 동작을 스케치만 해도 직관적으로 쉽게 표현할 수 있도록 하는 툴이다.

내가 만들고 싶은 애니메이션을 2D로 직관적으로 그려내면 3차원 공간에서 가장 적절하게 표현될 수 있도록 해서, 누구나 쉽게 쓸 수 있을 뿐 아니라 전문가들도 예전보다 훨씬 효율적인 방식으로 결과물을 만들어낼 수 있게 했다. 특히 메타버스 시대에는 나를 대표할 수 있는 캐릭터의 움직임을 빠르고 자연스럽게, 그리고 쉽게 만드는 것이 중요하기 때문에 물리적인 환경에 맞춰 캐릭터가 가장 적절한 동작으로 움직이는 기술에 누구나 접근할 수 있는 것이 중요하다.

알아서 적절하게 움직이는 캐릭터에게 나의 창의적인 인풋을 집어넣기 위해서는 감독이 영화를 만들 때처럼 내가 감독이 되어야 한다. 감독은 시나리오에 따라 연기자를 섭외해서 원하는 동작을 요청할 것이다. 그러면 연기자들은 자기가 할 수 있는 선에서 '달려가주세요'라든가, '이런 춤을 춰주세요' 등의 요청에 따라 연기를 한다.

마찬가지로 캐릭터에게 인공지능 스피커로 동작을 요구하면 캐릭터가 그 요구에 따라 움직이기 때문에, 누구나 간단히 원하는 결과물을 만들어낼 수 있을 것이다.

그렇다면 궁극적으로 개발해야 하는 부분은 캐릭터가 사람에 가깝게 움직여야 한다는 점이다. 그래서 개발 과정에 업그레이드를 하여 캐릭터에게 눈을 붙여주었다. 눈이 없을 때는 캐릭터가 주변 환경에 대해 모두 파악하고 있다고 전제하는 것인데, 실제 사람은 그렇지 않다. 눈을 통해 들어오는 시각적인 정보를 바탕으로 장애물을 피하거나 물체를 확인하는 등 상황에 맞춰 자연스럽게 움직인다. 그래서 눈이 생긴 캐릭터는 좀 더 사람의 움직임을 유사하게 따라갈 수 있게 된다.

캐릭터 애니메이션을 자연스럽게 만드는 또 다른 방법으로 바로 강화 학습을 활용한 것이다. 이것은 마치 갓난아이가 걸음을 배우는 것과 마찬가지의 원리다. 아이에게 걸음마를 가르칠 때 무릎에 얼마나 힘을 주고 발목을 어떻게 움직이라고 가르치지 않는다. 대신 하이레벨에 도달했을 때 보상을 해준다. 이를테면 엄마가 팔을 벌리고 품으로 아이를 부르는 것이다. 아이는 처음에 넘어지고 뒤뚱거려도 결국 걸음마를 배우고 엄마 품에 안긴다. 캐릭터도 마찬가지로, 구체적인 움직임 하나하나를 가르치는 것이 아니라 어느 목적지에 도달하면 보상을 해주는 방식으로 움직임을 유도한다. 중간에 장애물이 있다면 장애물을 피하고, 그 장애물이 움직이면 그에 맞춰서 길을 돌아가며 캐릭터가 알아서 목적지를 찾아 자동으로 움직임이 만들어지는 것이다.

예전 같으면 이족보행이나 사족보행하는 캐릭터에 맞춰 움직이는 각각의 동작을 하나하나 개발해야 했는데, 이러한 프레임워크 안에서는 모든 게 쉽게 가능해진다. 사람이든 강아지든 하이레벨에 도달하면 보상을 주는 체계에 의해 동작을 만들어낼 수 있기 때문이다. 또 기술적인 진보를 이룬 부분은, 이 학습을 하기 위해서 정제된 데이터를 줘야 하는 게 아니라 데이터 전체를 주더라도 알아서 가장 필요한 데이터를 찾아 학습한다는 점이다.

얼굴의 움직임 표현하기

이러한 가상 캐릭터들은 물론 몸의 움직임만이 아니라 얼굴의 움직임도 중요할 것이다. 디지털 세상에서 우리는 나를 있는 그대로 표현할 수도 있지만, 내가 표현하고 싶은 모습을 선택적으로 보여줄 수도 있다. 이를테면 나의 어린 시절 모습이나 혹은 나이 들었을 때의 모습으로 얼굴을 표현할 수도 있는 것이다. 예전에는 이에 대한 데이터를 확보하는 것 자체가 쉽지 않았는데, 최근에 이르러서는 관련된 여러 기술이 발달하면서 다양한 표현이 가능해졌다. 사람의 얼굴을 보고 나이를 추정할 수 있는 기술이 개발되면서 거기에서 자동으로 데이터를 만들어내고 학습할 수도 있게 된 것이다.

또 얼굴의 변화, 이를테면 하나의 형체가 전혀 다른 이미지로 변화하는 모핑morphing 기술도 자연스럽게 표현할 수 있게 됐다. 한 예로 마이클 잭슨의 〈Black or White〉 뮤직비디오를 보면 다양한 인종과 성별, 나이대의 사람들의 얼굴이 자연스럽게 바뀌면서 모든 사람이 평등하다는 메시지를 전한다. 최첨단 기술을 이용한 영상인 셈인데, 원래 이런 영상을 만들기 위해서는 앞사람의 눈코입이 다른 사람의 눈코입에 어떻게 대응되는지 일일이 손으로 지정을 해야 했다.

그래서 작년에 우리가 개발해 발표한 기술은 이런 모핑을 완전히 자동화시키는 것이다. 굳이 사람만이 아니라 동물이나 음식, 사물이라도 학습 데이터만 충분하다면 사람이 손을 전혀 대지 않고 무엇이든 자동으로 모핑될 수 있도록 만든 프로그램이다. 마이클 잭슨의 뮤직비디오 같은 경우는 사람의 정면이 보여야 한다는 제약이 있었지만, 이 프로그램에서는 얼굴만 보이는 강아지든 또는 몸 전체가 보이는 강아지든 알아서 대응되는 부분을 자동으로 계산해서 모핑이 이루어진다. 또 여러 개의 사진이 동시에 주어지더라도 그 안에서 가장 적절한 모핑도 일어날 수 있다.

전문가 같은 구도로 영상 촬영하기

요즘은 누구나 다양한 영상을 찍어 올릴 수 있게 되었다. 그런데 디지털 환경에서 콘텐츠를 보여줄 때 굉장히 중요한 것은 카메라를 어떻게 배치시키고 움직이느냐 하는 점이다. 풀샷, 클로즈업, 움직이는 화면 등 촬영 기법에 따라서 보는 사람이 받는 느낌과 감성이 완전히 달라진다. 이렇게 카메라 배치나 움직임을 활용하는 건 전문가들의 영역이었는데, 앞으로 일반인들이 다양한 콘텐츠를 만들어내기 위해서는 보다 쉽게 접근이 가능해져야 할 것이다.

이 문제를 풀기 위해 고민하다가 최근 연구 결과를 발표했다. 할리우드 영화를 보면 전문가들이 이미 많은 고민을 해서 각 장면에 맞는 가장 적절한 카메라 위치와 움직임을 잡아내고 있다. 그래서 이런 데이터를 가져와 분석하고 인공지능에게 학습시키는 것이다. 인물들이 마주보고 있는 장면, 어깨 너머로 상대방이 보이는 장면 등 내가 만든 콘텐츠에서도 그와 유사한 장면을 찾아 매칭해 주어 자동으로 전문가 같은 카메라 움직임을 만들어낼 수 있다.

또 영상에 여러 가지 다양한 효과도 쉽게 적용할 수 있게 되었다. 주어진 영상이 내가 촬영한 것이든 기존에 존재하는 것이든 상관없이 전혀 다른 풍으로 바꿔볼 수도 있다. 예전에는 전문 아티스트가 일일이 프레임을 넘기면서 해야 하는 작업이었는데, 이젠 누구나 쉽게 할 수 있는 작업이 되는 것이다.

4. 메타버스에서 가능한 콘텐츠 창작

우리가 메타버스에서 자유롭게 창작하고 콘텐츠를 향유할 수 있는 다양한 기술을 몇 가지 더 소개한다.

① 나만의 풍경화

만약 내가 극사실적인 풍경을 그리고 싶다면 그림을 전공하는 등 몇 년 이상의 훈련을 거쳐야 가능할 것이다. 하지만 디지털화된 세상에서는 나 대신 인공지능을 훈련시켜서 내 머릿속에 있는 풍경화를 실질적으로 구현할 수 있다. 산, 구름, 강 같은 구조물을 선택하고 배경이 한낮인지 해 질 무렵인지 등을 선택한 뒤 간단히 스케치를 하는 것만으로 풍경화가 완성된다. 무엇보다 그 결과물은 기존에 존재하는 이미지를 가져오는 것이 아니라, 내가 표현하고 싶은 의도에 맞게끔 만들어낸 나만의 그림이다.

② 춤추는 영상

버클리 대학의 학생들이 개발한 기술인데, 춤을 잘 추는 전문가의 영상을 가져와 분석한 뒤에 마치 내가 그 춤을 추는 것 같은 영상을 만들어내는 것이다. 무용이나 발레 등 몸을 움직이는 다양한 영상을 활용하여 새로운 콘텐츠를 만들어볼 수 있다.

③ ScreenX

극장에서 영화를 볼 때 극장의 3면을 모두 활용해 영상을 보여주면 사람들이 훨씬 몰입감 있는 경험을 하게 될 것이라는 생각에 착안하여 ScreenX라는 기술을 개발한 적도 있었다. 이 기술은 CGV에서 실제로 상용화했고 지금도 확장되는 중이다. 우리나라뿐 아니라 할리우드 영화들도 점차 ScreenX의 형태로 개발되고 있다.

④ 원격으로 즐기는 공연

몰입감을 높여주는 기술을 활용하여 극장 환경뿐 아니라 공연 현장도 보다 실감 나게 전달할 수 있다. 예를 들어 해외에서 공연을 한다 해도, 실시간 스트리밍 기술과 접목하여 현장감을 높이면 마치 내가 그 콘서트 현장에 가있는 것처럼 몰입감 있고 체화된 경험을 할 수 있다.

⑤ 유리창 디스플레이

좀 더 현실에 가깝게 접목하는 예로, 지하철 유리창을 디스플레이로 활용하는 기술을 개발하기도 했다. 지하철마다 유리창이 있는데 사실상 밖에 보이는 풍경은 깜깜한 지하다. 그렇다면 유리창에 우주나 판타지 월드 같은 모습을 보여주거나, 혹은 각 역에 특화된 정보나 광고 같은 것을 보여주는 건 어떨까. 상업적인 부분은 별개의 문제겠지만 기술적으로는 이미 가능한 단계다. 혹은 자율주행 자동차에서 모든 창을 디스플레이로 활용해 볼 수도 있을 것이다. 운전하는 사람이 전방을 주시해야 하는 의무가 없어진다면, 주변에 대한 적절한 정보나 재미있는 콘텐츠를 보여줄 수도 있지 않을까. 실제로 대전의 한 동물원 사파리 버스에서 유리창 디스플레이에 동물에 대한 시각적인 콘텐츠를 보여주는 것으로 적용해 보기도 했다.

이 외에도 디지털 기술을 적용할 수 있는 새로운 예시는 무궁무진하며, 메타버스 기반의 새로운 콘텐츠를 누구나 다양하게 생성하고 향유하게 될 것이라고 본다. 어쩌면 메타버스의 등장은 우리가 생각하는 것보다 일상에 더 큰 영향을 끼치고, 또 지금은 상상하지 못하는 새로운 세상을 열어줄지 모른다는 기대도 해본다.

인간은 본질적으로
놀이를 원한다

메타버스와 디지털 커뮤니케이션의 미래

✕ 시정곤 교수 ✕

"문화는 커뮤니케이션에 의해 매개되고 실행된다. 그렇기 때문에 역사적으로 생산된 우리의 신념과 코드의 체계인 문화는 근본적으로 변형되며, 그 과정은 시간이 갈수록 새로운 기술적 시스템에 의해 가속화될 것이다."

사회학자 마누엘 카스텔Manuel Castells이 《네트워크 사회의 도래》라는 책에서 이야기한 내용이다. 나는 주로 디지털 공간에서 일어나는 상호작용성을 커뮤니케이션의 관점에서 연구하고 있는데, 디지털 커뮤니케이션을 이야기할 때 내가 가장 좋아하는 문구이기도 하다. 커뮤니케이션과 문화, 과학기술은 상호 밀접한 관계를 갖고 그 시너지를 통해 다시 발전해 나가고 있다. 그 관계를 가장 함축적으로 설명하고 있는 문장이 아닌가 싶다. 기술과 미디어가 새로 등장하며 정보의 형태가 달라지고, 정보가 달라지면 커뮤니케이션도 달라지며, 그러면서 새로운 문화가 탄생하고 있다. 그 영향과 시너지를 고려할 때 우리는 커뮤니케이션과 미디어, 디지털 기술을 어떻게 바라봐야 할까. 이런 관점에서 메타버스와 디지털 커뮤니케이션의 미래에 대한 몇 가지 단상을 풀어보겠다.

1. 메타버스란 무엇인가?

메타버스라고 하면 요즘엔 제페토나 로블록스 같은 서비스가 먼저 떠오를 것 같다. 많은 사람들이 열광하고 있고 글로벌 메타버스의 시장 규모도 폭발적으로 늘어날 것으로 예측된다. 뉴스를 보면 국내 투자자들도 미국 주식 중 로블록스에 가장 많은 투자를 하고 있다고 한다. 그만큼 메타버스라는 아이템이 국내외의 문화적 측면이나 경제적 측면에서도 주된 화두인 것은 분명하다.

조금씩 정의가 다르지만 일반적으로 메타버스는 '메타Meta'와 '유니버스Universe'의 결합으로, 3차원 가상 세계를 뜻한다고 이야기한다. 또 아바타의 사회적 커뮤니티 활동이 이루어지는 공간이기도 하고, 현실과 가상 세계를 결합해 몰입감을 줄 수 있는 실감 기술로 제3의 가상 세계를 만들어낼 수도 있는 곳이다.

나도 꽤 오래전에 이런 종류의 연구를 해본 적이 있다. 고궁에 가서 스마트폰을 가져다 대면 조선시대 문지기들이 나타난다든가, 전투하는 장면이 보인다든가 하는 기술인데, 증강현실의 샘플이라고도 할 수 있을 것 같다. 그리고 전자책e-book을 읽으면서 책과 스마트폰과 티비를 연동해 좀 더 실감 나게 읽을 수 없을까 하는 연구를 하기도 했다. 예를 들어 책에서 범인이 전화를 거는 부분을 손으로 짚으면 내 스마트폰에 전화가 와서 범인의 목소리가 들리는 식으로 말이다.

그런데 최근에 이야기되는 메타버스는 주로 VR, AR, MR, XR 등의 여러 기술이 핵심인 것 같다. 잘 알다시피 VR은 가상현실, AR은 증강현실을 뜻하고 XR은 확장현실이라고 하는데, 가상 세계에 현실을 확장한다는 의미로 해석하기도 하지만 나는 오히려 현실을 구현할 수 있는 기술을 통합하고 확장해서, 현실을 더욱 그럴듯하게 구현하는 방식을 말하고자 하는 게 아닐까 싶다. 이러한 다양한 기술로 구현되는 메타버스에 대해 조금씩은 다른 정의를 내리고 있는 것 같은데, 개인적으로는 AR을 바탕으로 확장 기술을 더 접목하면 MR 단계로 나아가고, VR에서 확장 기술을 접목하면 메타버스의 단계로 발전하는 것으로 정리해 볼 수도 있을 것 같다.

2. 메타버스는 새로운 것인가?

메타버스는 과연 새로운 것일까. 가상 세계를 시각적으로 구현한 역사는 메타버스가 처음은 아니다. 기존에도 1999년 '싸이월드', 2003년 '세컨드라이프', 2016년 '포켓몬고' 같은 일종의 메타버스로 여겨질 만한 서비스들이 있었다. 이 역시 사실상 넓은 의미에서 메타버스와 무관하지 않으며, 더 거슬러 올라가면 1962년에 만든 최초의 디지털 방식의 컴퓨터 게임인 'Spacewar!' 까지도 소환될 수 있겠다.

가상 세계란 어느 날 뚝 떨어진 것이 아니라, 인간의 마음속에서 인간의 욕망과 생각을 시각적으로 구현하고자 하는 노력이 반영된 것이다. 이를테면 구석기 시대에 오늘 사냥터에서 놓친 동물이 내일 또 나타나길 기원하며 동굴 벽에 그림을 그린 것 역시 가상 세계를 시각화한 가장 오래된 모델이라고 할 수 있지 않을까.

컴퓨터 이전에 가상 세계가 가장 화려하게 날개를 펼쳤던 매체는 바로 책이다. 조선 후기에는 '전기수'라고 불리는, 소설을 낭독하는 것을 직업으로 삼은 사람들이 있었다. 그들은 마치 만담하듯이 캐릭터에 이입하여 《홍길동전》, 《장화홍련전》, 《심청전》 같은 소설을 읽어나갔고, 사람들은 그 장면을 머릿속으로 상상하면서 즐겁게 듣곤 했다.

심지어 1790년 정조실록을 보면 이런 내용이 있다.

'항간에 이런 말이 있다. 종로거리 연초 가게에서 짤막한 야사를 듣다가 영웅이 뜻을 이루지 못한 대목에 이르러 눈을 부릅뜨고 입에 거품을 물면서 풀 베던 낫을 들고 앞에 달려들어 책 읽는 사람을 쳐 그 자리에 죽게 하였다고 한다. 이따금 이처럼 맹랑한 죽음도 있으니 참으로 가소로운 일이다.' -정조 14년(1790) 8월 10일

이야기에 너무 몰입한 나머지 청중이 그 자리에서 낫으로 이야

기꾼을 죽였다는 것이다. 오늘날로 치면 가상 세계에 너무 몰입한 나머지 현실과 가상 세계를 혼동한 상황이다. 그만큼 컴퓨터 이전에는 책이야말로 상상의 나래를 펼 수 있는 굉장히 중요한 매개체였다고 볼 수 있다.

결국 가상 세계라는 개념은 이전부터 책이나 동굴벽화의 형태로 우리 인간들의 곁에 늘 존재해 왔던 셈이다. 그래서 메타버스는 최근에 갑자기 나타난 게 아니라 가상 세계의 긴 역사 중에서 최근 기술로 구현된 하나의 사례라고도 할 수 있을 것 같다.

물론 오늘날 디지털 기술로 인해 가상 세계를 훨씬 효과적으로 실감 나게 구현하게 된 것은 사실이다. 비트, 그리고 분절과 조합을 통해 무한 복제와 반복이 쉽게 가능해진 디지털 기술은 많은 새로운 가능성을 대두시켰다. 과거에는 듣고 싶은 노래들이 있으면 레코드 가게에 가서 테이프에 녹음해 달라고 했던 시절이 있었다. 지금은 어떤가. 곡마다 개별적으로 다운받아 내가 듣고 싶은 플레이리스트를 스스로 만들 수 있는 시대다. 분절과 조합이라는 디지털의 특성이 얼마나 많은 가능성을 낳았는지 이런 일상의 변화만 봐도 체감할 수 있다.

3. 가상 세계는 꿈인가?

가상 세계는 꿈을 구현하는 것이라고 말하는 사람들도 있다. 그래서 꿈이 허구이듯 가상 세계도 가짜라는 것이다. 그래서인지 가상 세계를 꿈의 세계로 연상시키는 영화도 많다. 〈매트릭스〉, 〈인셉션〉도 그렇고 〈바닐라 스카이〉에서도 꿈과 현실을 혼동하는 자각몽이 자주 등장한다. 동양에서는 장자의 '호접몽'이라는 일화도 유명하다. 이렇듯 동서양에서 꿈과 가상 세계를 연결시키는 아이디어는 굉장히 보편화된 것이기도 하다.

꿈을 해석한 대표적인 인물로는 정신분석학의 대가인 프로이트Sigmund Freud와 라캉Jacques Lacan, 그리고 철학자 지젝Slavoj Zizek을 꼽을 수 있을 것 같다. 먼저 프로이트는《꿈의 해석》이라는 책에서 꿈을 새로운 차원으로 해석한 유명한 학자이자 정신과 의사다. 프로이트가 새롭게 발견한 것이 바로 의식과 무의식의 세계다. 그는 무의식은 잠재된 욕망이며, 겉으로 드러난 의식보다 훨씬 큰 세계라고 보았다. 인간이 꿈을 꿀 때는 그 무의식에 담긴 욕망이 발현된다는 것이다.

라캉은 의식과 무의식의 세계를 3단계로 나눈다. 상상계Imaginary는 인간이 태어나 언어를 배우기 전, 자신과 타인을 구분하지 못하는 단계다. 그러다 언어를 배우면서 상징계Symbolic에 들어오고, 그 상징계 너머에 인간이 실제로는 다다를 수 없는 가장 순수한 욕망의 세계가 실재계Real라고 이야기한다. 그리고 꿈은 이 Real 세계의 구현이라는 것이다. 현실 세계를 벗어나 진짜 꿈꾸고 싶은 자기 욕망을 구현하는 세계가 바로 Real의 세계다.

지젝은 이러한 라캉의 이론을 Sexuality에 빗대어 해석하기도 했다. 마스터베이션Masturbation과 실제 Sexual act를 비교해 보자. 마스터베이션은 상상 속의 파트너와 하는 행위이니 'real'은 아니고 당연히 파트너와 Sexual act를 하는 것이 실제 'real'일 것이다. 그런데 지젝은 이런 의문을 제기한다. 실제로 우리의 이상적인 욕망을 가장 잘 구현하는 것은 마스터베이션일까, Sexual act일까? 사실 잠재적인 욕망을 그대로 반영하는 마스터베이션이 Real실재에 더 가까울지도 모른다. 그렇다면 실제로 일어나는 Sexual act는 실제real이긴 하지만 라캉이 말하는 실재Real의 세계는 아니지 않을까.

결국 우리가 현실이라고 믿고 있는 것이 현실이지만 '진짜'는 아니고, 반대로 가상이라고 믿고 있는 것은 현실이 아니지만 '진짜'일 수도 있다는 이야기다. 우리의 욕망이 진짜 구체적으로 실현되는 곳이 현실이 아니라 꿈이라면, 그게 더 진짜 세계에 가까울 수도 있다는 것이다.

이처럼 가상 세계의 의미를 명쾌하게 해석하기는 쉽지 않다. 메타버스의 공간은 이러한 가상 세계의 여러 측면을 그대로 보여주고 있는 것이 아닐까. 어떤 면에서는 현실에서 억눌린 욕망을 가상 세계에서 구현하고자 하는 그 의지가 메타버스에서 다양한 형태로 나타나고 있다고 할 수도 있고, 다른 한편으로는 더 나아가 현실을 그대로 가상 공간에 옮겨놓아 더 현실 같은 공간으로 만드는 모습도 메타버스에 나타나기 때문이다. 요즘 메타버스에서 단순한 만남과 놀이 이외에도 다양한 비즈니스나 경제 활동이 벌어지고 있는 점이 그런 가능성을 말해주는 것은 아닐까. 가상 세계 메타버스의 해석은 지금부터가 시작인 셈이다.

4. 메타버스의 소통 방식은 무엇인가?

이전에도 일종의 가상 공간은 이미 존재하고 있던 상황에서, 오늘날 메타버스를 새롭게 정의하고자 하는 것은 메타버스에 기존의 커뮤니케이션 양식과는 다른 측면이 있어서가 아닐까. 커뮤니케이션을 연구하는 학자로서 메타버스의 소통 방식에 어떤 재미있는 요소가 있는지 관심을 가지고 들여다봤는데, 크게 세 가지 키워드로 정리할 수 있을 것 같다. 첫째는 놀이와 재미, 둘째는 참여와 소통, 마지막으로 일방향에서 쌍방향으로의 방식이다.

커뮤니케이션이라는 단어의 어원을 살펴보면 라틴어 communis 공동의, 공통의, communicare 나누다, 전달하다, 참여하다, 공유하다 에서 출발했다. 실제로 메타버스의 소통 방식도 이러한 커뮤니케이션의 정의에 점차 더 부합하는 방식으로 발전하고 구현되고 있다. 사람들이 메타버스에서 쌍방향으로 소통하고 함께 놀이를 즐기며 커뮤니티를 만들어내는 등 진정한 커뮤니케이션을 맛볼 수 있게 되면서, 메타버스에 더욱 열광하기 시작한 것이 아닌가 싶다.

물론 과거에도 이렇듯 쌍방향 콘텐츠에 대한 아이디어가 없었던 것은 아니지만, 과거에는 기술적 한계로 여러 제약이 있었다면 지금은 디지털 기술이 크게 발전하면서 묻혀있던 키워드가 떠올라 자리를 잡을 수 있게 된 것이다. 그래서 커뮤니케이션 관점에서 보는 메타버스는 '내가 직접 참여하고, 다른 사람과 소통하고 공감하면서 가상의 세계에서 놀 수 있는 가상 놀이 공간'이라고도 할 수 있다.

얼마 전 넷플릭스 〈오징어 게임〉이 전 세계적으로 큰 인기를 끌었다. 왜 그렇게 폭발적인 반응을 얻을 수 있었을까? 여러 요인이 있겠지만, 무엇보다 게임이라는 소재 때문이 아닐까 싶다. 어느 나라 사람들이나 쉽게 이해하고 따라할 수 있는 놀이 문화가 내재되어 있기 때문이다. 실제로 뉴욕이나 파리에서는 사람들이 오프라인으로 오징어 게임 스튜디오에 참여하기 위해서 밤새 줄을 서기도 했다고 한다. 왜 이렇게까지 오징어 게임에 참여하려고 하느냐는 인터뷰에서 기억에 남는 답변이 있다. "오징어 게임을 계기로 낯선 사람들과 우연히 만나서 즐겁게 놀이할 수 있는 공간이 마련되어 더욱 좋다"는 것이었다. 즉 〈오징어 게임〉이 일방적으로 보는 영상 콘텐츠로 끝나는 것이 아니라, 오프라인에서 또 다른 교류와 놀이, 소통과 커뮤니티를 만들 수 있게 해주는 역할을 한 셈이다.

함께 노는 것은 인간에게 중요한 커뮤니케이션 영역이다. '놀이를 통해 사회는 삶과 세상에 대한 자신의 해석을 드러낸다'는 말이 있다. 그래서 호모 루덴스homo ludens, 놀이하는 인간라고 말하기도 한다. 인간은 결국 어울려서 소통하고 놀아야 진정한 재미를 느낀다는 것이다. 그런 의미에서 메타버스는 아바타를 통해 비즈니스를 할 수 있는 경제 공간이기도 하지만, 크게 보면 함께 커뮤니티를 만들고 소통하는 가상 놀이 공간이라고도 할 수 있다. 인간이 본질적으로 가장 좋아할 만한 공간인 셈이다.

또 한 가지 특징은, 사람들이 직접 참여하는 커뮤니케이션 요소를 갖추고 있다는 점이다. 메타버스에서 아바타를 등장시켜 사람들과 소통하는 측면은 내가 몰입감 있게 직접 참여할 수 있다는 점에서 디지털 커뮤니케이션의 상당히 중요한 요소를 내포하고 있다.

우리 연구실에서도 웹 드라마를 연구하면서 관객들이 직접 스토리에 참여하여 스토리가 달라지는 웹 드라마를 만들어본 적이 있는데, 관객들은 자신의 참여에 의해 스토리가 전개되는 것에 많은 재미를 느꼈다. 또 다른 케이스로는 서로 처음 만난 사람들에게 자신의 얼굴을 캐릭터화하여 즐길 수 있는 게임에 참여하게 하자, 쉽게 아이스 브레이킹 하고 친해지는 모습을 관찰할 수 있었다. 그 외에도 전시회에 작품뿐 아니라 관객들의 감상문을 같이 전시하거나, 미디어 아트에 관객이 직접 참여하는 등의 연구를 진행하면서 공통적으로 느낀 것은 사람들이 자기가 직접 참여해서 주인공이 되었을 때 훨씬 몰입도가 높아진다는 것이다. 그런 의미에서 메타버스에 아바타를 등장시키는 커뮤니케이션 양식이 실제 몰입감을 더 증진시킬 수 있는 요소가 되었을 것으로 생각된다.

5. 메타버스와 디지털 커뮤니케이션의 미래

아직은 가상 세계가 현실을 대체할 수 없는 가상일 뿐이라고 생각하는 사람들이 많다. 기술이 더 발전하면 현실과 가상이 합쳐진 새로운 세계가 열리게 될까? 그렇다면 진정한 디지털 커뮤니케이션의 미래는 어떻게 될 것인가.

앞으로 가상 세계를 만들어가기 위해 사용자의 체감을 극대화할 수 있는 기술이 나날이 발전할 것이다. 십여 년 전에 디즈니랜드와 유니버설 스튜디오에 갔는데, 그때 이미 극장 좌석에서 입체음향이 나오거나 좌석이 움직이고 물방울이나 바람을 느낄 수 있는 촉각 서비스를 구현하고 있었다. 이렇게 사용자의 오감을 자극하고 체감도를 높일 수 있는 기술은 현재까지 꾸준히 발전해 오고 있다.

메타버스의 아바타 역시 현실의 감각을 대체할 정도로 발전해 나갈 가능성이 있다. 이미 제페토 등에서 아바타를 꾸미는 데 상당히 많은 기술과 프로그램과 장치들이 사용되고 있다. 이런 기술이 발전하면 이후에는 우리와 쏙 빼닮은 아바타가 등장하게 될 듯하다. 재미있는 건 사람들이 가상 세계에서 자신과 닮은 캐릭터 외에 외모나 성별까지 완전히 다른 모습으로 꾸미는 경향도 상당히 많이 보인다는 점이다. 사용자의 욕망이 어떻게 투영되느냐에 따라 아바타도 다양하게 변형된 모습으로 등장할 가능성이 있을 것이다.

만약 아바타 기술이 비약적으로 발전하여 현실 세계와 가상 세계가 완전히 합치되기에 이른다면, 영화 〈써로게이트〉와 같은 세상이 펼쳐질지도 모른다. 이 영화에서는 현실 세계의 주인공은 집에서 뇌파를 장착한 채 침대에 누워있고, 자신의 젊은 시절 모습을 한 아바타가 바깥세상에서 활동하고 돌아다닌다. 아바타 기술이 정말 발전하면 이렇게 현실 속에서는 아바타들만 돌아다니는 상황까지도 가능하지 않을까.

보통 디지털 커뮤니케이션의 특징을 CMC Computer Mediated Communication라고 이야기한다. 즉 면대면 커뮤니케이션이 아니라 컴퓨터를 매개로 하는 커뮤니케이션이라는 뜻이다. 그런데 어쩌면 앞으로는 CMC가 아니라 AMC Avatar Mediated Communication, 아바타 매개 커뮤니케이션가 등장할 수도 있겠다는 생각이 든다. 아바타를 매개로 하는 가상 공간의 커뮤니케이션이 굉장히 중요한 커뮤니케이션의 흐름이 될 수도 있지 않을까. 실제로 가상의 아바타 모델이나 아바타 걸그룹이 등장하기도 했으니, AMC의 현실도 머지않아 실현될지도 모르겠다.

그런데 또 한편으로는 자기 캐릭터를 현실과 비슷하고 정교하게 만들려는 것과는 반대로, 최대한 단순하고 재미있게 만화처럼 바꾸려고 하는 흐름도 있다. 특히 모바일 메타버스 게임에서 더욱 그런 특징이 발견된다. 이것은 아바타의 두 가지 상반된 측면인 셈이다.

왜 현실 세계의 인물과 비슷하지 않은 캐릭터 같은 모습을 취할까? 현실과 똑같은 아바타를 만들게 되면, 아바타에서 사람의 얼굴 부분이 굉장히 작은 비율로 그려질 수밖에 없기 때문이다. 사람과 사람이 대화할 때는 말뿐 아니라 표정이나 얼굴에 드러난 감정을 보는 것도 중요한데, 사람과 같은 비율로 만들어진 아바타의 얼굴로는 풍부한 감정 표현을 나누기가 어렵다. 그래서 만화처럼 이등신이나 삼등신의 캐릭터처럼 만드는 아바타가 선호되는 측면도 있는 것이다.

어떻게 보면 자신을 꼭 닮은 아바타를 만드는 것이나 얼굴 모양을 크게 만드는 것 양쪽 모두 메타버스 커뮤니케이션을 극대화하기 위한 방식으로 볼 수 있다. 그러나 과연 어떤 것이 더 효과적이며 사용자의 욕망을 더 잘 구현할 수 있는지는 지켜볼 필요가 있을 것 같다.

언젠가 도래할지도 모르는 〈써로게이트〉의 세상은 과연 좋은 세상일까? 현실과 가상 세계가 합치되는 세계는 행복한 곳일까? 아바타 매개 커뮤니케이션이 등장한다면 그것은 바람직한 변화일까? 이 대목에서 철학자 퍼트넘 Hilary Putnam 의 말을 되새겨 볼 필요가 있다. 그는 정보통신기술이 우리 생활을 더욱 개인화시킬 것이며, 인터넷의 확산으로 지구 반대편에 있는 사람들과는 더 가까운 관계를 유지할 수 있겠지만, 정작 길 건너 사는 이웃과의 유대는 더욱 약해질 것이라고 우려했다. 메타버스가 가져올 미래의 모습에는 아직 정답이 없다. 우리가 메타버스를 이야기할 때, 그곳이 즐거움을 느낄 수 있는 새로운 놀이 공간일 수도 있지만 오히려 인간성이 상실되고 소통이 단절되는 세계가 될 수도 있다는 측면도 함께 들여다봐야 하지 않을까.

4장

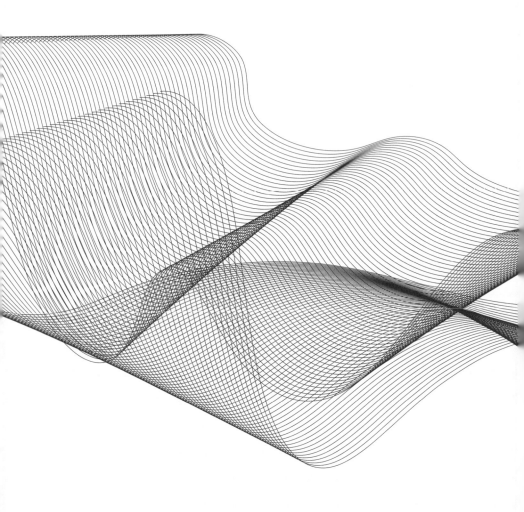

진짜 같은 가상 현실, 아바타는 진짜 나일까?:

아바타와 소통

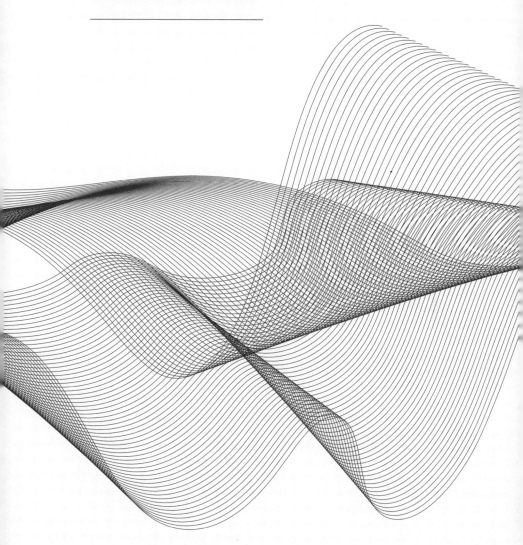

아바타로
세상과 소통하는 시대

이성희 KAIST 문화기술대학원 교수
윤상호 KAIST 문화기술대학원 교수
이정미 KAIST 문화기술대학원 교수
송지은 KAIST 문화기술대학원 교수
우운택 KAIST 문화기술대학원 교수
이은수 KAIST 문화기술대학원 교수
이원재 KAIST 문화기술대학원 교수

이은수: 아바타를 만드는 것이 마치 창세기에 인간을 만드는 과정과 비슷하다는 생각이 든다. 공학적으로 아바타에서 해결하고자 하는 과제들이 어쩌면 인간을 만들고 숨을 불어넣는 과정과 비슷한 게 아닐까. 평소에는 어떻게 연구의 단초를 얻으시는지 궁금해진다.

이성희: 나는 특히 텔레프레즌스Telepresence 연구에 집중하고 있는데, 어떻게 보면 굉장히 실용적인 문제를 계기로 시작하게 되었다. 카이스트에 오기 전에 광주에 있었는데, 많은 교수님들이 가족이 서울에 있어서 외로워하는 모습을 봤다. 그래서 퇴근했을 때 물리적으로 한 공간에 있지는 않더라도 집에 함께 있는 것처럼 있을 수 있으면 좋겠다

는 생각이 들었다. 여러 연구나 기술의 발전을 보며 그게 정말 실현 가능할 거라는 기대가 들었고, 동시에 아직 풀리지 않은 문제에 대해서 내가 할 수 있는 일도 많겠다 싶었다.

윤상호: 주로 영화에서 영감을 많이 얻는 편이다. 그리고 게임 산업에서 종종 어떤 비전을 공개하는 것을 보면, 실제로 재미있는 작업이 많겠다는 생각이 들고 어떤 힌트를 얻기도 한다.

우운택: 공학적인 관점에서 본다면 아바타는 메타버스 시대의 마우스2.0이라고 볼 수 있을 것 같다. 지금의 마우스는 움직임이 매우 단순한데 3차원 공간의 아바타는 움직임의 자유도가 매우 높은 만큼, 자유도와 자율성 사이에 트레이드오프가 되어야 더 편하게 활용할 수 있지 않을까. 아바타의 컨트롤 관점에서 어떻게 활용할 수 있을지, 오히려 인터페이스 관점에서는 힘들어지는 게 아닌지 궁금하다.

이성희: 사실 아바타를 컨트롤러의 개념으로 생각해 본 적은 없다. 다만 아바타가 점점 발전하면 결국 내가 아바타를 컨트롤하고 있다고 인식하지 않을 정도가 돼야 한다고 생각한다. 그래야 내 공간에서 다른 사람의 아바타와 집중

해서 인터랙션하고, 내 아바타는 상대방의 공간에 가서 인터랙션할 수 있을 테니까. 그래서 아바타가 스스로 내 움직임에 대한 의도를 정확하게 파악해서 전달할 수 있는 정도가 되어야 할 것이다. 그런데 실험을 해보면서 재미있었던 건 사람들이 나의 아바타가 상대방 공간에 가서 뭘 하고 있을지 궁금해한다는 것이다. 그래서 사람들에게 피드백을 주는 것이 유용성 측면에서 필요할 수도 있겠다는 생각이 들었다.

윤상호: 이에 관련해 최근 마이크로소프트사에서 나온 내용 중에, 내가 의도치 않았는데 피드백을 받게 되면 불쾌한 골짜기 Uncanny valley가 확 내려간다는 부분이 있었다. 이렇듯 사용자와 아바타의 실제 움직임이 어떻게 상호작용하는지에 대한 문제가 앞으로 아바타를 컨트롤러로써 활용할 때 매우 중요한 부분이 될 것 같다. 또 현재 컨트롤러 방식이 아닌 마우스3.0이나 4.0 개념으로 더 발전되어야 사용자가 불편 없이 컨트롤할 수 있지 않을까.

이원재: 공학적으로는 가상 공간이나 실제 세계에서 느끼는 것의 경계를 줄이는 걸 궁극적인 목표로 하고 있는 것 같다. 그런데 사회학자로서는 그 부분에 어떤 모순이 있다고 느낀다. 인간의 욕망이 투영된 결과인 가상 세계는 어떻게

보면 실제와 다르기 때문에 사람들이 기대감을 갖는 것인데, 너무나 실제와 똑같으면 오히려 사람들이 그걸 원할까. 가상 세계가 너무 행복해서 실제 세계를 버리거나, 혹은 실제 세계보다 항상 부족해서 가상 세계를 버리게 되진 않을까.

윤상호: 확실히 지금까지는 보다 사실감 있는 피드백을 줄 수 있는 쪽으로 기술이 개발되고 있고, 얼마나 실제 감촉과 똑같은지 등의 성능에 집중하고 있는 부분이 있다. 반대로 오히려 몰입감을 줄이고자 하는 쪽의 니즈가 있다면 사용성 테스트 등의 연구가 진행되어야 할 것 같다.

이성희: 모순된다고 생각하진 않는다. 결국 실제 세계든 가상 세계든 인간의 욕망에 의해 만들어지는 것이기 때문에, 사람들의 욕망과 니즈에 따라 즐기게 될 것이라고 본다. 다만 우리가 실제 세계와 최대한 비슷하게 만든 세계가 사실은 누군가 교묘하게 비틀어버린 세계라서, 우리의 인식이 왜곡되는 문제가 생길 수도 있겠다는 생각은 든다. 그리고 죽은 아이를 다시 눈앞에 되살리는 프로젝트에 대해서도 소개했는데, 이게 진짜 가능해지면 우리는 현재의 인간관계를 원할 것인지 아니면 가상에서 살아가길 원할 것인지도 생각해 볼 만한 문제일 것 같다. 혹은 지금의 배

우자가 아니라 과거의 배우자와 살아가고 싶어 하는 경우
도 생길 수 있지 않을까.

우운택: 추후에 우리가 당면할 수 있는 사회적인 문제에 대한 질
문도 드리고 싶다. 현실과 똑같은 미러 월드를 만든다면,
물리적인 세상에서 못했던 일들을 해볼 수 있게 해주는
공간이 새로 만들어지는 만큼 생각지 못한 부작용도 생길
것 같다. 아바타를 통해 커뮤니케이션할 때, 그 아바타를
통해 감각까지 느낄 수 있다면 원하지 않는 터치에 대한
문제도 생기지 않을까.

윤상호: 그런 부분은 알고리즘적으로 정량화를 할 수 있을 것
같다. 어떤 부분에 촉감을 못 느끼게 하거나 비주얼로 워
닝을 주는 식으로 제도화가 필요하지 않을까.

이성희: 보완책이 필요하겠다는 생각이 든다. 어떻게 보면 사람들
이 사진을 찍고 공유하는 것과 비슷하게 볼 수도 있겠지
만, 사진보다는 감각까지 공유하는 아바타와 나의 관계가
훨씬 밀접할 것이다. 먼 미래의 일일 수도 있겠지만, 지금
부터 시급하게 고민해야 하는 부분이기도 한 것 같다.

이은수: 한편으로는 우리가 메타버스에서 감각을 얼마나 종합적

으로 받아들이고 경험할 수 있는가에 대해 인지과학자들의 역할이 중요할 것 같다. 반대로는 이런 궁금증이 생긴다. 인지과학자들은 메타버스라는 새로운 세계를 통해 사람들의 인지를 더 폭넓게 실험하는 연구의 확장성을 얻을 수 있지 않을까. 이를 새로운 연구 기회로 보고 계신 관점이 있는지 궁금하다.

이정미: 신경과학이 메타버스의 경험을 현실감 있게 만드는 데에도 기여할 수 있지만, 반대로 전에는 시도하기 어려웠던 실험을 할 수 있는 수단이 되기도 할 것으로 본다. 예를 들어 심리학 쪽에서는 사람들이 어떤 특정한 상황을 경험하게 하고 그 경험을 통해 행동이 변하게 하는 종류의 실험을 많이 한다. 흔한 예로, 공포증을 치료할 때 노출 치료라고 해서 본인이 두려워하는 대상을 경험하게 하는 게 있다. 그런데 거미를 두려워하는 사람이 거미를 만지게 한다고 했을 때, 가상현실로 경험해도 비슷한 효과를 낸다고 한다. 실질적인 위험은 없지만 치료 효과는 실제 노출 치료만큼 잘 나온다는 것이다. 또 사람들에게 약간의 스트레스를 줘야 하는 실험의 경우에도 현실에서의 부담을 덜 수 있을 것이다. 예를 들어 사람들 앞에서 발표를 해야 하는 상황을 만들어야 할 때, 관객을 사람이 아닌 아바타로 둘 수도 있다.

🔲**이은수**: 메타버스에 대한 몰입감도 중요하지만, 한편으로 우리가 느끼는 감각이나 인지가 과하면 모자란 것보다 못할 수도 있겠다는 생각이 든다. 몰입감을 구현하면서도 인지 과부화를 느끼지 않을 만한 최적의 단계는 무엇인지, 앞으로 인지 쪽 연구자들이 가이드라인을 줄 수 있을 듯하다.

🔲**이정미**: 적절한 단계를 찾기 위해서 사람들이 많은 정보를 어떻게 처리하고 있는지 인지 상태를 감지해야 하고, 그에 따른 적응형 시스템의 개발이 필요할 것이다. 사람마다 개인차도 심하고 나이가 들어가면서 바뀌는 것도 있기 때문에, 이 사람이 지금 어려움을 느끼는지 아닌지 감지할 수 있어야 그에 맞게 자극의 정도를 조절할 수 있다. 메타버스에서 느끼는 불편감 중에서 가장 큰 것은 멀미를 느끼는 것이다. 헤드셋을 통해 실제와 다른 정보를 제공 받는데, 내 몸으로 느껴지는 다른 루트의 정보와 일치하지 않기 때문에 멀미가 생긴다. 그래서 가장 이상적으로는 더 나은 헤드셋도 필요하겠지만, 그 전에 개개인이 어느 정도의 멀미를 느끼는지 감지한다면 그에 맞는 조치를 취하는 방향으로 나아갈 수 있을 것이다.

🔲**우운택**: 메타버스는 시공간의 다양한 한계를 넘어 즐길 수 있는 공간인데, 장애인 접근성도 고민해 볼 필요가 있을 것

같다. 귀가 안 들리는 사람은 메타버스에서 어떤 방식으로 한계를 넘을 수 있을까.

이정미: 감각적으로 결여된 부분이 있을 때 메타버스를 어떻게 즐길지에 대해서 인지신경과학적으로 접근해 메꿀 수 있는 여지는 많을 것 같다. 다만 현실 세계에서 받아들일 수 없는 정보를 추가적으로 준다는 의미와는 조금 다르다. 예를 들어 시각을 가진 사람들은 뇌의 많은 부분이 시각 정보 처리에 특화되어 있는데, 선천적 시각 장애를 가진 사람들은 시각 피질에 해당하는 부분이 촉각 정보를 처리하는 데 사용된다는 연구 결과가 있다. 그래서 시각 정보를 얻지 못하는 사람에게 시각적인 정보를 준다기보다, 그걸 대체할 수 있는 다른 감각 정보를 줄 수 있는 방향을 개발할 수 있지 않을까 싶다.

이원재: 장애인의 경우 모션 인식과 연계하여 수어를 언어로 전환하는 연구가 있다면 도움이 될 것 같다. 먼 미래에는 메타버스 안에서 수어를 통해 언어로 소통하는 환경을 상상해 볼 수도 있지 않을까.

송지은: 실제로 수어를 일반 언어로 변환하는 AI 기술도 연구되고 있는 것으로 알고 있다. 궁극적으로 그런 기술들이 개발

된다면, 메타버스 공간 안에서 수어가 기술을 통해 일반 언어로 전환되어 보다 자유로운 의사소통의 기반이 마련될 것 같다. 그 외에도 여러 가지 말 장애가 있는 분들의 경우, 예를 들어 혀에 어떤 장치를 부착해서 그 사람이 하려는 말을 일반적인 스피치로 전환해 주는 기술 등 언어의 불편함을 극복할 수 있는 여러 AI 연구들이 이루어지고 있다. 기술의 의미 있고 긍정적인 기여라고 본다.

이원재: 의사소통이 소리로만 전달되는 게 아니라 표정이나 공감하는 심리적인 능력까지 동원되는 만큼, 그런 단서들을 미디어에서 구현하는 기술이 필요할 것 같다. 그렇다면 지금 우리가 현재 컴퓨터나 휴대폰으로 하고 있는 커뮤니케이션이 언어학 관점에서는 실제 연구자들이 이상적으로 측정하고 있는 정도에 도달해 있는지 궁금하다.

송지은: 대화를 인식하거나, 일반적인 문장을 구현하고 합성하는 데 있어서는 음성 인식이나 음성 합성 기술이 상당한 성능에 도달해 있다고 본다. 다만 더 자연스러운 음성을 구현하거나, 대화 맥락에서의 음성 인식, 억양의 구현 등에 있어서는 아직 더 발전이 이루어져야 할 것이다.

이원재: 사람마다 생물학적으로 음감을 파악하는 정도가 다를 수

있다고 들었다. 예를 들어 귀에 헤어셀이라는 게 있는데, 빠른 시간에 정확하게 움직이는 사람이 바로 절대 음감이라고 한다. 그럼 음성 기술이 사람이 가진 생물학적 한계를 충족시켜주면, 오히려 다른 건 고려할 필요가 없다는 관점도 있을 것 같다.

송지은: 기본적으로 난청이 없고 언어학적 지식이 완전한 경우에는, 일반적인 환경에서 언어의 이해나 발화에 있어 큰 차이가 없다. 하지만 소음 등 다양한 원인으로 비이상적인 언어를 대하게 될 때는 개인의 인지적 능력 차이가 개입하게 된다. 예를 들어 작업 기억 능력이나 주의 집중 능력 등의 인지적 능력이 개입할 수밖에 없기 때문에, 생물학적 차이까지는 아니더라도 인지적인 차이로 언어 생활에 영향을 받게 된다. 더 나아가 노년층 화자의 경우에는 인지적 능력이 많이 떨어질 수밖에 없다 보니, 다양한 언어 생활을 하는 사람들을 고려했을 때 많은 기술적 노력이 필요할 것이다.

인간은 아바타로
불멸의 존재가 될까

아바타 기술의 현재와 미래

※ 이성희 교수 ※

청장년층이라면 누구나 한 번쯤 아바타를 사용한 경험이 있을 것이다. 2000년대 초에 거의 전 국민이 사용한 싸이월드에는 나를 표현하는 미니미라는 캐릭터가 있고 나의 공간을 꾸밀 수 있었다. 물론 2D에 매우 단순한 방식이었지만 이것도 일종의 아바타였던 셈이다. 요즘 MZ 세대들은 이와 비슷하면서도 다른 서비스로 제페토를 많이 이용하고 있다. 3D 아바타로 메타버스에 접속해 자신의 아바타의 모습을 꾸미거나 아이템을 사고, 사람들과 소통하고 가상 세계의 여러 곳에 놀러가는 다양한 활동을 즐긴다. 제페토의 유저 수는 2억 명이 넘는다고 하니 점점 더 대중화되고 있는 듯하다.

제페토의 아바타는 3D이긴 해도 아직은 단순한 형태를 취하고 있다. 우리가 생각하는 아바타는 아직 캐릭터처럼 귀여운 모습이 많지만, 아바타 기술은 점점 더 고도화된 형태로 발전하고 있다. 그 예로 Spatial이라는 회사에서는 화상회의를 위해 사용자와 비슷하게 닮은 아바타를 만들어 원격으로 회의를 진행하는 시스템을 개발했다. 또 2021년 Facebook Connect에서는 사람과 매우 유사한 아바타를 생성하는 기술도 소개됐다. 이처럼 아바타 기술은 점점 더 고도화되며 자연스러워지고 있는데, 그렇다면 아바타 기술은 어떻게 발전해 왔고 또 어떤 미래에 도달하게 될까.

인간이 상상하는 아바타

메타버스라는 단어가 최초로 사용된 닐 스티븐슨Neal Stevenson의 소설 《스노 크래시》에서는 메타버스 외에도 중요한 개념이 하나 더 등장한다. 소설 속의 사람들은 바로 아바타를 통해서 메타버스에 접속한다. 메타버스에서 활동하고 교류하는 존재로서 현실의 자신을 대신하여 아바타를 사용하는 것이다.

아바타의 어원

아바타는 '온라인에서 개인을 대신하는 캐릭터'라는 뜻이다. 메타버스나 아바타의 개념은 닐 스티븐슨의 소설에서 탄생했지만, 사실 아바타의 어원은 산스크리트어에서 유래했다. 인도에서는 인간들과 소통하기 위해서 인간이 볼 수 있는 모습을 하고 이 땅에 나타나는 신의 화신분신을 아바따라avataara라고 했다고 한다. 그 화신이 말하자면 신의 아바타였던 셈이다.

Ego or Alter Ego

사람들은 아바타를 어떻게 이용하고 있을까. Ego or Alter Ego, 자신을 표현하기 위해서 사용하거나, 아니면 또 다른 존재가 되기 위해서 사용한다.

Microsoft Research에서 2016년에 공개한 데모를 보면, 어린아이가 움직이고 말하는 것을 여러 대의 카메라로 찍어서 바로 가상 아바타로 만든 다음에 어린아이의 아빠가 있는 별개의 공간에 전송한다. 그러면 아빠는 딸이 마치 자신과 같은 공간에 있는 것처럼 느끼고 대화할 수 있게 된다. 이럴 때 아바타는 사용자의 외양이나 움직임 등을 그대로 모사하여 사용자의 Ego를 표현하는 것이다.

하지만 모든 아바타가 Ego를 표현하는 것은 아니고, 자신이 아니라 자신이 되고 싶은 Alter Ego를 표현하기도 한다. 미국에 일종의 〈복면가왕〉과 같은 프로그램 〈Alter Ego〉에서는 사람이 나오지 않고 아바타로 등장해서 심사위원 앞에서 노래를 부르는 장면을 볼 수 있다. 여기에서는 여러 여건 때문에 가수가 되지 못한 출연자들이 자신의 실제 모습이 아닌 아바타로 자신을 표현하며 노래를 부르는데, 이런 것이 아바타가 Alter Ego를 표현한 예라고 할 수 있다.

아바타의 다양한 형태

그렇다면 아바타의 형태는 어떤 종류가 있을까. 사실 2009년 무렵에는 대부분의 사람이 아바타라고 하면 영화 〈아바타〉를 떠올렸을 것이다. 이 영화에서는 주인공 제이크가 외계인들과 교류하기 위해 외계인 아바타와 접속하는 내용이 나온다. 사람과 외계인 아바타의 연결이 이루어진다는 것은 공상과학에서나 있을 법한 일이지만, 생물학적 아바타를 만들어 다른 생물들과 교류할 수 있는 새로운 종류의 아바타를 등장시켰다는 점에서 놀라운 영화였다. 실제로 이런 일이 가능할 수 있을까?

① 생물학적 아바타

실제로 생물학적 아바타에 관련한 연구들도 있다. 2019년에는 카이스트 정재용 교수팀이 미국 워싱턴대 연구진들과 함께 연구하여 쥐를 대상으로 뇌의 특정 부위에 빛을 쏘이거나 약물을 주입해 마치 나의 아바타처럼 조종하는 방식을 개발했다. 이를 통해 쥐가 사람이 보내는 신호에 따라 행동하도록 만든 것인데, 생물학적 아바타의 한 예라고 할 수 있다.

② 메카트로닉 아바타

또 다른 종류인 메카트로닉 아바타는 마찬가지로 공상과학 영화에서 자주 등장한다. 영화 〈써로게이트〉를 보면, 로봇이 사람의 아바타가 되어 사람의 의지대로 움직인다. 그 덕분에 사람들은 직접 출근하지 않고 집에서 안경을 끼고 누운 채로 아바타만 내보내고, 아바타가 대신 사회에 나가 주인 대신 일상적인 활동을 할 수 있다.

이와 관련된 연구를 찾아보자면, 서울대에서 2021년에 ANA 아바타 엑스프라이즈에 출전한 기술이 있다. 사람이 움직임을 만들면 그 정보가 휴머노이드 로봇에게 전송되고, 로봇은 사람의 움직임을 그대로 따라 하는 모습을 볼 수 있어서, 일종의 메카트로닉 아바타라고 할 수 있다. 다만 현재의 기술 수준은 영화처럼 인간의 생각에 따라 자유자재로 움직이는 것이 아니라 이렇게 모션을 그대로 따라 하는 정도에 와있다.

③ 디지털 아바타

오늘날 우리가 실제로 가장 많이 활용하는 아바타는 바로 디지털 아바타일 것이다. 디지털 아바타와 메타버스의 개념을 잘 설명하는 영화가 2018년에 개봉한 〈레디 플레이어 원〉이다. 주인공은 현실에서는 돈도 없고 직업도 변변치 않지만, VR 헤드셋과 햅틱 슈트을 착용하여 메타버스에 접속하면 이곳에서는 자신이 되고 싶은 캐릭터가 되어 세상을 구하는 영웅으로 활약한다. 메타버스에서 아바타를 통해 자신의 또 다른 자아를 실현하는 모습이다.

2. 디지털 아바타를 구현하는 기술

메타버스에서 자유롭게 움직이는 디지털 아바타를 만들기 위해서는 다양한 기술들이 필요하다. 현재 외양은 물론이고 움직임까지 실감성 높은 아바타를 만들기 위한 여러 기술이 연구되고 있다.

아바타의 외양 생성

사실적인 아바타의 얼굴을 만들려면 어떻게 해야 할까. 먼저 다각형의 조합 형태로 사람의 얼굴 형상을 만들어낸다. 그리고 피부색을 재현해야 하는데, 사람의 피부색은 한 가지 색으로 이루어지는 것이 아니라 복합적이다. 빛이 어느 방향에서 비치더라도 변하지 않는 난반사 특성을 갖는 색이 피부색을 대부분 결정하지만, 유분이 많은 곳이 번들거리는 등 반사적인 특성도 있으므로 정반사 특성도 중요하다. 이렇게 색을 모델링하고 나면 법선 맵 얼굴 표면의 수직 방향을 나타내는 이미지 으로 주름과 모공을 표현한다. 이렇게 네 가지 요소를 조합함으로써 사실적인 아바타 얼굴을 만들 수 있다. 이는 굉장히 복잡한 방법들이 필요하지만, 기술의 진보로 인해 이런 아바타를 손쉽게 만들어낼 수 있는 도구도 많이 개발되고 있다.

그 하나의 예로 메타휴먼 크리에이터 Metahuman Creator 라는 툴이 있다. 언리얼 게임엔진에서 이 툴을 사용하면 누구나 쉽게 자기가 사용하고 싶은 아바타를 만들 수 있다. 버튼과 마우스 조작만으로 다양한 형상의 아바타 얼굴을 간단히 만들 수 있고, 심지어 주름의 정도까지도 표현할 수 있다. 굉장히 세밀하고 자연스러운 아바타를 누구나 손쉽게 만들 수 있게 하는 기술이다.

최근에는 사진 한 장만 있으면 아바타를 만들 수 있는 딥러닝 기반 모델 생성 기술들이 공개되고 있다. 사용자의 전신사진 한 장만 있으면 AI가 학습하여 3차원 형상의 모델을 만들어내는 것이다.

필자가 수행했던 관련 연구 중에 3D 스캔으로 만들어낸 모델로부터 움직임이 가능한 아바타를 생성하는 연구가 있다. 이를 위해 먼저 실제 사람을 정밀하게 3D 스캔해서 사람의 형상을 생성한다. 3D 스캔 모델은 정적이어서 고개를 움직이거나 옷이 흩날리는 등의 자연스러운 움직임을 생성할 수는 없다. 필자가 수행한 연구는 이러한 정적인 스캔 모델로부터 실제 의복 패턴을 추정하여, 몸동작에 따라 자연스럽게 옷도 같이 변형되는 아바타를 만드는 것이다.

가상의 옷을 재구축하기 위해, 3D 스캔 형상으로부터 피부와 옷의 경계선을 파악하고, 옷의 재봉선을 추정하여 옷의 패턴을 생성한다. 이후 패턴을 다시 조합하고 시뮬레이션 함으로써 가상의 옷을 만들어낼 수 있는데, 이를 아바타에 입힌다. 그러면 실제 사람이 움직일 때 옷이 접히거나 흩날리듯이, 이 아바타가 새로운 모션을 취할 때마다 옷의 자연스러운 변형을 만들어낼 수 있다.

아바타의 동작 생성: 사용자의 모션 인식

아바타의 외양을 만들었다면 움직임은 어떻게 생성할까. 메카트로닉 아바타처럼 사람의 움직임을 그대로 따서 적용하는 것이 가장 일차적인 동작 생성 방법이다. 사용자 모션을 잘 인식할 수만 있다면 아바타 모션 생성은 어렵지 않을 것인데, 이 경우 어떻게 사용자의 동작을 잘 인식할지가 관건이다.

이와 관련하여, 필자의 연구실은 시중의 VR 장비를 이용해 움직임을 인식하는 연구를 진행했다. 사용자들이 소비자용 VR 장비를 장착하고 허리춤에 하나의 위치 트래커를 붙이면, 머리와 양손, 허리까지 네 지점의 위치를 트래킹할 수 있는데, 이로부터 전신 자세를 추정할 수 있을지 시도했다. 사실 상체의 포즈를 추정하는 건 어렵지 않지만, 트래커가 부착되어 있지 않은 하체를 추정하는 것이 문제다. 하체에 따로 트래커를 붙이지 않은 것은, 발은 지면과 충격이 있어서 부착된 트래커가 덜렁거리는 오류가 있고, 또한 일반적인 환경에서 발은 가구에 가려지는 경우가 많으므로 정확한 신호를 제대로 받기가 쉽지 않기 때문이다. 그래서 발에 트래커가 없는 상태에서 상체 동작만으로 하체 동작을 추정해 내고 싶었다.

결론적으로 상체 포즈가 똑같다고 해도 사람이 취할 수 있는 다양한 하체 포즈가 있으므로 포즈만 가지고는 하체를 정확히 추정할 수 없다. 하지만 상체 포즈가 지난 1초 동안 어떻게 움직였는지를 관찰하면, 그에 어울리는 하체 동작을 추정하는 것은 가능했다. 실제로 걷거나 물건을 옮기는 등의 동작에 대해 실제 사람의 동작과 추정된 아바타 포즈를 비교해 봤을 때 아바타가 실제 사람의 움직임을 적절하게 따라 하는 것을 볼 수 있다.

아바타의 동작 생성: 텔레프레즌스

위와 같은 연구는 사용자 모습을 그대로 아바타에게 전송하고자 하는 것이고, 그 외에도 주목받고 있는 아바타 응용 기술 중 하나는 텔레프레즌스다. 영화 〈킹스맨〉을 보면 쉽게 이해할 만한 장면이 나온다. 넓은 회의실에 두 사람만 자리에 앉아있는데, 사용자가 특수 안경을 끼면 전 세계 각지에 떨어져 있는 사람들이 모두 회의실에 앉아있는 것처럼 보이고 원격 회의를 진행한다.

이런 기술을 구현하기 위해서는 보다 고차원적인 아바타 생성 연구가 필요하며, 고려해야 할 다양한 부분들이 있다. 예를 들어 어떤 사람이 자신의 거실 소파에 편하게 앉아 원격 회의에 참여한다고 생각해 보자. 이 사람의 포즈가 똑같이 인식되어 회의실에 나타난다면, 그 회의실의 가구에는 이 사람의 포즈가 맞지 않을 것이다. 공간의 크기도 다르고 가구의 배치나 형상도 다르기 때문이다. 따라서 사람의 모션이 공간에 적절한 형태로 바뀌게끔 변형해 줄 필요가 있다. 이처럼 사용자 행동을 그대로 따라 하는 것보다는, 사용자 행동을 다른 환경에서 적절하게 재연하는 것이 좀 더 고차원적인 아바타 행동 기술이다.

① 사용자의 행동을 다른 환경에서 재현하기: 가구

※ 그림 5 ※ 의자에 대한 사용자의 동작을 소파에서 재현하는 아바타

이와 관련된 연구로서, 필자의 연구실에서는 어떤 의자에 대해 취하는 사람의 행동이 지닌 의미를 다른 형상의 의자에 대해 보존하

도록 아바타의 행동을 생성하는 연구를 수행한 바 있다. [그림 5]는 실험 결과를 보여주는데, 사람이 의자에 앉는 행동을 했을 때 별도의 환경에 다르게 생긴 소파가 놓여있어도 아바타가 그 소파에 똑같이 앉는다든가, 사람이 의자의 특정 부위를 만지면 아바타도 소파에서 대강 대응되는 지점을 접촉하는 모습을 볼 수 있다. 이처럼 아바타가 자신이 위치한 환경에서 사용자의 행동을 재연하는 것은 계속 연구해야 할 중요한 주제이다. 위에서 보인 것처럼 가구 규모의 텔레프레즌스가 아니라, 좀 더 범위를 확장한다면 또 다른 해결해야 할 문제들이 생긴다.

② 사용자의 행동을 다른 환경에서 재현하기: 실내 환경

예를 들어, 내가 내 아바타를 원격으로 친구 방에 보내고, 마찬가지로 친구가 자신의 아바타를 내 방으로 보낸다고 생각해 보자. 이 두 공간의 크기나 가구 배치 등 실내 환경은 당연히 다를 것이다. 이런 상황에서 아바타는 어느 위치로 배치되어야 할까?

내 아바타가 상대방의 공간에서 어디에 위치해야 하느냐의 문제는, 결국 내 공간에서의 내 위치가 어떤 의미를 갖는지 파악하고 이를 다른 공간에 전달하는 것을 의미한다. 즉, 어느 공간에서 사람의 위치가 어떤 의미인지를 먼저 생각해 봐야 할 것이다. 이에 관한 중요한 요소로서 네 가지 정도 꼽아볼 수 있을 것 같다.

첫 번째는 나와 다른 사람또는 타인의 아바타과의 공간 관계다. 내가 내 방을 방문한 친구의 아바타와 대화할 때, 예를 들어 마주 보고 앉아있다면, 내 아바타도 친구의 방에서 친구와 마주 보고 앉아있게 하는 것이 자연스러울 것이다. 이처럼 나와 친구의 아바타, 내 아바타와 친구의 공간 관계를 유지하는 것이 하나의 요소다. 두 번째는 포즈다. 나의 포즈와 아바타의 포즈가 다르면 다를수록 행동이 갖는 의미 전달이 약해질 수 있다. 내가 앉아있다면 아바타도 상대방 공간에 어딘가 앉아있는 게 좋을 것이다. 세 번째로 무엇을 보고 있는지도 중요한 의미를 갖는다. 내가 무언가에 주의를 기울이고 있다면 나의 아바타도 상대방 공간에서 비슷한 물체나 대상을 보고 있어야 나의 행동의 의미가 전달될 수 있다. 마지막으로는 주변 물체나 공간의 용도가 갖는 공간 특성이다. 내가 부엌에서 요리하고 있다면 아바타도 부엌에 가있는 게 좋을 것이고, 거실에서 티비를 보고 있다면 아바타도 거실에 있는 식으로 주변 가구에 따른 공간의 특성을 유지하는 것이 필요하다.

　문제는 양쪽 공간이 달라서 이러한 요소들이 모두 완벽하게 만족되기는 어렵다는 것이다. 따라서 중요한 요소만 유지하고 나머지는 포기할 수밖에 없다. 어떤 요소가 중요한지 덜 중요한지는 사람들의 마음속에 정답이 있으므로, 이를 알기 위해서 여러 사람을 모아 선호도 조사를 해보았다. A 공간과 B 공간을 준비해서 B 공간에 있는 사람이 자신의 아바타를 A 공간의 적절한 위치에 배치하게 한 것이다. 그러면 사람들은 자신이 어디에 앉아있고 무엇을 보고 있는지 등을 고려해 아바타를 배치한다. 이렇게 사람들이 선호하는 아바타 위치에 대한 데이터를 모으고, 그걸 데이터로 하여 딥러닝으로 사람의 선호도를 학습시켰다.

이렇게 딥러닝 학습이 이루어지면 새로운 공간에서도 인공지능이 사람 위치와 대응되는 곳에 아바타를 배치하게 된다. 그리고 각각 다른 장소에 있어도 아바타가 사람에게 대응되는 행동을 할 수 있다. 내 아바타가 친구의 방에 가고, 친구의 아바타가 내 방에 왔을 때 서로 바라본다든가 소파나 테이블 의자에 앉는다든가 하는 행동을 각각의 공간에 맞게 하는 것이다.

③ 사용자의 행동을 다른 환경에서 재현하기: 제스처

아바타가 적절히 배치만 된다고 해서 두 사람이 상호작용할 수 있는 것은 아니다. 특히 사람은 대화할 때 말만 하는 것이 아니라 많은 제스처를 취하는데, 그 의미가 제대로 전달되는 것도 중요하다.

그런데 두 사람의 공간 관계가 다를 때는 제스처의 의미도 달라질 수 있다. 예를 들어 소파와 TV가 다르게 배치된 두 개의 공간이라면, 사용자가 TV를 가리키는 행동을 아바타가 똑같이 취할 때 TV가 아닌 전혀 엉뚱한 것을 가리키게 될 것이다. 그래서 제스처를 따라 하는 데 그치는 것이 아니라 그 제스처의 의미를 파악해서 재현할 수 있어야 한다. 실제로도 공간 구성이 다른 두 회의실에서 사람이 어떤 물체를 가리킬 때, 다른 회의실에 있던 아바타가 같은 의미의 제스처를 창발적으로 취하게 하는 실험을 진행한 바도 있다.

요약하자면 아바타는 사람 행동을 그대로 본떠서 하는 게 중요할 때도 있지만, 그보다 더 많은 경우에 사람의 행동 의미를 인식해서 아바타가 처한 상황에 맞춰 변형하여 적용할 수 있어야 한다.

3. 영생을 살게 되는 아바타

아바타는 사람을 대신해 먼 공간을 가거나 가상 공간에 들어가, 그곳의 사람들과 교류하고 다른 세계를 경험하는 매개체라고 할 수 있다. 따라서 그것이 자연스럽고 원활한 방식으로 이루어지도록 하는 게 아바타 관련 기술의 미래 목표가 될 것이다.

아바타가 사람을 표현할 때 특히 중요한 부분을 다시 정리해 보자면, 외양적 측면에 있어서는 불쾌한 골짜기를 초월하는 수준의 아바타 외양이 되어야 한다. 아바타나 로봇이 사람과 비슷하면 비슷할수록 사람들이 그 대상에 대해 오히려 혐오감이 커지는 현상을 불쾌한 골짜기라고 하는데, 우리가 아바타로 거부감 없이 소통하기 위해서는 이 지점을 뛰어넘어야 한다.

그리고 움직임 면에서도, 사용자 의도를 인식하고 아바타가 처한 공간에 행동으로 재현할 수 있는 지능적인 행동 생성이 되어야한다. 또한 아바타가 그 공간에서 느끼는 것을 사람도 그대로 느낄 수 있도록, 오감의 전달이 잘 이루어져야 할 것이다. 가상 세계의 시각, 청각, 촉각, 후각, 미각적 정보가 사용자에게 투명하게 전달될수록 사람들은 더 몰입감을 느끼고 그 세계를 즐길 수 있게 된다. 현재 기술이나 청각 분야는 어느 정도 충족되고 있지만, 나머지 감각에 대해서도 계속해서 연구가 필요하다.

아바타는 결국 디지털로 표현된 자기 자신, Digital Ego라고 할 수 있다. 현재 기술의 초점은 주로 겉으로 드러나는 외양이나 움직임에 초점이 맞춰져 있지만, 조금 더 먼 미래를 생각해 보면 사람을 사람답게 만드는 것은 결국 정신이다. 그래서 앞으로는 디지털 아바타의 마인드까지 모델링할 수 있을지도 생각해 볼 만한 문제다. 그 사람의 성품, 기억, 지식, 감성, 가치관, 인간관계 같은 걸 아바타가 그대로 갖게 할 수 있을까? 이렇게 만약 우리가 디지털로 외양과 움직임뿐 아니라 정신까지 모델링할 수 있다면 그야말로 디지털화된 자기 자신을 만들어내게 되는 것이나 마찬가지인 셈이다.

MBC에서 방영한 〈너를 만났다〉라는 프로그램에는, 어린 딸을 잃고 그리워하는 엄마 앞에 딸을 아바타로 재현하여 가상으로 만날 수 있게 하는 장면이 나왔다. 딸과 똑같이 닮은 아바타를 보고 눈물 흘리며 반가워하는 엄마의 모습을 볼 수 있었다. 만약 정신까지 그대로 보존하는 아바타를 만들 수 있다면, 어떤 사람을 디지털로 영구히 보존하는 일종의 디지털 영생을 이룬다고 볼 수 있다. 이를 통해 세상을 떠난 가족을 만나거나, 또는 과거 어느 시절의 자기 자신으로 돌아갈 수도 있을 것이다. 어떤 사람의 정신까지 재현하는 것은 아바타 기술의 가장 끝에 있는 목표가 될 것이다.

애초에 아바타의 기원은 불멸의 존재인 신이 사람과 소통하기 위해 사람의 형상을 하고 나타난 것이었는데, 이제는 유한한 존재인 인간이 아바타를 통해 불멸의 존재가 될 가능성을 그리고 있다. 아이러니하지만 이것이 어쩌면 아바타가 갖는 궁극의 미래가 아닐까 싶다.

메타버스에서
악수하기

메타버스에서의 인터랙션

※ 윤상호 교수 ※

메타버스의 사전적 정의는 '현실 세계와 같이 사회, 경제, 문화 활동이 이루어지는 3차원 가상 세계'이다. 그렇다면 이 3차원 가상 세계에서 사람과 사람이 만나 악수하는 것은 가능할까? 메타버스에서 악수를 한다는 건 가상 세계와 AR, VR, MR, XR 등 다양한 플랫폼에서 인터랙션이 이루어진다는 것이다. 이를 살펴보기 위해 메타버스에서 현재 우리는 어떻게 인터랙션하고 있으며, 또 인터랙션을 지원하는 기술의 발전 정도와 향후 연구 방향은 어디로 나아가야 할지 다뤄보고자 한다.

사실 '가상 세계에서 악수하기'라는 주제는 내가 마이크로소프트 연구소 재직 당시 참여하였던 연구 과제에서 떠올린 주제이다. 당시 나는 인간-컴퓨터 상호작용 관련 연구를 진행하면서 두 가지 목표를 가지고 있었다. 첫 번째는 가상 공간에서의 궁극적인 인터랙선을 정의하는 것이고, 두 번째는 이걸 나타낼 수 있는 가장 간단한 행위 혹은 시나리오를 제안하는 것이었다.

생각해 보면 기존에도 가상 플랫폼과 사람이 인터랙션하는 부분은 다양하게 존재해 왔다. 기존 2D 미디어 게임뿐 아니라 홀로렌즈나 VR 게임 기기에서도 컨트롤러를 사용해 인터랙션을 수행한다. 그렇다면 결국 가상 세계에 들어간 사용자들이 사람과 사람으로서 현실 세계와 같이 만나는 것이 궁극적인 인터랙션이 아닐까. 그래서 간단한 '악수하기'라는 행위를 생각했는데, 살펴보니 악수를 하기 위한 기술과 연구 분야가 굉장히 광범위했다. 기술적으로는 디스플레이, 센서, 피드백 등이 필요하며, 기술을 활용하기 위해서는 정신물리학Psychophysics, 제어 설계, 인터랙션 디자인까지 다양한 분야의 융합이 필요하다. 메타버스 환경 안에서 악수하라는 행위는 우리가 느끼기에는 평범하고 단순한 동작일지 몰라도, 실질적으로 메타버스 인터페이스 내에서 구현할 수 있는 인터랙션 기술의 총집합이라고도 할 수 있을 것 같다.

메타버스에서의 촉각 인터랙션

가상 세계에서의 시각과 청각에 대해서는 이미 많은 연구가 이루어지고 있는데, 굳이 촉각이나 다른 감각의 구현이 필요한지 궁금해하는 사람들이 많다.

최근 방영된 드라마에서, 부모님이 죽은 아이를 그리워하여 인공지능 아바타로 재창조된 아이의 모습과 대화하는 장면이 나왔다.

인공지능 아바타의 경우 드라마 연출상 가공된 부분도 있지만, 최근의 시청각 기술 발전 속도로 보면 충분히 구현 가능한 기술이다. 하지만 아이의 엄마가 눈앞에 살아난 것 같은 인공지능 아바타를 끌어안으려는 순간 아이가 손에 만져지지 않는 것을 느끼게 되고, 순간 허탈한 표정을 짓는다. 아이의 엄마는 이 순간 가상으로 만들어진 세계에 대한 몰입감이 사라지고, 가상과 현실의 경계를 인지한 것이다. 즉 시각이나 청각과 더불어 촉각 또한 가상과 현실을 구분하는 중요한 지표 중 하나라고 할 수 있으며, 촉각의 부재만으로도 가상 세계에 대한 사용자의 몰입감은 쉽게 떨어질 수 있다. 이와 같이 촉각은 일상생활에 다양하게 녹아있으며, 사람들은 오감을 만족시킬 수 있는 활동을 선호한다. 예를 들어 아직도 아이들은 영상 게임 외에 직접 만질 수 있는 장난감을 가지고 놀고, 편리한 전자책이 있어도 종이책을 선호하는 사람들이 있으며, 직접 몸을 움직여 캠핑을 떠나기도 한다. 시각과 청각만으로는 그것에 대한 욕구를 다 채울 수 없기 때문이다.

이 외에도 공존감을 높이기 위한 Social VR 인터랙션 연구가 진행되기도 했다. 2016년에는 당시 구글의 DayDream Lab에서 공존감을 높이기 위한 시연으로서 VR 환경에서의 하이파이브를 보여주었다. 이처럼 최근 VR, AR 환경에서 사람들이 TV 미디어처럼 일방향이 아니라 양방향으로 소통할 수 있는 부분의 연구가 많이 진행되고 있다.

과거 인터랙션을 위한 시도

기사를 찾아보면 20년 전에 이미 미국과 영국의 과학자들이 인터넷 악수를 성공했다는 내용이 나온다. 다만 이때의 인터넷 악수는 현재의 악수와는 결이 좀 다르다. 당시에는 사용자와 사용자의 촉각적 인터랙션이 아니라, 인터넷 연결의 저지연 및 고성능을 보여주기 위한 프로젝트였다. 그래서 대서양을 건너 처음으로 촉각을 사이버상에서 연결했고, 영국과 미국에서 상대방과 밀고 당기는 접촉 감각을 느낄 수 있었다. 그러나 당시의 주안점은 피드백의 품질보다는 촉각을 지원할 정도의 빠른 통신 속도였다.

그럼 20년이 지난 지금, 우리는 초 저지연 인터넷을 활용하여 완벽한 촉각 인터랙션을 진행하고 있는가 하면 아직 그렇지 않다. 가장 큰 이유는 이 시나리오를 지원할 수 있는 기기가 없었기 때문이다. 미국과 영국의 인터넷 악수 프로젝트 당시가 2000년대 초반이었는데, 그 당시의 기기 형태Form Factor는 PDA나 데스크탑 PC 정도로 부피가 있으며, 실제로 해당 연구도 데스크탑 PC에서 진행됐다. 빠른 무선 통신 대비 적절한 형태의 하드웨어가 없었기 때문이다. 그 결과 관련 콘텐츠를 제공할 수 없게 되고, 당연히 관련 애플리케이션 기술 개발도 어려웠다. 하지만 최근 들어 작은 형태의 AR 글래스 및 VR HMD가 출시되기 시작하는 단계다. 이제는 하드웨어부터 시작해 하드웨어를 기반으로 한 콘텐츠도 만들어질 것이며, 이를 활용한 여러 애플리케이션의 개발을 기대할 수 있을 것으로 본다.

퀄컴사에서는 XR Augmented reality 전용 실리콘 칩을 처음 만들면서 자사의 AR 비전을 나타내는 발표에서 현재-가까운 미래-먼 미래에 대응하는 VR→AR→XR 변화 예상도를 발표했다. 우리의 기술은 '가까운 미래'의 단계쯤에 와있다고 생각된다. 이 단계에서 강조되는 것은 'Better Sense of Presence', 존재감을 높여주는 부분과 'Access-on-the-go', AR 기기가 항상 휴대 가능할 것이라는 부분이다.

그리고 궁극적으로 '먼 미래'에 대한 힌트도 찾아볼 수 있다. AR 디바이스 자체가 매우 사실적이며, 심지어 AR 디바이스를 사용하는 것 자체를 인지하지 못하는 단계까지 갈 것이라는 예측이 아마 앞으로 다가올 미래 모습일 것이다.

다시 20년 전과 지금을 비교해 보면, 당시에는 인터랙션에 사용할 수 있는 각 요소별 기술이나 기기가 아직 미성숙하였다. 인터랙션에 필요한 기술은 크게 디스플레이, 감지Sensing, 피드백Haptic Feedback 분야로 나누어 비교해 볼 수 있다.

20년 전의 디스플레이 기기는 우리가 자유롭게 쓸 수 없을 만큼 크기가 컸으며, 입력 장치의 시초라 할 수 있는 당시의 닌텐도 글러브도 간편하게 사용하기엔 어려운 부분이 있었다. 또한 피드백 부분에서도, 여러 개의 모터를 활용하는 시도가 있었지만 실용화되기 어려웠다. 모터가 사용자 손 주변에 있으면 혹시 모를 위험성이 있고, 또 모터 같은 복잡한 부품을 웨어러블 기기에 사용하면 잦은 고장이 나거나 수리의 용이성이 떨어질 수 있기 때문이다.

현재는 각 요소별로 많은 변화가 이루어지고 있다. 디스플레이 기기는 안경 형태의 구현이 멀지 않은 시기에 가능할 것으로 예상되며, 감지 기술을 활용한 손 동작 추적 기술은 2019~2020년에 메타사 등에서 이미 실제 제품에 적용하고 있다. 가장 발전이 느린 기술은 피드백 부분인데, 아직까지 사이즈가 큰 하드웨어에서 벗어나지 못하고 있어, 다양한 연구자들이 얇은 센서를 제작하고 구현하는 방법을 연구하고 있다.

2. 인터랙션 구현을 위한 기술의 발전

인터렉션 기술의 발전 현황

현재 인터랙션 기술들을 구현하기 위해 하드웨어나 소프트웨어에서 각각의 분야가 어느 정도까지 발전해 왔는지 살펴보자.

① 디스플레이/Computing 기기

먼저 하드웨어 중에서 디스플레이는 최근 몇 년 동안 많은 발전이 있었다. 영상을 출력하는 일종의 작은 프로젝터라고 할 수 있는 디스플레이 엔진의 사이즈가 굉장히 많이 줄어들었으며, 상이 맺히는 웨이브 가이드도 두꺼웠던 예전과 달리 이제 1.5mm 이하의 얇은 두께로 구현이 가능하게 되었다. 그만큼 작은 형태로서의 하드웨어 구현의 가능성이 매우 높아졌다고 볼 수 있다. 그리고 퀄컴사에서 출시된 XR2라는 AP는 크기도 작지만 더 중요한 것은 저전력이라는 점이다. 예를 들어 현재 핸드폰의 배터리가 약 3000mA 정도의 전력을 쓰고 있는데, 현재 AR이나 VR 같은 기기가 100g 이하의 안경 정도의 형태를 유지하려면 배터리가 아무리 커도 약 200mA 이상이 되기는 어렵다. 따라서 저전력의 하드웨어가 필수적이다. 소형 AP 및 하드웨어 부품이 점차 개발되면서, 안경형 디바이스와 같이 매일 착용할 수 있는 기기의 형태에 구현이 가능해지고 있다.

② 센서 기술

감지 영역에서 꼽을 수 있는 기술 중에는 먼저 굽힘 센서Bend Sensor가 있다. 주로 웨어러블이나 착용형 기기에 많이 사용되는데, 예전에는 이 센서가 완전히 부드럽다고 하긴 어려웠다. 실제로 부드러운 고무 재질로 만들어진 것이 아니라 플라스틱 같은 재질이 꺾이는 정도를 측정하였다. 이와 같은 이유로 굽힘의 강도를 정확하게 측정할 수 없었는데, 최근 신소재를 활용한 연구가 활발해지면서 부드러운 재질의 고정확 센서들이 많이 개발되었다. 기존 3D 카메라는 모듈 자체가 엄청나게 컸지만, 최근 훨씬 크기가 작아지고 소모 전력도 줄어들어서, 우리가 쓰는 스마트폰이나 향후 AR, VR 기기에도 충분히 적용될 수 있을 것으로 예상된다.

③ 피드백

진동자 모터는 예전 PDA 시절부터 많이 사용되면서 점점 소형화되어 왔다. 렌더링 관련하여서도 예전에는 x축이나 y축 한쪽으로

만 움직였다면, 최근에는 닌텐도 스위치에 x축과 y축으로 모두 진동이 가능한 모듈이 적용되며 보다 고품질의 피드백이 가능해졌다. 또한, 고무 재질의 소프트 센서로 미세 전류를 흘려서 촉각을 주거나, 사용자가 가상 세계에서 물체를 잡으려고 할 때 액추에이터의 브레이크 기능을 통하여 역감을 제공할 수 있는 모듈 등도 연구가 진행되고 있다.

④ UI/UX

디스플레이나 감지, 피드백 기술이 개발된다고 하여도 다음 단계에서 이것을 어디에 어떻게 적용하며, 또한 왜 적용해야 하는가 고민하는 부분 역시 중요하다. 그래서 UI, UX 분야에서도 소프트웨어 관련한 연구가 이루어지고 있는데, 핵심은 애플리케이션에 어떤 요소들이 필요하며 그것을 구현하기 위해 어떤 파라미터Parameter를 정해야 하는지의 문제다. 최근 마이크로소프트사의 MRTK, 애플사의 ARKit, 메타사의 Presence Platform 등 각 기업에서 서로 다른 인터랙션 엔진을 제안하고 연구를 진행해 나가고 있다.

⑤ APP

모든 기업이나 연구소에서 상시 실용성이 높은 다양한 어플리케이션을 찾고 있다. 이렇게 높은 감지 성능과 피드백의 기술이 생겼을 때 이것을 어떻게 사용할 수 있을까? 최근 애플에서는 아이패드를 발표하면서 가상으로 가구 배치를 하는 것을 보여주기도 하였으며, 토요타에서는 디지털 트윈의 환경에서 트럭을 수리할 때 엔지니어가 어느 공간까지 팔을 뻗을 수 있는지를 실제 트럭 없이도 훈련하는 등 다양한 사례가 제시되고 있다.

인터랙션을 위한 기업들의 노력

최근 인터랙션 연구에서 가장 주목받는 회사라고 할 수 있는 메타는 'Oculus Connect'라는 연례행사를 하고 있다. 이때 발표하는 내용을 보면 메타라는 회사 안에서 인터랙션 연구가 어떻게 진행되고 또 어떤 인터랙션이 향후 주요 기능이 될 것인지 짐작할 수 있는데, 인터랙션 관련 유의미한 내용은 2015년부터 발표되기 시작하였다.

Oculus Connect in 2015		
DRIVING THE PERCEPTUAL SYSTEM	SENSING & RECONSTRUCTING REALITY	INTERACTION

'Oculus Connect in 2015'에서 발표된 내용은 당시 세 가지로, Driving the Perceptual System, Sensing & Reconstructing Reality, Interaction 항목이었다. 즉 디스플레이, 감지나 컨트롤러, 햅틱 피드백 등으로 구분했지만 당시엔 세 가지 항목을 상세히 나누지는 않았고, 구체적으로 어떤 부분을 연구해야 할지 정의해 가는 시기였던 것으로 보인다.

Oculus Connect in 2018			
OPTICS & DISPLAYS	GRAPHICS	EYE TRACKING	AUDIO
INTERACTION		ERGONOMICS	COMPUTER VISION

그런데 2018년, 3년 뒤에 발표한 내용을 보면 내용이 많이 업데이트되었다. 기존에 디스플레이로 다루던 부분을 Optics & Displays로 변경하며, 광학 쪽에 집중하겠다는 모습을 보여주었고, 기존에는 없던 기술 항목인 'Eye Tracking'과 'Audio'의 항목도 등장하였다.

Oculus Connect in 2020				
HAND TRACKING	EYE TRACKING	PHYSICALLY CORRECT HUMAN SIMULATION	AVATARS	WORLD CONTEXT
GRAPHICS	OPTICS & DISPLAYS	HAPTICS	AUDIO	ERGONOMICS

2020년에는 Interaction이 사라지고 정의가 더 상세해지면서 Hand Tracking이 등장하였으며, Avatars와 Physically Correct Human Simulation 부분이 상세히 기술되었다. 또 유의미한 부분은 Haptics과 World Context 기술이 추가된 것이다. 햅틱은 2018년 페이스북에서 발표할 때 보수적으로 예상하면 10년 정도의 연구가 필요할 거라고 언급하였는데, 2020년에 햅틱 항목을 주요 기술로 발표

했다는 것은 10년보다는 더 근시일 내로 유의미한 결과를 기대해 볼 만한 부분일 것 같다. World Context의 개념이 등장한 부분도 Eye Tracking이나 Gesture 등 센서 기술에 있어서 이전보다 확신이 있고 이를 활용할 수 있다는 뜻으로 해석할 수 있다.

AR/VR 기기 형태의 변화

최근 메타로 사명을 바꾼 페이스북에서는 CTO가 영화 〈레디 플레이어 원〉을 연상시키는 고글 형태의 폼팩터를 착용한 사진을 공개하기도 하였는데, 기존의 고글 형태 기기에 비해 사이즈가 상당히 줄어든 모습을 확인할 수 있었다. 사실 VR 기기는 1960년대부터 존재했으며, 1995년도 닌텐도 Virtual Boy를 시작으로 사용자 제품으로 출시되었다. 세대가 바뀌면서 기기의 형태는 점점 소형화가 진행되고 있으며, 최근 초소형/초저전력 AP 및 센서 등의 등장으로 인하여 그 기기 소형화의 속도도 가속화되고 있는 상황이다. 지금의 예측으로는 2025년 전후로 우리가 현재 사용 중인 선글라스 정도의 가벼운 형태의 VR/AR 기기를 사용할 수 있게 되지 않을까 기대해 볼 만하다.

3. 메타버스 인터랙션의 주요 기술

다양한 인터랙션 기술의 발달은 메타버스에서의 인터랙션을 어떤 형태로 구현할 수 있을까? 메타버스 시나리오나 애플리케이션마다 요구 성능이나 기대 사항이 다르기 때문에 감지 기술이나 피드백 기술도 다양하게 개발되고 있다. 이러한 기술의 발전은 메타버스에서의 현실감과 몰입도를 상당 부분 끌어올리는 역할을 할 수 있을 것으로 보인다. 2021년 한국전자통신연구원 ETRI 에서 발표된 텔레햅틱 연구는 감지나 피드백 기술의 발전이 이루어낼 수 있는 궁극적인 단계로써 사람과 사람이 만나거나 원격으로 촉감 등의 정보를 실시간으로 전달하는 모습을 제시하기도 했다.

메타버스에서의 센서 기술

센서 기술에서 광학 관련한 쪽으로 다양한 카메라나 하드웨어를 쓰는 방식이 존재하며, 웨어러블의 경우도 워낙 다양한 연구가 많아 현재 센서 활용 종류나 구성의 기준은 없다고 봐도 무방하다.

① 광학 기반 컴퓨터 비전

센서 기술을 보다 디테일하게 살펴보면, 광학 기반 관련하여 컴퓨터 비전 기술과 카메라 하드웨어가 주로 활용되며, 스테레오 방식과 구조광, Time-of-Flight 비행시간 측정 의 세 가지 방식이 많이 쓰이고 있다. 그렇지만 공학적인 부분보다도 사실 카메라와 관련된 사회적인 이슈의 문제가 더 크다. 예를 들어 10년 전 구글 글래스가 실패한 가장 큰 이유도 바로 카메라 사용으로 인한 개인정보보호 침해 문제 때문이다. 어떻게 사용자의 사생활을 보호하면서 카메라를 활용할 수 있을지가 중요한데, 최근 시도되는 부분은 두 가지 정도가 있다. 첫째는 RGB 정보가 없는 센서 애플사의 LiDAR 및 타사 ToF 모듈 를 활용하여 데이터 기반으로 서비스를 제공하는 것, 둘째는 사용자가 카메라를 사용하는 순간을 상시 주변 사람들이 인지할 수 있도록 만드는 것이다. 카메라가 켜져있을 때는 항상 LED가 켜지는 등의 방식이 있다. 하지만 이것을 간단히 테이프로 막을 수도 있기 때문에 최근 AR 카메라 모듈 특허를 살펴보면 LED를 가릴 시 카메라도 꺼지도록 설계하는 등 다양한 노력이 이루어지고 있다. AR과 VR 분야에서는 개인정보보호 문제에도 광학 기술은 필수 기술을 구현하기 위하여 계속 활용될 것으로 예측된다.

② 굳힘, 누름, 관성을 활용한 물리적 센싱

광학 센서가 있는데 굳이 물리적 센서를 왜 활용해야 하느냐고 생각할 수 있지만, 광학 센서가 작동하기 어려운 상황들이 있다. 예를 들어 가구가 가리고 있으면 발이 안 보인다든가, 카메라 영역을 벗어나면 인터랙션이 끊기게 될 수 있다. 대체로 사람들은 인터랙션이 잘 안 되는 부분도 좋아하지 않지만, 인터랙션 자체가 끊기는 Disconnect 부분을 더욱 선호하지 않는다. 이런 경우 물리적 센싱이 대안이 될 수 있다. 물리적 센싱은 어떤 순간에도 상시 정보를 전달할 수 있기 때문이다.

③ 근전도 기반 손목형 컨트롤러

물리적 센서에도 한계가 있다. 예를 들어 압력을 감지할 수 있는 장갑을 끼고 있을 때 내가 일부러 누르지 않아도 어딘가에 부딪처 센서 값이 감지될 수도 있을 것이다. 그러면 원하지 않는 인터랙션이 이루어지기 때문에, 이런 부분을 보완하기 위하여 생체 신호를 이용하는 등의 노력이 진행되고 있다. 그 예로 메타사에서 최근에 발표한 근전도EMG 기반 손목형 컨트롤러는 센서에서 감지하는 근전도 신호를 이용하여 현재의 손 모양을 재현할 수 있다. 또한, 이를 통하여 키보드를 타이핑하는 등의 행동도 감지가 가능해졌다.

④ 뇌파 기반 VR 컨트롤러

뇌파를 기반으로 하는 컨트롤러 연구도 진행되고 있지만, 매우 초기 단계로 아직 실제 제품에 활용되고 있지는 않다.

⑤ 멀티모달 생체 신호

그 외에도 한 가지 생체 신호가 아니라 여러 신호를 복합적으로 활용한 연구도 진행되고 있다. 내가 참여했던 마이크로소프트사에서 발표한 연구에서는 EEG, ECG, EMG 세 개의 생체 신호를 사용하여 사용자의 스트레스 레벨을 상시 측정하는 서비스를 개발하기 위한 멀티모달 생체신호감지 연구를 진행하기도 했다.

메타버스에서의 피드백

피드백의 경우는 기기 개발 자체의 어려움도 있지만, 공학적으로만 풀 수 없는 부분에 대한 어려움도 있다. 같은 크기의 진동이라도 사람마다 느끼는 정도가 다르고, 또 신체 부위마다 느끼는 정도도 다르기 때문에 앞으로 꾸준한 연구가 필요한 분야로 생각된다.

① Vibrotactile

피드백 방식은 크게 Vibrotactile과 Electrotactile로 나뉜다.
Vibrotactile은 이미 오랫동안 연구가 진행되어 왔는데, 햅틱 수트 같
은 형태로 다양한 햅틱 렌더링을 하는 알고리즘도 같이 활용되고 있
는 추세다.

② Electrotactile

초박형 전기 자극형 햅틱 방식으로, 일종의 전기 마사지 패치
와 유사한 촉각을 제공하며, 관련하여 다양한 연구가 진행되고
있다.

③ 역감 Force feedback

역감을 주기 위한 Force feedback 관련하여서도 다양한 기법
들이 활용된다. 얇은 메탈 플레이트 두 개를 맞대는 방식의 정전기
브레이크 Electrostatic Clutch 는 강한 전기를 통하면 순간적으로 두 면이
밀착하는 원리를 이용하여 브레이크를 만드는데, 얇은 크기로 장갑
형태의 웨어러블 기기로 구현이 가능하다.

④ **Multisensory feedback**

단순 진동이 아닌 고품질의 햅틱을 제공하기 위하여 개발한 다양한 하드웨어 방식이다. 햅트엑스HaptX사와 메타사에서도 이러한 방식의 하드웨어 기기를 선보였는데, 예를 들어 햅트엑스에서 만든 기기는 공압을 활용해서 실리콘 패치에 공기를 주입하여, 고품질의 햅틱 질감을 느끼게 해주는 것이다.

하지만 감지 기술에 비해 이러한 피드백 기술은 두 가지 부분에서 연구가 더 필요한데, 첫 번째는 고품질이 가능해졌지만 아직도 사용자가 너무 큰 기기를 활용해야 한다는 것이다. 공압 모터 사용으로 인하여 소음도 굉장히 크기 때문에, 아직 상용화하기엔 어려움이 있다. 두 번째는 고전압을 활용하는 경우에 안전상의 이슈가 있다는 점이다. 이런 부분을 앞으로 해결해야 한 단계 발전된 피드백 기술을 사용자에게 제공할 수 있을 것이다.

감지 기술과 피드백의 결합

최근에 내가 진행했던 연구 중 하나는, 이러한 센서와 햅틱을 따로 활용하는 게 아니라 같은 기기에 구현하는 것이었다. 이를 위해 작은 형태의 소프트 기기에서 센서 기능과 햅틱 기능이 같이 구현되도록 개발한 것이 HapSense 연구이다. 예를 들어 사용자가 손동작을 통하여 탭을 수행했을 시 실제로 작동했는지 여부를 눈이나 소리로 알게 되는데, 제안된 기기를 사용하면 센서가 감지할 때 바로 피드백이 전달되어 인터페이스 제어를 제대로 수행하였는지의 여부를 확실히 알 수 있게 된다. 무엇보다 센서와 햅틱을 동시에 사용할 때의 가장 큰 문제는 각각의 하드웨어가 필요하여 기기의 소형화가 어렵다는 점이다. 그런데 두 가지 기능을 하나의 기기에 통합하면 단일 하드웨어를 사용하면 되고, 이에 따라 소형화도 가능해진다.

그 외에도 햅틱과 센서를 합치려는 시도가 최근에 많이 이루어지고 있다. 예를 들어 하드웨어를 개량하여 진동 모터를 얼마나 세게 누르는지 감지하게 되면, 핸드폰에서 버튼 대신 진동자 모터 부품 하나만으로 센서 기능 구현도 가능해진다. 또한, 바로 활용되긴 어렵지만, 사용자가 가상 환경에서 인터페이스나 물체를 클릭하였을 시 그걸 인지하고 그것에 대한 피드백을 동시에 줄 수 있는 웨어러블 모듈도 연구되고 있다.

4. 인터랙션 기술의 동향과 미래

기존의 World Context라는 건 결국 의도와 맥락을 이해하는 인터랙션이다. 이때 주변 환경을 이해하고, 시스템이나 인터페이스에서 관련 추천을 제공하고, 사용자 의도를 파악해서 작업을 수행하는 단계를 거치게 된다. 최근에는 주변 환경을 이해하고 사용자 의도를 파악하는 것, 그리고 상호작용 시스템 부분에서도 감지 기술과 피드백 기술이 필요해지고 다양하게 활용되고 있다.

인터랙션 관련 기술 개발 동향

특히 최근 인터랙션 관련 하드웨어 쪽에서는 소자 개발에 많은 집중이 이루어지고 있다. 소자를 통해 새로운 감지를 제공할 수 있는 기능이 추가되고 있는 것인데, 예를 들면 생체 신호를 측정한다든가 실제로 온도까지 느낄 수 있는 센서 하드웨어들이 개발되고 있다. 소프트웨어적으로는 기계 학습을 통해서 성능을 향상시키는 연구나, 그 외에도 VR이나 AR 환경 내에서 햅틱 글러브를 사용했을 때 느끼는 사회적 공존감에 대한 연구도 진행되고 있다.

앞으로 발전하는 기술을 통해 메타버스에서 인터랙션할 시 고려되어야 할 점은 크게 두 가지를 꼽을 수 있을 것 같다. 최근 메타 사에서 'Building the Metaverse Responsibly'라고 하여 메타버스 환경을 어떻게 책임감 있게 구축할 것인지 이야기하기도 했는데, 확실히 이런 개인정보보호 관련한 부분에 집중할 필요가 있다. 그러기 위해서 첫째로 수집 데이터 관리와 후처리 관련 제도가 필요하고, 하드웨어상 감지 기술 관련하여 제도화도 필요하다. 두 번째로 폭넓은 사용자를 아우를 수 있는 하드웨어, 소프트웨어 융합 디자인 가이드라인이 필요해질 것으로 예상된다.

메타버스에서 현실과 유사하게 촉각을 감지하고 인터랙션하는 기술은 메타버스에 대한 몰입감과 실재감을 훨씬 높여줄 수 있을 것이다. 지금의 단계에서는 아직 구현할 수 없는 부분도 많지만, 이 순간에도 다양한 연구와 기술 개발이 이루어지고 있기 때문에 생각보다 빨리 자연스러운 인터랙션의 구현이 이루어지지 않을까 싶다.

아바타는 나처럼 느끼고 행동할 수 있을까

메타버스와 인지신경과학

✕ 이정미 교수 ✕

인지란 정보를 얻고, 저장하고, 변형해 활용하는 모든 정신 과정을 말한다. 우리는 강연을 보거나 대화를 할 때 매 순간 눈으로 시각적 정보를 얻고 귀로 청각적 정보를 얻으며, 그 정보를 뇌에서 처리하여 상대방이 무슨 말을 하는지 이해하려는 인지 활동을 수행하고 있다. 인지신경과학은 이러한 사람의 여러 인지 과정이 뇌 속에서 어떤 기제와 절차에 의해 일어나는지, 또 각 인지 과정이 어떤 특성과 원리를 가지는지에 대해 연구하는 학문이다. 인지 과정을 각각 나누어 살펴보면 감각/지각, 물체 인식, 주의, 기억, 언어, 운동, 문제 해결, 의사결정, 사회인지 등이 있는데, 인지신경과학은 인간이 그런 다양한 현실의 정보를 어떻게 받아들이고 처리해 사고하며 행동하고 느끼는지 연구한다.

1. 인지신경과학과 메타버스

메타버스는 인간이 디지털 기술로 현실 세계를 초월해 만들어 낸 가상 세계다. 우리가 메타버스에서 경험할 수 있는 다양한 요소는 결국 인간의 삶의 확장이라는 공통된 목적을 지닌다. 현실에서는 완전히 충족하기 어려운 욕구들을 실현할 수 있게 해주는 메타버스에서 아바타로 살아간다면 우리는 현실과 완전히 동일한 인지 과정을 경험할 수 있을까. 그곳에서 우리는 어떤 세상을 느끼고 체험하게 될까.

인지신경과학의 연구 방법

인간의 인지 과정을 연구할 때 가장 어려운 점은, 그것이 사람의 뇌 속에서 일어나는 개인적이고 주관적인 경험이기 때문에 관련되는 개념을 정의하거나 측정하기 힘들다는 점이다. 그래서 연구자들은 인간의 인지 과정을 간접적인 방법으로 측정하고 연구한다. 다른 사람의 생각이나 감정을 설문이나 인터뷰를 통해 언어적으로 물어보기도 하고, 어떤 인지 기능을 측정하기 위한 특정한 과제를 디자인한 뒤 그 과제에서의 사람들의 행동 수행을 객관적으로 측정하기도 한다. 또 인지 과제를 수행하는 동안 사람들의 뇌 속에서 어떤 활동이 일어나는지 뇌 영상, 뇌전도, 안구 추적 등의 생체 데이터를 측정해 분석하기도 한다. 최근에는 보다 발전된 계산 모델링 기법도 사용되고 있다.

인간의 모든 인지 기능은 뇌에서 일어나며, 따라서 인지 기능을 이해하려면 뇌를 구성하는 가장 기본적 단위인 뇌세포, 즉 뉴런에 대해 이해해야 한다. 우리 뇌는 약 1천억 개의 뉴런으로 이루어져 있고, 그래서 다양하게 생각하고 느끼고 행동하는 모든 인지 활동들은 이 1천억 개의 뉴런들의 수많은 연결과 활동 패턴에 의해 일어난다. 그래서 인지신경과학은 결국 현실 세계 정보를 처리하고 사고하며, 행동하고 느끼는 각각의 인지 과정이 어떤 뉴런의 활동과 연결 패턴에 의해서, 어떤 원리와 특성을 가지고 일어나는지 연구하는 셈이다.

인간은 현실과 메타버스를 어떻게 인지할까

인간이 메타버스에서 가상 세계를 인지하는 방식과, 현실 세계를 인지하는 방식은 어떻게 다를까? 결론부터 말하자면 차이가 없다. 적어도 뇌의 입장에서 인간은 이미 메타버스에서 살고 있었기 때문이다.

예를 들어 현실 세계의 내 눈앞에 고양이가 있으면, 이 고양이에게서 반사되어 내 눈으로 들어오는 그 빛의 신호가 눈의 망막에서 뇌가 이해할 수 있는 전기적인 신호로 변환되고 그 정보가 뇌의 후두엽으로 가서 단계적으로 처리되면서, '눈앞에 고양이가 있구나' 하고 인식하게 된다. 즉 고양이라는 실체 자체를 경험하는 게 아니고 고양이에게서 반사된 빛 정보에 해당하는 특정 뇌세포의 전기적 활동 패턴을 경험하는 것이다. 마찬가지로 내가 VR 헤드셋을 착용하고 진짜 고양이가 아닌 가상의 고양이를 보고 있다고 해도, 그 정보는 똑같이 눈의 망막에서 전기적 신호로 변환되고 뇌에서 단계적으로 처리되며 내 눈앞에 고양이가 있다고 인식하게 된다.

시각적 정보뿐 아니라 청각, 후각, 촉각, 미각 등 인간이 가진 오감 모두 뇌의 입장에서는 마찬가지다. 현실에서 들어오는 정보든 가상 혹은 증강현실에서 들어오는 정보든, 결국은 똑같은 뇌세포들의 활동 패턴으로 지각되고 해석되며 인식되기 때문이다.

결국 뇌의 입장에서 봤을 때 메타버스와 현실 세계를 인지하는 방식에 있어서 차이가 없다고 한다면, 인간이 메타버스에서 하는 경험을 더 몰입감 있게 향상시키기 위해 인지신경과학은 어떻게 기여할 수 있을까? 감각/지각, 주의, 움직임, 사회인지 등 대표적인 인지 과정별로 메타버스와 관련하여 현재 어떤 연구들이 진행 중인지, 또 향후 어떤 연구 방향을 가지면 좋을지 살펴보겠다.

2. 감각과 지각의 증강

감각은 감각 기관이 환경으로부터 정보를 받아들이는 과정으로, 눈으로 보고 귀로 듣고 피부로 만지며 코로 냄새를 맡고 혀로 맛봄으로써 외부 세계의 정보를 받아들이는 인지의 가장 첫 번째 단계다. 이렇게 입력된 감각 정보들은 신경을 통해 뇌로 전달되고, 뇌에서는 각각의 정보를 선택하고 조직·해석하는 처리 과정을 거치는데 이 단계를 지각이라고 한다. 현재 메타버스에서는 인간의 다섯 가지 감각 중에서 주로 시각과 청각 정보에 한정된 조작을 통해 사람들에게 실제 현실과는 다른 가상 또는 증강현실을 경험하도록 하고 있다.

시각 정보 증강 깊이감, 3D

감각 정보를 조작해서 제시함으로써 사람들이 메타버스를 경험하게 하는 가장 오래된 방법은 시각적인 정보를 양쪽 눈에 약간 다르게 제시해서 깊이감이나 거리감을 느끼게 하는 방법이다.

인간은 두 개의 눈을 가지고 있고 이 양쪽 눈은 가로로 떨어져 있다. 이 양 눈 사이의 거리 때문에 왼쪽 눈과 오른쪽 눈으로 들어오는 시각 이미지는 완전히 똑같지 않고 약간 가로로 어긋나 있다. 그래서 뇌는 이 양쪽 눈으로 들어오는 이미지 간의 미세한 차이를 분석해서 주변 3D 환경의 거리와 깊이감을 지각하도록 진화해 왔다.

인간의 시각 정보 처리의 원리를 그대로 이용한 것이 극장에서 보는 3D 영화다. 3D 영화를 볼 때 안경 없이 스크린을 보면 영상이 선명하지 않고 흐릿해 보인다. 이것은 3D 영화의 영상 자체가 가로로 약간 어긋난 두 개의 2D 이미지가 서로 겹쳐져 보이는 형태이기 때문이다. 3D 안경은 양쪽 렌즈가 서로 다른 편광 필터로 되어있어서 각 렌즈가 서로 다른 영상을 투과시켜 보여준다. 그래서 마치 우리가 실제 3D 환경을 볼 때와 비슷하게 양쪽 눈으로 가로로 약간 어긋난 두 개의 이미지가 들어오게 되는 것이다.

뇌는 이 정보를 진짜 3D 환경을 보고 있는 것으로 잘못 해석해서, 우리가 시각적으로 거리와 깊이감을 느끼게 된다. 즉 약간 가로로 어긋난 두 개의 2D 환경을 양쪽 눈에 각각 제시함으로써 뇌가

3D 환경을 보고 있다고 착각하게 만들어서, 평평한 스크린을 보고 있는데도 영화 속의 인물이나 물체가 화면 밖으로 빠져나오는 듯한 경험을 하게 되는 것이다.

촉각 정보 증강

인간은 다섯 가지 감각의 정보를 모두 종합하여 현실을 파악하기 때문에, 보다 몰입감 있고 현실감 있는 메타버스의 경험을 위해서는 시청각뿐 아니라 최대한 다양한 감각 정보가 필요하다. 그래서 최근에는 시청각 정보에 촉각 정보까지 더할 수 있는 여러 방법에 대한 연구도 활발히 진행되고 있다.

먼저 하드웨어적으로 여러 가지 장치나 장갑, 몸에 착용하는 바디슈트 등으로 몸에 물리적 자극을 줌으로써 가상의 촉감, 역감, 무게감 등을 느끼게 하는 방법이 있다. 또 물리적 자극 외에도 전기적 자극을 이용해 근육을 수축시켜 특정한 자세를 취하게 만들고, 이를 통해 가상의 무게감을 느끼게 하기도 한다.

전기 근육 자극EMS 방법은 사람이 VR 환경에서 가상 물체를 들어올릴 때 그 사람의 팔 근육에 아주 약한 전류를 흘려보내서 팔 근육이 저절로 수축하게 만드는 것이다. 가상 세계에서 가상의 박스를 들어올릴 때 팔 아래쪽 삼두근에 전기 자극을 주면 그 근육이 수축하면서 팔꿈치가 펴지며 저절로 아래로 내려가게 된다. 그러면 이 가상의 박스가 무거워서 내 팔꿈치가 내려간다고 느껴 가상의 무게감을 지각할 수 있게 되는 것이다. 이 역시 뇌가 착각을 일으키게 해

촉각 정보를 증강하는 예시라고 할 수 있다.

신체에 직접 자극을 주는 하드웨어적 방법 외에 소프트웨어적인 조작만으로 촉각 정보를 증강시킬 수도 있다. 예를 들어 VR 헤드셋을 착용한 상태에서 가상의 물체를 쥐고 들어올릴 때 내 실제 손의 위치보다 가상의 손의 위치를 더 아래쪽으로 보여주게 되면, 내 몸이 느끼는 손의 위치 정보와 내 눈에 보여지는 손의 위치 정보가 불일치하게 되고, 뇌에서는 이런 감각 정보 간의 충돌이나 불일치를 그 가상 물체가 무겁다고 착각하게 된다는 연구 결과가 있다. 이 경우 촉각 정보는 아예 조작하지 않고 시각 정보만 왜곡해 제시함으로써 뇌가 이것을 촉각 정보로 잘못 해석하도록 만드는 방법이다. 이런 방법을 Control/Display ratio 조작이라고 한다.

향후 연구 방향

감각 지각 증강과 관련해 향후에는 더 다양한 감각 증강 방법에 대한 연구 개발이 필요할 것으로 보인다. 지금까지 시각, 청각, 촉각을 증강하는 방법에 대해서는 비교적 활발히 연구되었지만 후각이나 미각을 증강하는 방법에 대한 연구는 부족한 상황이다. 또한 같은 촉각이라고 하더라도 그 안에는 온도, 마찰, 통증, 무게 등의 다양한 감각이 있는데 현존하는 증강 방법으로는 한 가지 정도의 제한된 감각만을 모사할 수 있다. 그래서 인간이 느끼는 수많은 감각과 그 정도의 변화를 최대한 비슷하게 모사할 수 있는 여러 연구가 지속적으로 필요할 것이다.

또한 이 과정에서 모방된 감각 자극과 실제 인간이 인지하는 자극 간의 관계에 대한 정신물리학적 연구도 필요하다. 정신물리학이란 물리적 자극과 이에 대한 감각과 지각의 양적 관계를 연구하는 심리학의 오래된 연구 분야다. 어떤 물리적 자극을 어느 만큼 제시했을 때 사람들이 의도된 감각을 얼마나 느끼는지, 그 정확한 역치, 범위, 관계 함수 등에 대한 연구가 있어야만 메타버스에서 증강된 감각 자극이 실제로 의도된 만큼의 효과를 발휘할 수 있을 것이다.

마지막으로 메타버스에서는 한 가지 자극보다 여러 가지 자극이 동시에 같은 방향으로 증강되는 경우가 많기 때문에, 모방된 다중감각 자극 간의 상호작용에 대한 연구도 필요하다. 예를 들어 무게감에 대한 두 가지 증강 방법이 각각 따로 주어질 때와 동시에 주어질 때, 실제 인간이 인지하는 무게감 증강 효과가 어떻게 다르게 나타나는지 등에 대해 정확한 과학적 연구가 뒷받침될 필요가 있다.

3. 효과적 주의 유도

메타버스에서 사람들의 주의를 특정한 부분으로 유도하기 위한 연구도 이루어지고 있다. 주의란, 현재 나에게 관련 있는 정보를 선택해서 처리하고 관련 없는 정보 처리는 억제하는 과정을 말한다. 우리가 관련 있는 정보만 선택할 필요가 있는 이유는, 우리 뇌의 인지 능력에 한계가 있기 때문이다. 대부분의 경우 뇌가 처리할 수 있는 정보의 양보다 더 많은 양의 감각 정보가 들어오기 때문에, 뇌는 인지 과부하를 경험하지 않도록 중요한 일부분만 선택해 처리하고 나머지 정보 처리는 억제하게 된다. 그래서 주의는 매우 중요한 인지 기능 중 하나로 여겨지는데, 주의 기능이 잘 작동하느냐에 따라서 그 외 지각, 기억, 의사결정 등 다른 모든 인지 기능이 영향을 받기 때문이다.

효과적 주의 유도의 필요성

특히 현대 사회에서는 사람들의 주의를 효과적으로 유도할 필요성이 더욱 대두되고 있다. 새롭게 등장하는 미디어들이 360도 스크린을 이용해 시야각을 확장시키거나 VR 콘텐츠로 전에 없던 3D 정보를 제공하는 등 이전의 전통적인 2D 매체에 비해 훨씬 많은 양의 감각 정보를 동시다발적으로 전달하기 때문이다.

하지만 콘텐츠 제작자들이 아무리 많은 양의 정보를 제공한다고 해도 그걸 받아들여 처리하는 인간의 인지 능력은 그대로이기 때문에, 사용자 입장에서는 인지 과부하를 경험하게 되고 오히려 중요한 정보 손실과 수행 능력 저하로 이어질 수 있다. 실제로 메타버스에서 원격 수업이나 협업을 해보면 정보의 전달자와 수신자 사이에 커뮤니케이션 효율이 저하되기도 한다.

따라서 사람들이 현재 중요하고 필수적인 정보에 주의를 기울이고 다른 방해 자극으로부터의 간섭을 최소화할 수 있도록 효과적으로 주의를 유도하는 방법을 잘 활용하고 연구할 필요가 있는 것이다.

주의의 두 가지 종류

주의는 가장 일반적으로 하향식 주의와 상향식 주의로 나뉜다. 하향식 주의는 그 사람의 의지에 의해서 자발적으로 통제되는 주의 기능이다. 예를 들어 공항에서 짐 가방을 찾을 때 보통 사람이라면 공항 바닥이나 천장에 집중하는 게 아니라 짐이 나오는 컨베이어 벨트 위에 집중할 것이다. 짐 가방이 보통 그곳에서 나타난다는 지식을 가지고 있어서 자발적으로 시선을 그쪽에 두기 때문이다.

반면 상향식 주의는 본인 의지가 아니라 외부 자극의 특성에 의해서 반사적으로 통제되는 주의 기능이다. 예를 들어 짐 가방을 찾는 도중 어딘가에서 큰 화재 경보 알람이 들린다면 내 의지와 상관없이 소리가 나는 쪽을 쳐다보게 될 것이다. 이렇게 갑작스럽거나 아주 강한 자극의 특성 때문에 반사적으로 통제되는 주의를 상향식 주의라고 한다.

이 두 가지 주의 기능은 뇌에서 각각 다른 영역에 의해 작용하기 때문에, 주의를 유도하는 방법 역시 다르다. 하향식 주의 기능을 이용하는 가장 고전적 방법은 화살표 같은 내생적인 단서를 사용하는 것이다. 우리는 어릴 때부터 학습을 통해 화살표의 의미를 너무 잘 알고 있기 때문에 오른쪽을 가리키는 화살표를 보는 순간 자발적으로 화살표가 가리키는 오른쪽 방향으로 주의를 옮기게 된다. 화살표 같은 단서들은 우리가 내적으로 의미를 해석한 결과로써 주의가 유도되기 때문에, 내생적 단서라고 부른다.

반면 상향식 주의를 이용하는 주의 유도 방법은, 주의를 유도

하고 싶은 바로 그 위치에 매우 강하거나 갑작스러운 자극을 제시하는 것이다. 갑자기 무엇이 움직이거나 빛이 깜빡이는 등의 자극이 나타나면 사람들이 반사적으로 그곳으로 주의를 옮기게 되는데, 이 경우 외부 자극의 특성에 의해서 주의가 유도되므로 외생적 단서라고 부른다.

주의 유도 연구

그동안 미디어 안에서 사용자 주의를 유도하기 위한 여러 가지 다양한 시도들이 있었다. 대표적인 예로는 화면에서 시청자의 시선이 주된 스토리라인에서 벗어나면 색상이 사라지고 흑백으로 바뀌도록 하여 영상의 주요한 부분으로 시선을 유도하는 Color Desaturation 방식, 또는 360도 콘텐츠에서 주요 사건이 일어나고 있는 영상의 부분을 시청자의 현재 시선 앞으로 강제로 돌려주는 Automatic Guidance 방식도 있다. 또 영상의 특정한 위치에 영상 환경 외의 다른 요소를 더하여 그쪽으로 시선을 집중시키는 Diegetic Cues 기법이 사용되기도 한다.

그리고 이러한 여러 가지 주의 유도 방법의 효과를 메타버스 상황에서 테스트하는 연구도 활발히 이루어지고 있다.

이 외에도 바리스타가 카페에서 커피를 제조하는 과정을 훈련시키는 직업 훈련 가상 프로그램에서 어떤 시각 주의 단서를 사용할 때 컵이나 머신 등 필요한 물체로 주의를 유도하는 것이 효과적인지 연구하고 있다. 또 주의력 자체를 훈련시키는 용도로 인지 행동 과제를 VR 게임으로 수행하게 할 때 여러 가지 시청각 자극으로 주의력 훈련 효과를 극대화시키는 것에 대한 연구가 진행 중이다.

일반 사람들뿐 아니라 특정 집단을 대상으로 하는 연구도 이루어지고 있다. 예를 들어 ADHD 아동들이 가상 교실에서 수업을 받는 상황에서 그들의 행동이나 안구 움직임 관찰을 통해 ADHD 아동들의 주의 특성을 살펴볼 수 있다. 또한 단순히 피험자가 가상현실 콘텐츠를 시청하는 동안 수집된 안구 추적 데이터나 행동 데이터를 통해 그 피험자의 주의 특성을 측정하고 심지어 진단까지 하는 검사 도구가 개발되기도 한다.

이처럼 가상현실과 증강현실에서 사용자들의 주의를 유도하는 방법이나 주의 특성을 측정하는 방법에 대해 현재까지 다양한 연구가 진행되고 있다.

향후 연구 방향

효과적인 주의 유도와 관련된 향후 연구 방향으로는, 우선 메타버스 기기와 상황별로 어떤 주의 유도 단서가 적절한지 규명하는 연구가 필요하다. 현재 VR이나 AR 헤드셋은 서로 형태도 다르고 정보 제시 원리나 시야각 등에서도 큰 차이가 있기 때문에, 사용자가 사용하는 메타버스 기기가 무엇인지, 사용자가 현재 어떤 종류의 과제를 수행하는지 각각의 상황에 따라서 적합한 주의 유도 단서의 종류나 형태가 크게 다를 수 있다. 그래서 앞으로는 메타버스 기기와 상황, 과제별 주의 유도 단서의 효과성에 대한 연구가 필요할 것으로 보인다.

또한 주의 유도를 그 사람의 인지 능력이나 현재의 주의 상태에 맞춰서 개인화하는 적응적 시스템의 개발도 앞으로 본격적으로 이루어질 것으로 예상한다. 최근 이러한 인지 상태 맞춤형 적응적 시스템의 가능성을 탐색하는 연구가 이미 시작되고 있다. 예를 들어 사용자가 가상현실에서 특정 타깃을 찾는 게임 형태의 과제를 수행하는 동안 뇌전도로 뇌파를 측정해서 실시간으로 인지 부하도를 분류하고 그 결과에 따라 탐색 과제의 난이도를 조절해 제시하는 연구 등이 있었다. 앞으로 이러한 인지 상태 맞춤형 개인화 시스템이 갖춰진다면 메타버스에서 사용자의 주의를 보다 효과적으로 유도할 수 있을 것이다.

4. 직관적 움직임과 인터랙션

어떻게 하면 메타버스에서 아바타의 움직임이나 물체와의 인터랙션을 보다 직관적으로 통제할 수 있을지, 인지신경과학 분야에서도 다양한 연구가 진행되고 있다. 우리는 몸의 각 부위에 위치한 근육의 수축과 이완을 통해서 몸을 움직인다. 그리고 이 근육들의 수축과 이완을 통제하는 명령은 바로 뇌의 꼭대기 부분에 있는 두정엽에 위치한 일차 운동 피질Primary motor cortex에서 내려온다. 일차 운동 피질에 있는 뉴런은 각 신체 부위별로 대응되어 있는데, 손이나 얼굴처럼 보다 정교한 움직임이 필요한 신체 부위일수록 더 넓은 영역을 차지한다. 그래서 이러한 일차 운동 피질의 전기적 활동 신호를 통해 신체의 움직임을 통제하는 연구도 이루어지고 있다.

BMI Brain Machine Interface

그동안 인지신경과학자들은 사람의 일차 운동 피질의 전기적 활동 신호로 기계의 움직임을 통제하려는 BMI 연구를 해왔다. 예를 들면 작은 동전만 한 전극 장치를 사지가 마비된 환자의 일차 운동 피질에 이식해서, 실시간으로 컴퓨터의 마우스 커서의 움직임을 컨트롤하도록 하는 연구가 있었다. 이 연구에서 사지마비 환자가 머릿속으로 커서의 움직임을 상상하는 것만으로 실제 마우스 커서를 움직여 이메일을 체크하거나 동영상을 시청할 수 있었다.

또 다른 BMI 연구에서도, 마찬가지로 사지마비 환자의 일차 운동 피질에 전극 장치를 이식하고 뇌 신호를 이용해서 로봇 팔의 움직임을 조종해 텀블러를 잡아 물 마시는 동작을 성공하는 실험 결과를 확인할 수 있었다. 사실 이러한 연구들은 이미 십여 년 전에 수행되었고, 최근 일론 머스크가 선보인 영상 중에 원숭이 뇌에 전극을 이식해서 뇌 신호로 컴퓨터 게임을 하는 것도 이러한 BMI 기술을 단순히 적용한 것이다.

그런데 BMI 기술은 뇌에 직접 전극을 이식하는 침습적 방법을 사용할 때 가장 정확하고 좋은 퍼포먼스를 기대할 수 있다. 아직 일반 대중에게는 이 기술이 상용화되지 않고, 동물이나 사지마비 환자 등 특별한 집단에만 적용되었던 이유도 바로 이 때문이다. 하지만 최근에는 뇌전도 같은 비침습적인 방법으로 뇌 신호를 얻어서 BMI

에 이용하려는 연구 역시 활발히 진행 중이다.

메타버스에서 아바타의 움직임과 인터랙션

이렇게 뇌의 운동 피질이 보내는 신호를 통해 신체의 움직임을 직접 통제할 수 있는 반면, 메타버스에서 아바타의 움직임은 그보다 훨씬 간접적으로 통제될 수밖에 없다. 사실 가장 기초적인 아바타 움직임의 통제 방법은 컨트롤러나 키보드 같은 간접적인 장치를 이용하는 것이다. 이 경우에 사용자가 버튼을 누르는 행위와 아바타의 움직임이 임의의 규칙으로 대응되어 있기 때문에, 규칙 자체를 익히고 사용하는 데 사람의 많은 인지 자원이 소모되고 인터랙션의 효율성이 떨어질 수밖에 없다.

그래서 최근에는 보다 직관적으로 아바타 움직임을 통제하는 방법이 많이 사용되고 있다. 즉, 트래킹이나 모션 캡처 방식을 사용해서 실제 사람의 움직임을 아바타의 움직임으로 재현하는 것이다. 실제 손의 움직임을 트래킹해서 아바타 움직임에 적용한다든지, 전신의 움직임을 모션 캡처 기술로 추적해서 아바타 신체 움직임으로 재현해주기도 한다. 이러한 방법들은 본인의 신체 움직임 그대로 직접 아바타를 조종할 수 있기 때문에 중간 매개 장치를 이용하는 간접적 통제 방법에 비해 훨씬 효율적이고 직관적이다.

하지만 현실 세계의 움직임과 달리, 메타버스에서의 움직임은 공간의 차이 때문에 여러 제약과 한계점도 지니고 있다. 특히 가상현실을 생각해 보면, 실제 사용자의 몸이 위치하는 실내 공간은 협소하지만 가상 세계 공간은 끝없이 광활하다. 따라서 사용자의 실제 움직임을 트래킹해서 그대로 아바타 움직임으로 재현하기에는 큰 동작이나 이동 거리에 제한이 생길 수밖에 없다.

이런 한계점을 극복하기 위해서 크게 두 가지 방법이 사용되고 있다. 첫째는 트레드밀처럼 하드웨어적 장치를 사용해 걷거나 뛰거나 점프하는 동작을 실제 이동 없이 제자리에서 하도록 하는 것이다. 또 다른 방법은 리디렉티드 워킹redirected walking과 같이 실제 신체의 이동과 시각적으로 주어지는 아바타의 움직임을 사용자가 지각하지 못할 만큼만 조금 다르게 제공해서 실제 공간보다 더 큰 공간을 탐험할 수 있도록 하는 방법이다.

향후 연구 방향

메타버스에서 움직임 통제의 어려움은 사용자가 혼자가 아니라 여럿이 인터랙션할 때 더욱 가중된다. 사용자들의 실제 몸은 각자 다른 공간에 위치한 채로 메타버스에서 만나는 상황이라면, 우선 서로 다른 크기와 모양을 가진 공간에서 서로 공유할 수 있는 공간을 생성해야 하고 여러 아바타의 위치나 자세, 시선이 부자연스럽거나 충돌이 일어나지 않도록 배치해야 하는 등 여러 가지 복잡한 문제들이 생겨난다. 따라서 이런 문제를 풀어나갈 때 사용자 간 움직임 정보의 불일치나 충돌을 최소화하고 사용자들이 자연스럽다고 인지할 수 있을 정도의 정보의 변형 제공 방법에 대한 연구가 필요할 것이다.

또한 보다 직관적인 움직임 통제와 관련된 미래 연구 방향으로는 사용자의 뇌 생체 데이터를 활용해서 아바타의 움직임을 직접 통제하는 새로운 인터랙션 방법에 대한 연구도 생각해 볼 수 있다. EEG나 안구 추적 같은 생체 데이터로 사용자의 움직임 의도를 파악해서, 그 의도를 적용해 아바타 움직임을 통제할 수도 있을 것이다. 이를 뒷받침하는 기술로 HMD 기기와 함께 착용해 뇌파를 측정할 수 있는 EEG 기기라든지, 안구 추적 장치가 내장된 HMD 등이 출시되고 있다. 물론 아직까지 비침습적인 뇌 신호 측정 장치는 노이즈가 많고 정확도가 떨어져 당장 상용화되긴 어렵지만, 이를 극복하기 위한 관련 연구가 더욱 요구되는 상황이다.

5. 아바타 사회 인지

인간은 상호적인 존재로서 타인과 끊임없이 상호작용하며 협력하도록 진화해 왔다. 사회 인지신경과학은 이러한 인간의 사회적 상호작용에 대한 신경적 기제를 연구하는 학문으로서, 사람들의 자의식이나 타인에 대한 인상은 어떻게 형성되고 또 사회적 지식과 규칙은 어떻게 형성되고 학습되는지, 그리고 사회적 의사결정은 어떤 요인들에서 영향을 받고 어떤 특성을 가지고 있는지 등을 주로 다룬다. 그런데 지금까지 인간의 상호작용이 같은 공간에서 얼굴을 마주보면서 이루어졌다면, 최근 대두되는 메타버스에서의 사회적 상호작용은 이와 매우 다른 형태를 띠고 있다. 메타버스에서는 실제 몸은 각자 다른 곳에 위치하고, 메타버스에 창조된 공유 공간에서 아바타를 매개로 간접적으로 사회적 상호작용을 하게 된다. 그렇다 보니 앞으로 사회 인지신경과학의 연구 영역 또한 새롭게 확장될 것으로 보인다. 현실 대면 사회적 상호작용에 대한 연구뿐만 아니라, 앞으로는 메타버스에서 아바타를 매개로 하는 사회적 상호작용의 기제와 원리에 대한 연구가 필요해질 것이다.

아바타에 대한 자의식

메타버스에서 자신이 아바타로 표현되는 경우, 몰입감 있는 경험을 위해서는 아바타를 자신과 동일시하고 신체 소유감과 행위 주체감을 느낄 수 있어야 한다. 이렇게 자신의 신체가 아닌 대상을 자신의 신체로 동일시하는 개념을 설명하는 실험으로 널리 알려진 것이 'Rubber hand illusion'이다.

이 실험에서는 고무로 된 가짜 손을 테이블 위에 올려놓고, 실제 자신의 손은 보이지 않게 테이블 밑에 둔 다음 동시에 붓으로 고무 손과 진짜 손을 간지럽힌다. 그러면 붓이 고무 손을 간지럽히는 시각 정보와 촉각으로 입력되는 진짜 손이 간지럽혀지는 정보가 일치하면서 뇌는 이 고무 손을 자신의 신체 일부라고 착각하게 된다. 이때 갑자기 칼처럼 위험한 물체가 고무 손 쪽으로 다가오면, 사람은 깜짝 놀라 진짜 손을 피하는 등 반사적인 행동을 하게 된다.

이와 마찬가지로 아바타 매개 상호작용에서는 컴퓨터 그래픽으로 아바타에 대한 정보가 시각적으로 주어지게 되는데, 이 아바타에 대해서 사람이 얼마나 신체 소유감이나 행위 주체감을 느끼는지에 따라서 사회적 상호작용에 대한 몰입감과 실재감이 크게 달라질 것이다. 그래서 주로 아바타의 외양이나 움직임을 어떻게 표현해야 우리가 느끼는 신체 소유감이나 행위 주체감이 향상될 수 있을지에 대한 연구가 활발히 이루어져 왔다.

예를 들어 아바타 외양의 사실성을 변화시키거나 아바타 움직임의 표현을 다양하게 바꾸었을 때 사람들의 신체 소유감과 행위 주체감이 어떻게 달라지는지 연구되었는데, 아바타 매개의 사회적 상호작용과 현실의 사회적 상호작용의 가장 큰 차이점은 실제 자신과 전혀 다른 존재에 대해서도 자의식을 느낄 수 있다는 점이었다. 그래서 사람들에게 실제와 다른 아바타에 자의식을 느끼게 한 뒤 그 경험이 향후 그 사람의 사회적 태도나 가치관, 또 의사결정에 어떤 영향을 미치는지 관찰하는 흥미로운 연구도 많이 진행되고 있다.

예를 들어 피부색이 어두운 아바타에 신체 소유감을 느끼게 하는 경험을 한 뒤에는 이후 흑인에 대한 암묵적인 선입견이 크게 줄어들었다는 연구 결과가 있다. 또 미국 경찰관들에게 강압적으로 심문받는 피의자의 상황을 1인칭 또는 3인칭 가상현실로 경험하게 했을 때, 1인칭으로 경험한 사람은 이후 실제 상황에서 경찰에게 폭력적 행동을 당하는 시민을 도와주는 친사회적인 행동의 비율이 증가했다는 연구 결과도 있었다.

이러한 여러 연구 결과에 따르면 자신이 동일시하는 아바타의 연령이나 성별, 장애 유무에 따라서 실제로 향후 사회적 태도나 행동까지도 변화할 만큼 사람들이 아바타에 대한 자의식을 강하게 느낀다는 것이다.

아바타 간 사회적 상호작용에 필요한 연구

아바타 간의 사회적 상호작용에서는, 타인의 아바타에게서 사회적 정보를 추출해야 하는 고등인지기능이 요구된다. 사람은 다른 사람의 표정, 제스처, 자세, 시선, 어조 등에서 그 사람의 정서 상태나 의도, 지위 같은 중요한 사회적 정보를 빠르게 캐치하는 능력을 지니게끔 진화해 왔다. 그런데 메타버스의 아바타 매개 사회적 상호작용에서는 이런 사회적 정보를 추출할 수 있는 원천이 부족하거나 제한되어 있는 경우가 많다. 아바타의 표정이 사람의 미묘한 표정 변화를 온전히 나타내지 못할 뿐 아니라, 아바타의 자세나 움직임도 마찬가지다.

또 대면 상호작용에서는 그 사람의 눈의 위치, 시선의 경로, 동공 크기나 깜빡임 주기 같은 것들에 굉장히 많은 사회적 정보가 담겨있는데, 아바타가 이런 미묘한 시선 정보를 그대로 전달하기에는 아직 한계가 많다. 그래서 향후에는 여러 가지 사회적 정보를 최대한 잘 전달할 수 있는 아바타의 표현 방식, 신체 움직임의 추적 기술, 재현 기술에 대한 연구도 필요해질 것이다.

이와 함께 아바타 매개 사회적 상호작용에서 사회적 영향력의 효과가 어떻게 나타나는지에 대한 연구도 필요하다. 사회적 영향력이란, 타인의 존재나 행동에 따라 개인의 태도나 행동이 변화되는 과정을 나타낸다. 보통 사람들은 혼자 있을 때의 행동과 타인과 같이 있을 때의 행동이 다른데, 이때 타인의 존재가 아바타로 대체되는 경우 타인의 아바타에 대해 얼마나 높은 사회적 실재감을 느끼느냐에 따라서 사회적 영향력의 크기 역시 크게 달라질 것이다. 이와 관련해서 아바타가 어떤 표현 방식과 특성을 가질 때 사회적 실재감이 높아지는지, 사회적 영향력의 크기는 아바타의 사회적 실재감에 따라 어떻게 달라지는지, 아바타 매개 상호작용과 전통적 대면 상호작용에서의 사회적 영향력이 어떻게 다르게 나타나는지 등은 향후 풀어나가야 할 중요한 연구 과제라고 볼 수 있다.

마지막으로 타인과 같은 공간을 공유하며 함께 존재한다고 느끼는 사회적 공존감에 대한 과학적 연구도 필요하다. 지금까지는 사람들이 공존감을 얼마나 느끼는지에 대해 단순히 언어적으로 물어보는 설문이나 인터뷰 방식이 가장 흔히 사용되어 왔는데, 이런 주관적 측정 방식으로는 정확한 측정이 어렵고 시시각각 변화하는 공존감 변화를 실시간으로 추적하기도 어렵다. 그래서 사람이 의식적으로 통제하기 어려운 자동적인 행동 반응이나 생체 데이터를 종합해서 보다 정량적이고 객관적으로 공존감을 측정할 수 있는 지표에 대한 연구가 필요할 것이다.

이처럼 인간이 메타버스에서 하는 경험을 더 몰입감 있게 향상시키기 위해 인지신경과학의 다양한 역할의 중요성과 필요성이 대두되고 있다. 정리하자면 첫째, 인간의 지각 특성에 맞는 다양한 감각 증강 방법을 개발하고 연구해야 한다. 둘째, 중요한 정보를 잘 선택할 수 있도록 효과적 주의 유도와 관련된 연구가 필요하다. 셋째,

인간의 인지 특성에 맞는 직관적 움직임/인터랙션 방법의 연구가 필요하다. 마지막으로 새롭게 대두되는 아바타와의 사회적 상호작용에 대한 사회인지 연구가 확장되어야 할 것이다. 아바타와의 사회적 상호작용에서 사람들이 어떻게 자의식을 형성하고 타인에 대한 인상을 형성하며, 전통적 대면 상호작용과 아바타 매개 상호작용에서 나타나는 사회적 행동이 어떻게 다른지에 대한 심도 있는 연구가 뒷받침된다면 메타버스가 앞으로 인간의 삶을 확장시키는 순기능을 유지하면서 올바른 방향으로 발전해 나가는 데 중요한 도움이 될 것이다.

아바타는
어떤 목소리로 말하게 될까

메타버스와 음성언어

※ 송지은 교수 ※

우리 삶에 있어서 언어가 없어진다는 것은 상상하기 어려울 것이다. 매일 학교나 일터에서, 또 친구나 가족들과 상호작용을 할 때 우리는 언어를 사용하여 커뮤니케이션한다. 인간은 만 3세에서 4세 정도가 되면 해당 모국어의 문법을 완벽하게 습득하는데, 이 과정은 어떤 학습이나 교육을 통해서가 아니라 부모님과 자연스러운 상호작용을 하면서 아주 쉽고 빠르게 이루어진다. 과거에 많은 학자가 다른 동물에게도 언어를 가르치려는 시도를 해봤지만, 최종적으로 인간만큼 복잡한 특징을 가진 의사소통 시스템을 습득할 수는 없다는 결론을 내렸다. 언어는 인간만이 향유하는 특별한 능력이자, 복잡한 의사소통을 가능하게 하는 중요한 도구인 셈이다. 메타버스 시대가 도래하고 그곳에서 일상적인 여러 활동을 하게 된다면, 원활한 의사소통 역시 매우 핵심적인 요소가 될 것이다. 다만 현재의 아바타 기술은 우리가 현실 세계에서 사용하는 언어의 특징을 모두 담아내기 어렵다. 언어학의 관점에서 우리는 어떻게 언어를 이해하고 다루는지, 그리고 향후 메타버스에서 자유로운 언어 소통을 위해서는 어떤 기술적 노력이 필요할지 살펴보려고 한다.

음성언어에 대한 이해

보통 언어라고 하면 주로 텍스트를 생각하는데, 우리는 많은 상황에서 음성, 즉 말소리를 통해 의사소통한다. 그리고 음성언어를 통한 의사소통은 문자언어를 통한 것과는 아주 다른 특징을 가지고 있다. 일단 음성은 한 음절이 대략 200밀리초 정도의 길이를 가지고 있어 소리를 내자마자 바로 사라진다. 그래서 상대방이 하는 말에 즉각 반응하고 응답할 수 있다는 용이한 특징이 있다. 또한 문자 메시지나 이메일로는 정확히 표현하기 어려운 미묘한 감정이나 태도도 목소리의 특징이나 억양 같은 요소를 사용하여 훨씬 쉽게 파악할 수 있다.

음성언어 처리 과정

우리는 말소리로 언어적 정보를 전달하기도 하고 비언어적 정보를 전달하기도 하는데, 기본적으로 언어는 의사소통 수단이기 때문에 아무래도 언어적 정보가 가장 중요할 것이다. 말소리를 통해 우리는 단어와 문장을 전달하게 된다. 우리가 한 말이 음성 파형의 형태로 귀에 전달되면, 그것이 달팽이관을 지나 뇌줄기brain stem를 거쳐서 대뇌에 도달한다. 그러면 대뇌에 있는 청각 피질에서 이러한 음향 신호의 주파수 특징이나 시간 특징이 분석되는데, 이러한 과정을 청각 처리라고 한다.

이렇게 가장 기본적인 청각 처리가 이루어진 다음에는 더 상위 레벨에서의 다양한 언어적인 이해 과정이 수반되어야 할 것이다. 이 때 먼저 음성 음운 분석이 이루어진다. 예를 들어서 'lion'이라는 단어를 들었다고 하면, 일단 'li-'까지 들었을 때 여기에 매칭되는 모든 단어가 머릿속에 떠오르게 된다. 'lie', 'liar', 'lion' 등의 단어들이 떠오르다가 단어를 끝까지 다 듣고 나면 'lion'을 제외한 나머지 단어들은 모두 탈락하고 내가 들은 단어를 인지하게 되는 것이다. 그 다음에는 우리 머릿속에 있는 일종의 사전, 멘탈 렉시콘mental lexicon에서 이 단어의 발음과 의미, 문법 정보 등을 순식간에 끄집어낸다. 이렇게 음성이 나오기 시작해서 어휘 처리까지 이루어지는 과정은 약 400밀리초 정도, 즉 1초의 반도 안 되는 짧은 시간밖에 걸리지 않는다. 특히 우리 머릿속에는 수도 없이 많은 어휘 정보가 들어있는데, 이 단어들은 무작위로 존재하는 것이 아니라 의미상 연관이 있는 단어들끼리 더 긴밀한 네트워크를 형성한다. 그래서 'lion'이라는 단어를 들으면 '사자 갈기', '고양이', '호랑이' 등의 단어가 같이 떠오르며 활성화되고, 관련 단어에 대한 반응 속도도 훨씬 빨라지게 된다.

어휘 정보를 처리한 다음에는 당연히 문법 정보를 파악해야 할 것이다. 문장의 의미를 파악하기 위해서 통사 구조를 분석하게 된다. 예를 들면, 이 문장에서 무엇이 명사이고 동사이며, 무엇이 주어, 목적어인지 문장의 문법 정보를 이해하는 것이다. 또한 언어를 이해하기 위해서 우리는 여러 가지 상황이나 문맥 정보도 반영한다. 심지어 단어에는 나타나지 않는 숨은 화자의 의도까지 파악하는 것이 바로 우리가 하는 언어 처리 과정이다. 이러한 일련의 과정을 거쳐서 우리가 최종적으로 음성언어를 이해하게 되는 것이다.

청각과 시각 정보의 활용

음성언어를 이해할 때 청각 정보가 물론 가장 중요하겠지만, 시각 정보도 중요한 비중을 차지한다. 이와 관련된 아주 유명한 현상 중의 하나가 바로 '맥거크 효과McGurk effect '다. 말하는 사람이 [ga]라고 말하는 입 모양을 보는 동시에 귀로는 [ba]라는 소리가 들린다면, 실제로는 [da]라는 소리로 인식하게 된다는 것이다. [ba]라는 소리는 두 입술이 맞닿아서 소리를 내는 양순음이다. 그런데 말하는 사람을 보면 입술이 맞닿아 있지 않다. 그러니까 순간적으로 'ba'는 아니겠지만 시각 정보상 그와 비슷한 소리이겠구나, 하고 해석하여 결국 'da'로 듣게 되는 것이다. 일종의 인지적인 환상이라고 할 수 있다.

이처럼 우리는 말소리를 들을 때 청각 정보뿐 아니라 시각 정보를 함께 활용한다. 특히 청각 정보가 많이 소실되어 있는 환경, 예를 들어 소음이 심한 환경에서는 시각 정보를 더 적극적으로 활용하여 말소리를 이해하게 된다.

청각에서 공간 정보의 활용

우리가 말소리를 들을 때는 소리에서 나오는 공간 정보 역시 활용하게 된다. 실제로 사람들과 의사소통하는 여러 가지 환경을 생각해보면, 파티나 회의처럼 한 공간에서 여러 사람이 동시에 이야기하는 상황도 흔히 벌어진다. 이럴 때 가장 중요한 것은 여러 말소리 중에서 해당 화자와 그 나머지 화자의 말소리를 구분하는 것이다. 그리고 내가 들어야 하는 화자의 말소리에만 집중해야 할 것이다. 이것을 칵테일파티 효과Cocktail party effect라고 하는데, 사실 인간은 이것을 굉장히 능숙하게 잘해낸다. 이 과정을 좀 더 자세히 살펴보면, 일단 귀에서는 이 모든 소리를 다 섞어서 듣고 대뇌에서 내가 들어야 하는 소리를 분리하고, 그 소리에만 집중하는 인지적인 과정이 일어나는 것이다. 그런데 이런 환경에서는 사실 공간적인 요소가 많은 도움이 된다. 다시 말해 내가 집중해야 하는 화자와 그 나머지 화자가 공간적으로 분리되어 있다면 이 과정이 훨씬 쉽게 이루어지게 되는 것이다.

듣기 노력

우리가 언어를 들을 때 여러 가지 이유로 언어 이해에 들이는 인지적 노력이 증가되는 경우가 있다. 이렇게 음성을 이해하기 위해 사용되는 인지적인 노력을 듣기 노력이라고 한다.

듣기 노력이 증가될 수 있는 상황으로는 일단 소음 환경이나, 또 전화에서 일부 주파수 신호가 소실되어 전달되는 상황을 들 수 있다. 또 청자의 입장에서는 난청이라든가, 혹은 외국어를 들을 때 언어 지식이 불완전해 이해가 어려운 경우가 있다. 화자의 입장에서는 화자의 말씨가 특정한 지역 사투리를 가지고 있거나, 혹은 개인에 따라 발음의 특성이 명료하지 않은 경우도 들 수 있다. 이처럼 다양한 상황에서 언어 이해에 어려움이 유발되고 듣기 노력도 증가하게 된다.

연구에 따르면, 이러한 여러 상황에서 언어 이해에 대한 부담이나 난이도가 증가했을 때 동시에 듣기 노력도 증가하였다. 이뿐 아니라 내가 이 소리를 잘 듣겠다는 의지나 동기도 듣기 노력에 큰 영향을 미쳤다. 예를 들어 우리가 영어 듣기 평가를 한다고 하면 정답을 맞추기 위한 동기를 강하게 가지고 있기 때문에, 더 노력의 정도가 상승하게 되는 것이다.

이렇게 듣기 노력에 대해 연구하는 방법은 몇 가지가 있다. 우선 동공 크기 측정법이다. 어떤 인지적인 부담이 증가했을 때 우리의 동공이 확장되기 때문에, 그러한 동공 확장 작용을 아이 트래커라는 장치를 통해 측정할 수가 있다.

또 다른 방법은 fMRI나 MEG 같은 뇌 영상 기법을 사용하는 것이다. 이를 통해 뇌 영상을 들여다보면, 일반적으로 쉽게 말소리를 이해할 수 있을 때는 언어 네트워크만을 사용하는데 언어가 잘 이해되지 않아서 인지적인 부담이 증가할 때는 언어와 관련 없는 다른 인지 관련 부위들이 함께 활성화된다. 이는 더 많은 인지적 작용을 동원하여 언어를 이해할 수 있음을 보여준다.

나의 경우는 뇌의 전기적 신호를 보여주는 EEG라는 방식을 통해 연구하고 있다. 우리 뇌파에도 리듬이 존재하는데, 특히 8Hz에서 12Hz에 해당하는 알파파가 이런 인지적인 노력과 상관관계가 깊다. 그래서 노이즈가 있는 환경에서 말소리를 들을 때는 이러한 알파파가 증가하는 것을 확인할 수 있다. EEG를 통해 봤을 때 더 많은 인지적인 노력을 사용하면 청각 처리나 어휘의 의미를 처리하는 과정들이 증진되는 결과를 얻을 수 있었다. 즉 듣기 노력과 같은 인지 작용과 언어 작용이 서로 상호작용한다는 사실을 알 수 있다.

2. 음성언어의 비언어적 정보

음성은 언어적 정보만 전달하는 것이 아니라 비언어적인 정보도 전달한다. 목소리만 듣고도 우리는 그 사람의 이미지를 떠올려볼 수 있고, 실제로 목소리와 이미지가 잘 매칭되는 경험을 많이 해보았을 것이다. 그렇듯 발화하는 내용뿐 아니라 비언어적 요소를 통해서도 우리는 상대방에 대해 생각보다 많은 정보를 얻게 된다.

음성언어로 알 수 있는 것

음성언어가 전달하는 비언어적인 정보를 살펴보면, 예를 들어 어떤 사람의 말소리를 통해 그 사람의 출신 지역을 짐작할 수 있는 경우가 많다. 특히 경상 방언이나 전라 방언을 쓰는 경우 운율의 특징이 서울말과 상당히 다르다 보니 음성에서 어느 정도 출신 지역을 추측할 수 있게 된다.

그뿐 아니라 '배터리'를 '빠떼리'라고 하거나, '길이 막히다' 대신 '길이 멕히다'라고 하는 등 음성적인 특징들이 그 사람의 사회적 지위나 경제적 수준, 교육 수준을 짐작하게 하는 정보로 사용되기도 한다.

더 중요한 것은 바로 감정을 전달한다는 점이다. 음성이 감정을 전달할 때 가장 큰 역할을 하는 것은 바로 억양이다. 억양은 언어학적으로 '발화에 얹히는 음의 높낮이 패턴'을 말한다. 우선 억양은 어떤 문장이 평서문인지 의문문인지를 나타내는 언어적이고 통사적인 기능을 한다. 그런데 더 중요한 것은, 똑같은 문장이라도 억양에 따라 화, 친절함 등 화자의 다른 감정이나 태도가 드러난다는 것이다. 따라서 억양은 언어 생활에서 매우 중요하다. 참고로 이런 억양을 비롯해 말소리의 리듬, 강세 등을 모두 일컬어 운율이라고 한다.

이 외에도 음성을 통해서 우리는 그 사람의 건강 상태, 단기적으로는 피로도까지도 파악할 수 있다.

음성과 이미지

우리가 메타버스에서 자기 아바타를 설정할 때 내가 원하는 이미지를 보여주기 위해서 피부 색깔부터, 옷, 머리 스타일까지 자유롭게 선택한다. 이런 외적인 요소가 가상 공간에서 그 사람이 원하는 이미지를 어느 정도 표현해 준다. 그런데 사실 우리가 매력적인 목소리를 가진 사람에게 실제로 호감을 느끼기도 하는 것처럼, 외모

뿐 아니라 음성 역시 그 사람의 이미지를 결정하는 데 큰 영향을 미친다.

그렇다면 목소리는 어떻게 결정될까. 음성학적으로 말소리가 만들어지는 과정을 소스source와 필터filter로 나누어 볼 수 있다.

우리가 말을 발화할 때 폐에서 공기가 나와 목젖이 있는 부분의 후두를 지나가게 된다. 이 후두 안에 성대가 존재하는데, 우리가 흔히 목소리라고 하는 것은 사실 이곳에서 결정된다고 보면 된다. 이게 바로 음성의 소스가 되는 것인데, 일단 성대가 얼마나 빨리 진동하느냐에 따라서 음의 높낮이가 결정된다. 그리고 성대가 열려있는 모양에서도 목소리의 특징이 결정되는데, 이에 따라서 공기가 많이 들어간 목소리가 되거나 쉰 듯한 목소리가 될 수 있다.

이렇게 후두를 지나온 공기는 이제 구강을 통과하게 된다. 이때 혀의 위치와 모양, 입술 모양, 입이 얼마나 열려있는지, 코로 가는 통로가 열려있는지 닫혀있는지 등에 의해서, 즉 여러 조음 기관이 어떻게 움직이는가에 의해서 우리가 최종적으로 다양한 자음과 모음을 발화하게 되는 것이다.

보통 우리가 매력적인 목소리라고 했을 때는 기본적으로 목소리의 소스만을 생각하지만, 사실 자음과 모음을 어떻게 발화하는지, 즉 '필터'에 따라서도 음성의 이미지에 영향을 미칠 수 있다.

음성의 이미지와 시각적 이미지

성도의 길이는 사람의 키와 상당히 높은 상관관계를 가지고 있다. 키가 크고 몸집이 큰 사람이 성도도 길 수밖에 없고, 그 길이에 따라 음성도 다르게 나타나게 된다. 그래서 우리가 그냥 목소리만 들어도 그 사람의 몸집이 클지, 작을지를 추측할 수 있는 것이다. 이렇게 음성의 이미지와 시각적인 이미지는 상당히 밀접한 관계를 갖게 된다.

3. 향후 메타버스에서의 음성언어

최근 메타버스에 대한 사람들의 관심이 상당히 높아지고 있다. 메타버스가 우리의 새로운 플랫폼이 된다면 과연 원활한 의사소통을 위해 음성언어적으로는 어떠한 기술 개발이 이루어져야 할까. 현실의 음성언어를 가상 공간으로 옮긴다는 것은 단순히 목소리를 전달하는 것이 전부는 아닐 것이다. 특히 아바타를 매개로 하여 몰입감 높고 자연스러운 의사소통이 이루어지기 위해서는 외양부터 비언어적 요소, 음성의 표현과 통제까지 다양한 부분을 고려해야 할 것으로 보인다.

메타버스에서 음성언어적 소통

음성학자로서 메타버스에서의 의사소통에 대해 생각해 보면, 언어적 표현과 비언어적 표현에 대한 기술적 개발이 모두 필요하지 않을까 싶다.

우선 언어적 측면을 살펴보면, 우리는 청각 정보와 시각 정보를 동시에 활용하여 말소리를 인지한다. 그런데 메타버스에서 아바타를 활용해 소통할 때 아바타에는 이런 시각적인 정보가 결여되어 있고, 따라서 음성 인지가 좀 더 어려워지며 듣기 노력이 증가할 수밖에 없을 것이다. 듣기 노력이 증가하면 자연히 듣기의 피로도가 증가하는 것이기 때문에, 이것이 메타버스 사용의 피로도와도 연관이 될 수 있다. 그래서 과연 이 피로도를 낮추고 좀 더 쉽게 이해할 수 있는 음성을 어떻게 구현할 수 있을 것인지, 시각 정보와 청각 정보를 어떻게 일치시킬 수 있을 것인지와 관련된 기술 개발이 하나의 과제가 될 것으로 보인다.

하지만 반대로, 현실에서 겪는 음성언어 이해의 어려움을 메타버스에서 어느 정도 통제할 수도 있을 것 같다. 일반적인 환경에서는 우리가 컨트롤할 수 없는 요소가 상당히 많다. 예를 들어 사람들이 동시에 이야기할 경우에도 듣기 노력을 통해 집중도를 높여야 한다. 그런데 메타버스에서는 다양한 사람이 동시에 이야기할 경우 타깃 화자의 음성을 증폭시킨다든가 화자들 간의 공간적인 거리를 더 늘린다든가 하는 음성 기술을 통해 음성언어의 이해를 증진시킬 수 있는 방법을 시도해 볼 수 있다.

비언어적 측면에 대해서도 고려할 부분이 있다. 예를 들면, 아바타의 겉모습은 자유롭게 설정할 수 있기 때문에 굉장히 조그맣고 귀여운 몸집의 아바타에서 중후한 저음의 목소리가 날 수도 있을 것이다. 물론 그게 잘못된 것은 아니지만 실제로 몸의 사이즈와 목소리에 큰 상관관계가 있기 때문에, 그 사람의 음성에 어느 정도 일치하는 아바타를 추천하는 기능을 고려해 볼 수도 있을 것 같다. 또한, 기술을 통해 말소리의 공간적인 정보를 구현한다면 언어에 대한 실감도가 더 올라갈 수 있을 것이다.

이와 관련해 얼마 전에는 카이스트와 KT 공동 협력 사업으로, 말소리의 자연성과 선호도에 대한 음향-인지과학적인 연구를 시작하게 되었다. 우리는 최근 AI 스피커 등을 통해 합성 음성을 흔히 듣게 된다. 합성 기술이 상당히 발전하면서 합성음의 명료도와 자연성이 많이 향상되었지만, 그럼에도 아직은 합성음을 사람의 음성만큼 자연스럽고 편안하게 듣기는 어렵다. 그래서 이런 합성음의 자연성을 결정하는 것은 무엇인지, 그리고 우리가 더 매력적인 목소리라고 느끼는 것과 관련된 음향적인 요소나 인지적인 요소는 무엇인지에 대한 연구를 시작하는 단계에 있다. 앞으로 이런 연구 결과를 기반으로 하여, 메타버스에서 더 자연스러운 음성을 듣고 언어생활을 하도록 관련 기술을 발전시킬 수 있기를 기대해 본다.

5장

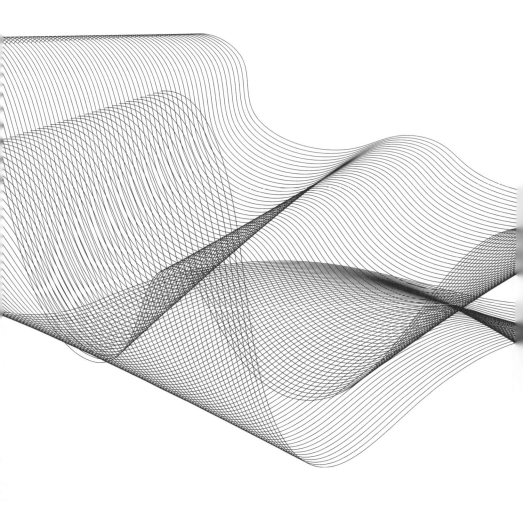

우리는 어떻게 나아가야 할까:

메타버스에 대한 고찰

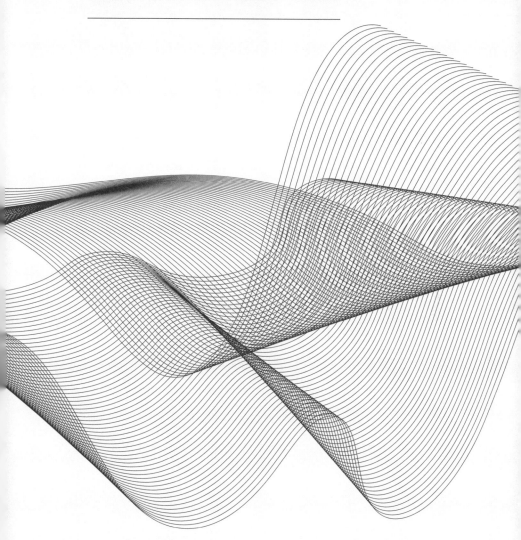

메타버스는 현실이 아니다,
새로운 가능성을 가진 도구일 뿐

참여자

박주용 KAIST 문화기술대학원 교수

이원재 KAIST 문화기술대학원 교수

이은수 KAIST 문화기술대학원 교수

이은수: 메타버스는 우리 사회에 쓰나미처럼 다가오고 있는 움직임이다. 이에 우리가 주도권을 가지고 필터링하여 받아들이는 것이 매우 중요한 문제일 듯하다.

박주용: 사실 유니버스나 멀티버스처럼 몇천 년을 이어온 세계관의 단어에서 메타버스라는 단어가 파생되었다고 보면, 우리가 정말 그 안에서 무엇을 할 수 있으며 약속한 것만큼 기술이 전달될 수 있는지도 짚어볼 필요가 있다. 기술은 결국 우리가 원하는 것에 대해 약속하는 것인데, 과연 우리가 원하는 게 무엇이길래 이런 기술을 약속하는가. 사실 지금보다 훨씬 기술이 발전해도 그 안에서 오히려 사람이 중요한 만큼, 인간의 본질적인 부분에 대해 계속 생각해 봐야 하지 않을까. 또 어떤 기술에 대해 10년 뒤를 보는 사람, 또 내 생각과 다른 관점을 바라보는 사람이 있을 때는 그걸 고려하는 것이 장기적으로 도움이 된다. 역

사적으로 보면 우리는 항상 발전해 왔다. 아무리 대단한 일을 한 과학자라고 해도, 더 앞을 내다보지 않고 지금이 완성이라고 말하는 사람들은 역사적으로 늘 우스운 소리를 듣게 된다. 자기가 가지고 있는 것보다 더 앞서 나가는 도전을 받아들일 때 우리는 더 발전할 수 있다고 생각한다.

이원재: 메타버스의 가능성에 대해 가치 판단이나 사실 판단을 내릴 수는 없겠지만, 물질적으로 기준 삼아야 하는 것을 생각했을 때 박주용 교수님은 창의성을 꼽으시는 것 같다. 메타버스를 통해 인간의 창의성이 실현된다면 우리는 더 자유로워질까.

박주용: 미래의 예측은 과거를 통할 수밖에 없는데, 과거가 영원하지 않기 때문에 어떤 변수가 있을지는 모르겠다. 하지만 일단 과학의 발전이 인간의 자유를 억압하는 방향으로 가면, 자유를 증진하는 것보다 훨씬 큰 저항을 받아왔다. 물론 과학뿐 아니라 다른 분야에서도 사람들의 권리를 제한하는 방향보다는 그것을 확장하는 방향으로 발전이 이루어졌다. 어떤 기능이 만들어질 때 소비하는 입장에서 원하는 것을 적극적으로 말하는 것도 중요하다고 보는데, 분명 기술의 발전이나 기회가 만들어질 때 사람들은 좀

더 자유로운 방향을 원할 것 같다. 그렇다면 메타버스에서 창의성이나 욕망의 구현이 자유롭게 커지게 할 것인가 하는 문제보다, 사람들은 자유가 커지는 방향으로 창의성과 욕망의 실현을 원할 것이라고 본다. 그렇다면 결국 자유가 확장되는 방향으로 가지 않을까. 반대로 어떤 기능 때문에 자유가 줄어든다면 과연 그것은 좋은 기술인가 생각해 보게 된다.

이은수: 다가오는 수많은 변화를 무방비하게 맞이한 20세기보다 성숙한 사회가 된 지금은 어떻게 새로운 기술을 다루고 접근할 것인지 고민되는 부분이다. 이원재 교수님은 메타버스를 조금은 부정적으로 볼 필요도 있다는 말씀을 해주고 계신다. 겉으로는 평등하고 공정한 공간이 될 것 같지만, 메타버스가 유토피아가 아니라 오히려 불평등이 심해질 수 있다는 관점에 대해 의견이 듣고 싶다.

이원재: 공학적으로는 인간 세계의 정상적인 상태를 불평등이 없는 상태라고 가정하는 것 같다. 그래서 시스템에서 불평등이 발견되면 그것을 고치려고 하는데, 사실 인간 사회의 평균은 평등이 아니라 불평등이다. 누구나 대통령이 될 수는 없으니까. 조직이라는 게 존재하는 한 불평등이 정상이기 때문에 우리는 정상적인 불평등을 넘어선 불평

등을 보정하는 것이다. 그래서 좀 더 근본적인 불평등 문제에 집중하는 게 유용하다고 본다. 예를 들어 본인 선택에 의지하지 않고 불평등한 상황에 놓인 장애인들이 메타버스에서 남들과 똑같은 성공의 확률을 가지는 것은 의미가 있다. 그러나 시스템 전체에서 모든 사람이 다 동일하다는 것은, 인간이 그렇게 사회를 유지하지 않는다는 것을 인정하지 않는 데서 오는 커다란 오해다. 또 한 가지, 여기 참여하는 사람들이 양식 있는 시민으로서 협동과 연대를 통해 아름다운 사회를 만들 것인가? 그렇지 않다. 어떤 시스템에 대해 우리의 정상적이거나 도덕적으로 올바르다고 생각하는 가치만 상정하고 그 결과를 기대하는 것은 잘못된 상상이다. 사람들이 그것을 사용하는 이유엔 우리가 인정할 수 없는 여러 가지 욕망이나 사적 이해도 포함되는 것이기 때문이다. 가상과 현실 사이의 경계를 없애버리겠다고 하는 순간 현실 사회에서 우리가 목도하는 여러 가지 부정적인 모습도 재현될 것이다. 그래서 결국 오프라인 사회와 똑같이 만들 것이냐, 다르지만 좀 더 이상적으로 만들 것이냐의 싸움이라고 생각한다.

포스트 메타버스가
인간에게 약속해 줄 수 있는 것

포스트 메타버스 공간의 물리학적 고찰

✕ 박주용 교수 ✕

포스트 메타버스는 post + meta + verse의 합성이다. '-verse'는 유니버스에서 따온 말로 하나로 된 조화로운 우주라는 뜻이고, 이 자연철학의 기초개념인 -verse에 '너머'를 뜻하는 철학적 접두어 meta- 를 붙인 유행어에 '뒤', '이후'를 뜻하는 접두어 post- 를 또 덧붙인 단어가 'post-metaverse'다. 메타버스에 막연한 기대감을 품기에 앞서, 이 단어의 어원과 역사를 비롯하여 포스트 메타버스라는 유행어가 물리적인 현실 세계와 가상 세계를 넘나들며 궁극적으로 인간이 원하는 것을 이뤄줄 수 있을지 한 번쯤 되짚어 볼 필요가 있을 것 같다,

1. 포스트 메타버스의 기원

VERSE

Universe라는 단어는 고대 프랑스어 universe와 라틴어 universum에서 기원했다. '하나'를 의미하는 'uni-'와 '되다'를 의미하는 'versum'은 '전체를 아울러서 하나를 이룬다'는 뜻을 갖는다. 사실 세상이 전체를 이루는 하나라는 개념이 당연한 것은 아니다. 이 개념은 고대 그리스에서 피타고라스가 '세상은 수학적 질서로 되어있어 모든 것이 하나의 법칙을 따른다'고 한 것에서 나왔다. 이것이 지금까지, 특히 서양 철학을 4천 년 동안 지배한 세계관이며 우주에 대한 이해의 기본 철학이기도 하다.

메타버스라는 새로운 세상이 등장한 시점에서, 이전의 사람들이 유니버스를 찾아냈던 과정을 살펴볼 필요가 있다. 여기에 중요한 역할을 한 몇몇 인물들이 있다. 일단 지동설을 주장한 코페르니쿠스는 태양을 중심으로 한 유니버스의 진실을 탐구했다. 그는 태양을 중심으로 모든 것이 원을 이룬다고 했는데, 이후 케플러가 우주는 원이 아니라 타원으로 돌아가며 천체 운동 법칙을 따른다며 새로운 규칙을 내놓았다.

뉴턴은 우리가 《프린키피아》라고도 잘 알고 있는 《자연철학의 수학적 원리》라는 책에서 유니버스의 의미를 논했다. 그는 사람이 유니버스라는 개념이 주어졌을 때 거기에서 무엇을 할 수 있는지, 그 본질은 무엇인지를 수백 년, 수천 년 동안 고민해온 것이 바로 인류의 지성사가 되는 것이며, 유니버스란 우주의 음악처럼 천체가 조화되는 의미라고 하여 'musica universalis 조화로운 우주·천체의 음악'라고 했다.

MULTIVERSE

이전의 유니버스는 하나가 된다는 뜻이었는데, 20세기에 들어서서 양자역학의 다중우주 이론이 등장하며 '멀티버스'의 개념이 생기기 시작했다. 세상이 하나가 아니라 여러 개의 세상이 동시에 존재한다는 것이다. 이것은 슈뢰딩거의 고양이라는 양자역학적 개념에서 출발했다. 여러 상태가 중첩되었다는 양자역학의 예언에 근거하여 물리학적 계의 상태가 관찰할 때마다 각각으로 분리되어 새로운 세상이 만들어진다는 물리학계 일부의 주장이다.

이에 따르면 다중우주 가운데 어느 우주에서는 우리가 일론 머스크 같은 부자일 수도 있고, 알렉산더 대왕 같은 정복자였을 수도 있다. 사실상 과학적인 간결함을 갖추지 못한 이론임에도 불구하고 사람들의 상상력을 자극하다 보니 자신의 희망을 담을 수 있는 이론으로 아직도 많이 이야기되고 있다.

METAVERSE

메타버스라는 단어를 뜯어보면 verse는 우주에서 나온 것이고, meta는 우리가 현재 살아가고 있는 물리적인 세상을 벗어나 클라우드 같은 일종의 가상 공간에 들어간다는 뜻이다. 즉 멀티버스와 마찬가지로 우리가 또 다른 존재가 될 수 있다는 개념으로 많은 상상력을 자극했다.

그래서인지 메타버스라는 개념은 90년대에 상당한 인기를 끌었다. 대표적으로 〈론머 맨〉이라는 영화를 보면 어느 과학자의 저택에서 잔디를 깎으며 단순한 일상을 살던 주인공이 메타버스에 들어가게 되고, 그곳에서 갑자기 천재가 되어 세상을 지배하는 엄청난 능력을 갖게 된다. 그래서 이 영화의 포스터에는 'God made him simple, Science made him God—신은 그를 보잘것없게 만들었지만, 과학은 그를 신으로 만들었다—'이라는 문구가 쓰여있다. 멀티버스에서 우리가 다른 사람이 될 수 있다는 상상으로 즐거워했듯이, 사람들이 메타버스에 많은 기대를 갖게 된 것이다. 또 그 이후에 나온 〈매트릭스〉 시리즈는 훨씬 문화적 영향력이 컸던 작품으로 또 다른 가상 세계에 대해 다양한 상상을 하게 했다.

그러나 그때로부터 시간이 꽤 지났음에도 메타버스가 영화처럼 사람들의 삶에 들어오거나 일상을 바꿔놓지는 못했다. 사실상 우리가 메타버스에서 할 수 있을 거라고 기대하고 있는 일상의 많은 것들은 유니버스에서 이미 가능하다. 우리가 메타버스에 바라는 것은 유니버스에서 불가능한 것이 가능한 세상인데, 아직은 유니버스에서 가능한 것도 메타버스에서는 불가능한 수준이다.

최근에는 메타버스가 정말 의미가 있는지에 대한 논란도 많다. 뉴욕타임즈에는 메타버스를 본격적으로 구축하겠다는 마크 저커버그의 발표 며칠 뒤에 〈Metaverse? Are you kidding me?—메타버스? 장난하니?—〉라는 비판적인 논평이 나오기도 했다. 물론 어떤 기술이든 무조건적으로 수용하기보다 건강한 논쟁을 통해 분별적으로 받아들이는 태도는 필요하다. 이 기사에서는 실제 세상에서도 모르는 것이나 할 수 있음에도 못하는 것이 많은데 왜 굳이 메타버스에 가야 하는지, 오히려 우리를 제한할 수도 있지 않은가 하는 문제를 제기했다.

2. 메타버스의 존재 의미

메타버스에 대한 여러 기대감이 대두되고 있지만 메타버스는 도대체 어디에 있으며, 왜 필요한 것일까. 메타버스의 존재 의미를 설득하기 위해서는 이러한 질문에 대한 답이 필요할 것이다.

메타버스의 현실

20여 년 전에 인기를 끌었던 싸이월드는 자신만의 작은 미니룸을 꾸미고 친구들과 일촌을 맺어 소통할 수 있는 공간이었다. 그리고 20년이 지난 지금의 메타버스는 어떻게 바뀌었을까. 사실상 싸이월드와 메타버스를 비교해 보면 언뜻 큰 차이가 느껴지지 않는다. 20년이면 엄청난 발전이 있을 수 있는 시간인데, 20년 전 싸이월드와 비교하여 지금 인기를 끌고 있는 게더타운이라는 플랫폼에서는 획기적인 변화가 눈에 띄지는 않는 것이다.

게더타운에서는 아바타가 돌아다니면서 다른 사람의 아바타와 가까워지면 말소리가 들리고, 마이크 앞에 서면 모두에게 자신의 목소리가 전달되기도 하는 신기한 기능이 있다. 하지만 제대로 컨트롤하지 못하면 문을 지나치게 되고 사람들 사이에 둘러싸이면 빠져나갈 수가 없는 등, 현실의 문제점을 극복한다기보다 현실에 없는 문제들을 해결해 나가야 하는 상황이다. 이것이 메타버스의 대표적인 예로 인기를 끄는 앱의 현실이다.

수많은 '신기술'의 현실

사실 수많은 신기술의 현실이 그렇다. 그 기술이 약속하는 수준에 도달하기도 훨씬 전에 먼저 유행어가 되어서 관심을 끌다 사라지는 경우가 많다. 물론 어쩔 수 없는 부분도 있다. 기술이 실현되는 데에는 시간이 걸리는데, buzzword가 되는 것이 모두 현실화하여 등장한다면 5년마다 세상이 휙휙 바뀌어왔을 것이다. 그렇다면 왜 하필 이 시점에서, 다른 신기술과 마찬가지로 아직 온전하게 실현되지도 못한 메타버스가 이렇게 큰 buzzword가 되었을까?

우선 예외적인 상황인 코로나19의 영향이 적지 않았을 것이다. '코로나는 끝나지 않을 것이고 우리는 메타버스 속으로 들어가야 할 것이다'라는 말까지 나오고 있으니, 실제 세계를 경험하기 어려운 상황에서 자유롭게 활동할 수 있는 다른 세계에 많은 관심이 쏠릴 수밖에 없다. '멀티버스'의 경우에도 현실적으로는 말이 되지 않는데도 사람들은 또 다른 세계를 원하는 낙관의 마음과 현실에서 벗어날 수 없는 비관을 그 세계에 투영해 미래를 꿈꾸게 된다.

그렇게 모두가 메타버스로 모여들 줄 알았지만 위드코로나 체

제에서 24시간 영업이 가능해진 첫날, 포항 영일대해수욕장이 불야
성이 되며 코로나 이전보다 더 많은 사람이 모였다는 뉴스가 전해
졌다. 결국 사람들이 실질적으로 바라는 건 메타버스로 들어가는 게
아니라, 코로나19가 사라지고 다시 현실 세계를 사는 것이라는 걸
알 수 있다.

그래서 포스트 메타버스를 얘기하는 것이다. 메타버스 자체는
사람들의 욕망을 다 해결해 주지 못하며, 또한 사람들은 과연 그것
을 진짜 원하는 것인지에 대해서도 생각해 볼 필요가 있다.

우리는 정말 메타버스를 원하는가

소설 《스노 크래시》에서 사람들이 메타버스에서 살게 되는 이
유는, 현실 세상이 모두 사라져버렸기 때문이다. 현실 세계가 존재
하는 상황에서 사람들은 과연 현실을 버리고 메타버스로 가고 싶어
할까? 현실 대신 싸이월드에서, 혹은 게더타운의 하늘을 보고 사는
것을 원할까? 메타버스라는 기술이 약속하는 바가 아직 사람들이 원
하는 정도에 충분히 도달하지 못한 지금, 아직은 메타버스를 비판적
인 시각에서 바라볼 필요도 있을 것 같다.

어릴 때 마크로스Macross라는 로봇 만화를 좋아했는데, 30년이
지났는데도 아직까지도 기억에 남는 장면이 하나 있다. 지구를 떠나
로봇 우주선을 타고 우주를 정처 없이 떠다니는데 어느 날 우주선
안에 파란 하늘이 등장한다. '좀 더 자연스럽게 보이기 위해 파란 하
늘 기술을 만들었대.' 그러면서 모두가 드디어 지구에 사는 것 같은

기분을 느낄 수 있다고 매우 기뻐한다. 그때 사람들은 이미 알고 있었다. 우주에 나갈 수 있는 대단한 기술을 갖춰도, 우주에 나간다는 그 자체의 기쁨에서 벗어나면 결국 사람들이 원하는 건 우주에서 척박하게 사는 게 아니라 파란 하늘을 보면서 사는 것이라는 걸 말이다.

현실 세계에서처럼 파란 하늘을 바라보고, 오토바이를 타고 여행을 가며 맛있는 것을 먹는 다양한 욕망을 지금의 메타버스에서는 이룰 수 없다. 물론 사람마다 바라는 욕망은 다르겠지만, 이런 개인적인 욕망에 기반하여 메타버스가 가야 하는 길은 어디이며, 앞으로 어떤 포스트 메타버스를 만들어가야 할지 생각해 보고자 한다.

3. 인류 꿈의 실현과 새로운 발전

포스트 메타버스가 우리가 메타버스에 원했던 것을 실현시켜 주기 위해 어떤 방향으로 나아갈 것인지 살펴보려면, 우선 과거에 우리의 굵직한 과학 기술 발달이 우리 꿈을 실현시키는 데 어떤 영향을 주었는지 먼저 돌아볼 필요가 있다.

과거 산업혁명의 흐름을 살펴보면 기술의 발달은 당시 사람들의 욕망과 니즈를 차곡차곡 충족시켜 왔다. 물자의 무한한 생산이 가능해졌고, 이후에는 무한한 연결과 소통, 인정 욕구의 충족도 가능해졌다. 매슬로는 인간의 궁극적인 욕구를 '창의성 활동을 통한 자기실현'의 욕구라고 했는데, 그렇다면 4차 산업혁명에 도달한 시점에서 인간에게 필요한 기술은 인간이 창의성을 발현할 수 있도록 하는 도구일 것이다. 그게 바로 메타버스가 될 수 있을까.

창의성과 새로움의 발견

인간이 창의성을 발현하고 자기실현을 할 수 있도록 도와주는 기제가 메타버스라면, 여기서 키워드는 바로 '창의성'이 될 것이다. 메타버스에서 우리가 궁극적으로 행복해지려면 남들과 같은 것이 아니라 나만의 새로운 것을 할 수 있어야 한다. 인간의 궁극적인 욕망인 창의성을 발휘하고 새로움의 발견으로 이어질 수 있는지가 중요한 것이다.

그렇다면 인간의 행복인 '새로움의 발견'은 어디에서 올까. 그 것은 물리학적인 공간에서 벌어지는 자연과 상호작용에서 온다. 왜냐하면 자연은 우리가 완벽하게 알지 못하기 때문이다. 우리가 모르는 비밀을 가지고 있는 자연과 상호작용하면서 찾아낼 수 있는 것이 바로 새로움, 창의성이다. 더 크게 보면 자연과 상호작용을 통해 찾아내는 질서와 전체성, 그리고 아름다움이 인류가 제일 고차원적으로 보는 가치와 연결된다는 것이다. 양자역학과 인간의 창의성 연구에서 큰 업적을 남긴 데이비드 보옴David Bohm은 창의성에 대하여 이렇게 말했다.

> "창의적 발견의 과정에서 사람이 찾아내는 새로운 기본 구조는 조화로움과 전체성의 특질을 가지고 있고, 아름다움의 느낌이 따라온다."

간단히 말해서, 실제 세계는 모든 게 복잡하게 엉켜있고 무질서하게 보인다. 그런데 창의적인 사람이 보는 세상은 다르다. 규칙적이며 질서를 갖는다. 무질서한 실제 세상에서 어떠한 전체성을 느끼게 되는 순간, 새로운 시선으로 질서가 있는 조화롭고 아름다운 세상을 발견하는 것이 바로 창의적 활동이라고 본다.

자연에서 가능한 인류 문명의 발전

앞으로 필요한 새로운 기술의 발전, 우리의 진정한 행복을 찾는 창의적 활동이 자연과의 상호작용에서 나오듯 더 크게 보면 인류 문명의 발전 또한 자연 속에서 가능하다.

로버트 오펜하이머Robert Oppenheimer라는 과학자가 있는데, 원자폭탄의 아버지이자 미국의 프로메테우스라고 불리는 인물이다. 신화 속에서 신에게 불을 뺏어 인간에게 준 프로메테우스처럼 그는 당시 기술만으로 태양보다 더 뜨거운 지점을 지구 위에서 만들어냈다. 그는 핵폭탄 폭발 장면을 보고 이런 말을 했다. "난 이제 죽음의 사신이요, 온 세상의 파괴자가 되었다."

오펜하이머가 살던 우주에서 인간은 아직 모르는 게 많았다. 그는 인간이 이전에는 알지 못했던 것을 자연 속에서 찾아내면서 지구 위에 태양처럼 뜨거운 것을 만들어냈고, 그 발견이 생각지 못한 결과를 낳기도 했다.

그런데 자연이 알려주지 않은 것들을 찾아나갈 수 있는 현실 세계와 달리, 메타버스 안에서는 그 가상 세계를 프로그래밍하여 만들어놓은 사람이 허락한 일만 할 수 있다. 만약 물리학적 법칙을 무시하고 그래프로 만든 가상 세계에 들어간다면, 양자역학은 누가 만들고 원자폭탄은 누가 만들 것인가. 완전히 새로운 발견과 발전은 어떻게 가능할까. 이는 그 세계를 만든 사람이 허락하지 않으면 불가능한 일이다. 이것이 과연 정말 신나는 세상일까?

인류가 달에 도착했을 때 느낀 희열은 누군가 프로그래밍한 길을 따라간 것이 아니라 스스로 자연을 극복했기 때문에 느낄 수 있는 감정이었다. 이런 식으로 자연과 상호작용하며 인류의 족적을 넓히는 엄청난 희열을 우리는 과연 포기할 수 있을까.

4. 포스트 메타버스에 바라는 것

메타버스에는 이처럼 아직 극복하지 못한 한계점이 있다. 그렇다면 이것을 극복하는 포스트 메타버스는 무엇이며, 인간의 행복을 증진하고 창의성을 발현시키기 위해 메타버스는 어디로 가야 할까. 이에 대한 답을 얻기 위해서는 두 가지 정도를 생각해봐야 할 것 같다.

먼저, 메타버스는 실제 자연을 대체하는 것이 아님을 인정해야 한다. 우리는 마치 메타버스가 현실에서 벗어나 도달할 수 있는 유토피아일 것처럼 상상하는데, 메타버스가 현실의 문제점이 모두 사라지고 꿈이 실현되는 공간은 아니라는 것을 받아들여야 한다.

둘째로, 사람은 다른 사람이 정해놓은 격자 위에서 움직이는 것이 아니라, 틀을 벗어나 자유롭게 행동하고 싶어 한다는 점을 기억해야 한다.

프랭크 허버트Frank Herbert의 《듄》이라는 소설에 재미있는 사례가 나온다. 그 세계에서는 대부분의 사람들이 인공지능에게 생각을 맡기게 되면서 정작 스스로는 생각하는 능력을 잃어버린다. 그러자 사실상 그들이 인공지능을 조종하는 사람들에게 지배받는 봉건사회가 만들어지게 된다. 그래서 주인공에게 '네가 사람인지 테스트하겠다'고 하면서 그가 인공지능에 생각을 맡기고 살고 있는 '무리people'인지, 스스로 생각을 지닌 '인간human'인지 알아보려고 하는 장면이 등장한다.

우리의 현실에 적용하자면 이런 상황일 것이다. '극히 협소한 '메타버스'에 갇힌 인간은 탐험의 의미를 잊어버리고, 메타버스를 조종하는 사람들에게 지배받을 위험이 커졌다.' 우리는 살면서 누군가가 프로그래밍 해놓은 세상이 아니라, 우리가 아직 그 전부를 알지 못하는 자연 속에서 살아가야 한다. 그래서 책 속의 그런 결말을 겪지 않으려면, 거꾸로 메타버스의 협소한 세계에서 그들이 만든 규칙에 얽매이지 않도록 주의할 필요도 있다.

물론 메타버스라는 가상의 세계가 자연과 상호작용을 할 수 있게 보완하면서 우리의 진정한 의미를 찾아가는 데 도움을 준다면, 지금의 다양한 기술 발전이 의미 있는 미래 기술의 기반이 되어 포스트 메타버스를 만날 수 있을 것이라고 생각한다.

결론적으로 말하자면 포스트 메타버스란, 메타버스가 성공하여 자연과 우주를 초월해버린 세상일 수도 있고, 반대로 실패하여 잊히는 세상일 수도 있다고 정리하고 싶다. 메타버스를 마주하려는 시점에서 한 번쯤 스스로에게 질문해 보자. 우리가 원하는 것은 과연 무엇일까.

만들어진 사회와
정체를 드러낸 현실

메타버스가 만드는 새로운 세계에 대한 단상

✕ 이원재 교수 ✕

얼마 전 어떤 프로젝트 일로 메타버스 전문가 박상욱 대표님을 만났다. 제페토에서 일하다가 지금은 스타트업을 운영하는 분인데, 메타버스가 실제로 어떻게 운용되는지에 대해 정리된 생각을 들어볼 수 있었다. 박 대표는 메타버스를 한마디로 말하자면 '나와 같거나 다른 정체성으로 노동, 소비, 참여, 교류 가능한, 현실과 연결된 가상 세계'라고 정의했다. 더불어 2021년 현재 한국 사회뿐 아니라 세계적으로 메타버스가 설득력을 가지는 이유를 세 가지로 정리했는데 그 내용은 이렇다.

첫째, 코로나19 이후 강제적으로 비대면 만남이 상용화됐다. 이전에도 비대면 상호작용할 수 있는 기술은 존재했지만 대부분의 교류가 대면으로 이루어졌는데, 이제는 대학에서도 2년째 줌으로 수업을 하고 있고 그 외에도 많은 교류가 비대면으로 바뀌었다. 둘째는 기술의 고도화다. 매년 메이저 단말기 회사들이 몇십 프로씩 성능이 향상된 제품들을 쏟아내고 있다. 5G 기술의 가시화, AR과 VR의 대중화, 대화형 인공지능의 등장 등 다양한 기술이 급속도로 발전해 나가고 있다. 가장 중요한 셋째 요인은 디지털 네이티브 세대의 등장이다. 산업혁명을 겪으면서 그 전후로 세대별 체감하는 기술의 격차가 매우 커졌다. 내가 20대 때 처음으로 이메일을 만들었는데, 요즘 아이들은 인터넷을 쓰기도 전에 이미 게임으로 테크놀로지를 접하고 네트워킹이 이루어진다. 기술을 자연스럽게 느끼고 받아들이는 세대인 만큼, 기계와의 소통과 글로벌 커뮤니케이션에 있어서 훨씬 가능성이 열려있는 셈이다.

그렇다면 메타버스가 정말 새로운 세상을 열고, 새로운 세대가 적응할 것이며, 그 이후의 세상은 지금까지 우리가 살아온 세상과 다르게 펼쳐질까? 어쩌면 우리가 지난 세월 동안 겪어온 몇몇 기술처럼 변할 줄 알았으나 변하지 않고 실패했던 것들이 메타버스 안에도 숨어있는 것은 아닐까. 이에 대해 메타버스를 분리, 복제, 확장의 세 가지 키워드로 살펴보려고 한다.

1. 분리

평행 우주Parallel Universe는 구슬처럼 보이는 우주 하나하나가 평행하게 무한히 존재한다는 개념이다. 이렇게 우리가 오감으로 느끼고 눈으로 관찰하는 등 실제 경험하며 살아가는 세상 이외에도 무언가 다른 세상이 분리되어 있을 수 있다는 생각 자체가 새로운 것은 아니다. 오히려 우리는 분리에 굉장히 익숙하다.

사회학자 앤서니 기든스Anthony Giddens가 쓴 《The Consequences of Mondernity》라는 책은 우리나라에서 《포스트 모더니즘》으로 번역되었다. 포스트 모더니즘은 우리가 알고 있는 산업사회 이후에 새로운 사회가 도래한다는 아이디어를 종합적으로 표현한 것이다. 기든스는 여기에서 1972년 프랑스에 인류 최초의 전신First Telecommunication이 세워진 것에 대해 '장소로부터 공간의 분리'라고 표현했다.

이전까지 사람들에게 장소와 공간은 동의어였다. 그런데 전화를 하게 된 순간, 우리는 각자 다른 장소에 머무는 동시에 하나의 공간에 있게 된다. 이것은 텔레커뮤니케이션이라는 기술적 혁신 이전에는 일어날 수 없는 일이었다. 그러니까 분리라는 건 우리에게 이미 굉장히 익숙한 일이지만, 동시에 인류 역사에서 발생한 지는 그리 오래되지 않은 것이다.

우리는 이제 전화를 넘어 줌과 같은 영상 플랫폼으로 하나의 공간을 공유하면서 반갑게 인사도 하고 필요한 업무를 처리하기도 한다. 하지만 이 그림에 비유해 말하고자 하는 근본적인 질문은, 그것이 어쩌면 길거리를 걸으며 무심히 사람들을 쳐다보는 마음과 비슷하지 않은가 하는 점이다. 우리가 장소를 벗어나 하나의 공간을 만들어 이야기를 나누는 것은, 정말 한 장소에서 얼굴을 맞대고 서로와 눈을 맞추며 대화하는 것과 같다고 할 수 있을까? 이것은 이제 우리가 메타버스를 향해 던지는 질문이기도 하다.

많은 사회학자나 심리학자들은 실제의 만남에 비하면 가상 공간에서 만날 때 여전히 거리감을 느낄 것이라고 말한다. 물론 이에 대한 기술적 문제를 극복하고 실제 얼굴을 맞대고 대화하는 것만큼 몰입감을 느끼도록 하기 위해 많은 연구자들이 엄청난 노력을 하고 있다. 그러나 아직까지의 전망은 다소 냉소적인 것이 사실이다. 그 가상의 공간을 향해 이런 질문을 던지지 않을 수 없다. 이 무심한 거리의 사람들의 표정을 보라. 새로운 기술이 가상 공간에서 정말 새로운 사회를 만들어 주고 있는가?

2. 복제

《플란다스의 개》를 보면 마지막에 이런 장면이 나온다. 가난한 소년 네로가 평생 단 한 번이라도 보는 게 소원이었던 루벤스의 그림을 성당에서 마침내 마주하고, 그 자리에서 행복하게 세상을 떠나는 것이다. 그런데 이제는 루벤스의 그림을 구글에 검색하면 네로가 쓰러졌던 그 장소까지 고스란히 사진으로 만나볼 수 있다. 심지어 해상도가 굉장히 높아서, 어쩌면 네로가 눈앞에서 보는 것보다도 인터넷으로 더 선명하게 볼 수 있을 정도다.

이렇게 복제라는 개념, 시뮬라크르 Simulacre 는 존재하지 않는 가상이나 거짓이 때로 존재하는 것처럼 인식된다는 의미의 프랑스어다. 장 보드리야르 Jean Baudrillard 라는 사회학자는 이 개념에 주목해서 복제에 대해 설명했다. 사실 복제가 가능해져서 사람들이 누리기 시작한 지는 백 년도 안 됐다. 영화와 사진이 나오고 난 뒤, 즉 복제가 생겨난 뒤 인간들의 삶에 엄청난 차이가 생겨났다.

여기에서 복제란 이런 것이다. 우리가 유튜브로 영상을 볼 때 모두의 화면에 같은 사람이 등장하고 있을 것이다. 내가 Q이고 다른 사람이 I, 또 다른 사람이 J라고 하자. 나는 I와 Q의 스크린에 동시에 나타날 수 있다. 내가 복제되기 때문이다. 그래서 나와 I의 상호작용, 나와 Q 사이의 상호작용은 서로 독립적이다. 이것이 기술이 사람의 상호작용을 도와줬을 때 생기는 현상이다. 물론 우리가 티비를 틀면 전국의 모든 사람이 똑같은 화면을 동시에 볼 수 있으니 뭐가 대단한가 생각할 수도 있지만, 이것이 20세기에 들어서야 가능해진 일이다.

그렇다면 우리가 나 자신을 복제할 수 있고 메타버스에서 나를 가장 좋아하는 모습으로 복제하려고 한다면, 우리는 왜 굳이 메타버스에서 우리를 복제하고 두 번째 삶을 살려고 할까?

아마 과거로 돌아가고 싶다는 상상을 누구나 한번쯤 해보았을 것이다. 대신 단순히 시간을 되돌리는 게 아니라 지금 알고 있는 지식과 경험을 모두 가진 채로 돌아가고 싶다는 상상 말이다. 이러한 회귀와 먼치킨초능력자이 결합된 식의 욕망은 의외로 굉장히 보편적인 희망이고, 실제로 인기 있는 웹소설의 주된 소재이기도 하다. 웹소설의 주류 장르라는 것은 그만큼 많은 사람들이 그걸 원하고 있다는 의미일 것이다.

메타버스에 대한 우리의 욕망도 회귀와 먼치킨, 바로 이 두 가지로 압축되는 것이 아닌가 싶다. 오늘날 우리를 어떤 식으로든 복제하고 구성할 수 있는 기술적 장치가 발전했기 때문에 실제로 가능할 것 같다.

복제를 통해 만들고자 하는 사회

그런데 이렇게 만들어지는 사회는 어떤 모습이 될까? 아마 모두가 슈퍼히어로인 사회일 것이다. 나만 스파이더맨인 것이 아니라 모두가 배트맨이고 슈퍼맨이다. 우리가 어벤저스 멤버가 되어 다른 어벤저스 일원과 마을을 이루고 산다면 우리는 행복해질까? 사람들이 원하는 건 그런 게 아닐 것이다. 다른 사람이 평범한 상태에서 나만 수퍼히어로가 되고 싶은 것이지, 모든 사람이 똑같이 히어로가 된 사회에서 살고 싶은 것은 아니다.

그리고 사실상 그것이 불가능한 이유는, 애초에 인간관계에서 불가능한 일이기 때문이다. 일단 인간관계에서는 두 사람 이상과의 각각 독립적인 관계가 일어날 수 없다. 이것이 사회학자들이, 특히 네트워크를 연구하는 사람들이 분석 모델을 세울 때 기본적으로 전제하는 것이다.

왜냐하면 인간관계라는 것은 기본적으로 triadic하기 때문이다. 우리가 메타버스에서 시간을 보내든 오프라인에서 시간을 보내든 우리의 시간은 24시간으로 동일하다. 에너지도 평균적으로 동일하다. 그래서 I와 J가 Q를 만나고 싶으면, Q는 두 사람에게 1/2로 쪼개져야 한다. 그럼 근본적으로 어떤 일이 생기느냐면, I와 Q, 그리고 J와 Q에게 1/2씩의 불균형이 발생한다. 이 관계의 부조화와 불균

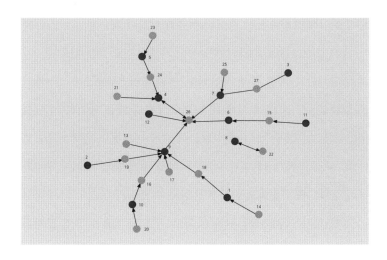

✕ 그림 6 ✕ 애정 관계 연결 조사

형은, 우리가 관계를 맺고 있는 한 어떤 인간도 피할 수 없다.

우리 사회에서 공동체라든지, 시민 간의 연대, 수평적인 관계 등에 대한 많은 정치적 이론이 있다. 거리에서 촛불을 들거나, 태극기를 들거나, 여러 활동을 하고 그 안에서 평등한 시민들의 연대에 대한 상상을 하는데, 사회학자들이 보는 데이터에 기반해 냉정하게 말하면 그런 일은 발생할 수가 없다.

그 예를 소개해 보자면, [그림 6]은 2009년에 직접 조사한 표다. 강동구의 K초등학교 3학년 5반 학생 25명에게 서로 누구를 좋아하는지 애정 관계에 대해서 물었다. 보통 일대일로 서로 좋아하는 관계를 갖는 경우가 많을 것 같지만, 그보다 꼬리에 꼬리를 무는 애정 관계가 훨씬 많이 나타난다. 놀랍게도 초등학생뿐 아니라 애정 관계를 조사한 모든 소셜네트워크는 모두 이런 형태를 띤다. 왜 이렇게 꼬리에 꼬리를 무는 동그란 형태가 발생할까?

이 각각의 점을 하나의 마을이나 가족이라고 생각해보자. 각각의 공동체는 관계를 통해 확장되어간다. 레비스트로스Levi-Strauss 라는 위대한 인류학자가 이에 대한 인류학적 문제를 제기한 바가 있었다. 20세기 대부분의 사회학자들이 오래 씨름했던 문제이기도 했는데, 바로 인류가 왜 점점 더 큰 사회를 갖게 되었느냐는 것이다. 사실 놀랍도록 단순하고 근본적인 질문이다.

옛날에는 마을에서 씨족 단위로 살았던 인류가 점점 도시와 국가를 만들고 지금은 전 세계가 연결될 정도로 큰 사회가 되었다. 레비스트로스는 이렇게 된 이유가 'widening of circle'이라고 했다. 근친상간을 금기시하는 족외혼은 모든 문화권에서 발견되는데, 꼭 다른 마을의 여인과 결혼을 해야 했던 문화가 궁극적으로 국가와 세계 사회까지 발전했다는 것이다.

그런데 그 과정에서 무슨 문제가 발생하느냐면, 결혼을 하고 아들을 낳으려면 한 명과 결혼해서는 안 되었던 것이다. 그래서 여러 명과 결혼을 하는데 그때 발생하는 문제가 Q가 I와 J에게 온전하게 똑같이 상호작용할 수 없듯이 여러 명의 배우자를 똑같이 만나고 사랑할 수는 없다는 것이다.

우리가 관계를 맺는 건 그 관계를 통해 행복을 느끼기 위해서일 것이다. 그런데 사회학자들이 연구하여 밝혀낸 바는, 사람들이 관계를 통해 느끼는 충족감과 행복감보다 불안감과 위태함이 훨씬 크다는 것이다. 그 관계에 대한 정보가 많을수록 오히려 더 불안해진다. 그래서 사회라는 건 기본적으로 불행한 것이다.

3. 확장

우리 사회가 가지고 있는 이러한 불균형 등의 문제를 생각해 본다면, 메타버스를 통해 오프라인의 관계를 그대로 이어갔을 때 메타버스가 우리에게 행복한 세상이 될 리는 없을 것이다. 또한 모든 사람이 슈퍼히어로가 되는 메타버스라면 하나의 사회로서 구성될 수 없을 것이라는 게 사회학자로서의 예측이다. 그렇다면 이와 확장을 연결시켜 다른 맥락에서 살펴보겠다.

2020년에 뱅크 오브 아메리카에서 불평등이 증가하는 양태에 대한 그래프를 만들어 발표했다. 2020년도에 S&P500 상위 5개 기업은 마이크로소프트, GE, Cisco, Intel, Walmart였다. 이중 두 곳은 IT 기업이 아니었다. 하지만 2020년에는 상위 5개 기업이 모두 IT 기업이 됐다. 심지어 S&P500 기업 전체 시총을 다 합쳐도 상위 5개 기업이 차지하는 비율이 21%를 넘는다.

왜 이런 상황이 벌어질까? 바로 복잡성 기술의 특징 때문이다. 복잡함에 대해 정의하는 몇 가지 방법이 있다.

[그림 7]을 보면 왼쪽은 부품의 개수, 오른쪽은 부품을 연결하는 선들의 개수다. 테크놀로지가 늘어날수록 부품의 개수도 늘어나게 되는데 복잡함이라는 건 이 선의 개수와 관련 있다. 부품의 개수가 늘어난다면 링크는 훨씬 급격히 증가하는데 이러한 증가 양태를 복잡함이라고 한다.

※ 그림 7 ※ **부품 개수 변화에 따른 선의 개수**

이 복잡함이 우리가 살아가고 있는 경제에 영향을 미친다. 산업혁명 이전에는 내가 단위 생산량을 늘리고 싶다면 그만큼 코스트를 비례해 늘려야 했다. 한 가마니를 생산하다가 두 가마니를 생산하려면 땅을 넓히든지 소를 늘려야 하는 것이다.

그런데 산업혁명을 겪으며 사람들이 깨닫게 된 것은, 공장에서 많이 생산할수록 생산 비용이 줄어든다는 것이다. 놀라운 발견이었다. 즉 소규모의 비즈니스를 하는 게 아니라 대기업을 만들어야 부자가 되는 것이다.

그런데 이것이 복잡한Complexity 기술로 가면 갑자기 다른 곡선이 나타난다. 복잡함이 증가할수록 비용이 늘어나는 것이다. 그래서 복잡한 기술을 가지고 일을 한다면 비용보다 이득이 높은 지점을 잘

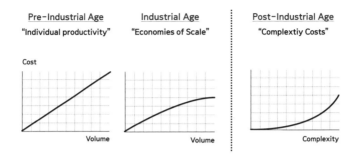

× 그림 8 × 산업혁명 전과 후의 그래프 비교

찾아서 일을 해야 한다. 그런데 점점 더 많은 회사들이 이득보다는 비용이 많이 드는 것으로 진출하고 있다. 왜 그럴까? 유일한 솔루션이 하나 있기 때문이다. 바로 독점이다. 우리나라에서도 주로 유통기업들이 이런 포지션을 취하는 경우가 많다. 이들의 롤모델이 결국 S&P 상위 기업들의 모습인 셈이다. 이런 방향으로 가다 보면 결국은 복잡성이 낳는 엄청난 불평등의 상황으로 향할 수밖에 없게 된다.

4. 메타버스에서 맞닥뜨릴 수 있는 현실

프레드릭 제임슨Fredric Jameson 이 쓴 《Postmodernism》이라는 책에 더 웨스틴 보나벤처 호텔의 예시가 등장한다.

LA에 있는 이 호텔 내부에 들어가 보면 건축물이 굉장히 훌륭하다. 건물 자체가 동선과 시선을 물 흐르듯이 흘려보내는데, 전 세계 정보와 아이디어, 예술적 감성조차 끊이지 않고 흘러가는 공간이라는 메타포를 지니고 있다고 한다. 마치 주식 시장의 불이 꺼지지 않는 것과도 비슷하다.

그런데 실제로 이 호텔에 가보면 주변의 LA 풍광과는 전혀 어울리지 않는다는 것을 느낄 수 있다. 보통은 건물을 지을 때 주변 풍광과의 조화를 통해 사람들에게 시각적 쾌감을 주며 어우러짐을 느끼게 하기 마련인데, 왜 이곳은 그러지 않았을까?

그 이유를 설명하기를, 이 호텔에서 묵고 생각과 물자와 자본과 라이프스타일을 공유하는 사람들은 실제 시간과 공간이 분리된 것처럼 이곳을 경험할 뿐 LA라는 구체적인 장소는 전혀 중요하지 않다는 것이다. 이 공간 안에서 같은 상품과 자본과 지식과 경매 예술품을 공유하는 사람들과의 교류가 훨씬 더 중요하다는 이야기다.

다소 비약일지도 모르겠지만, 우리가 20세기를 지켜보며 인간관계의 근본적인 불균형, 복잡성이 가져오는 불평등 같은 현상을 관찰했을 때 메타버스가 구현되고 인간 사회를 반영한다면 이 극단적인 보나벤처 호텔의 형태를 띨 가능성이 높지 않을까 하는 생각이 든다. 그리고 그 안에서 우리 대부분은 슈퍼히어로가 되지 못할 것이고, 또한 행복하지도 않을 것이다. 그것이 현재의 기술적 조건과 인간이 가지고 있는 사회 관계적이고 근본적인 조건이 가져오는 결론이라고 감히 예상해 본다.

사실 굉장히 많은 기술과 자본이 투자되어 플랫폼이 추진될 때 이것이 성공하기 위한 근본적인 조건 중 하나는 경제 활동이 가능해야 한다는 것이다. 메타버스에서 즐기고 교류하는 것만으로는 인터넷이 세상을 바꾼 것만큼의 커다란 변화를 가져오기는 어려울 것으로 본다. 대신 경제활동을 가능하게 하고, 각 국가와 지역 경제권, 통화권이 가지고 있는 통제와 규율로부터 벗어나서 자기의 자본과 재화를 축적할 기회가 제공된다면 메타버스의 성공 가능성은 훨씬 높아질 것이다. 그게 현실적으로 사업에 들어갈 때 고려하고 내세우는 점들이기도 하다. 다만 그렇게 되면 메타버스 세상은 더더욱 보나벤처 호텔의 공간이 될 가능성이 높다.

메타버스라는 새로운 기술로 어떻게 세상이 전개될지, 모두가 먼치킨이 되는 새로운 삶을 사는 세상이 이루어질지는 모르겠다. 하지만 인간이 시간의 제약, 재화와 에너지의 제약이라는 근본적인 물리적 제약 속에 있고 사회 구조에 현실적인 한계가 있기 때문에 기술적 환경의 변화를 통해서 인간이 지금까지 시달려왔던 소외와 불평등의 문제로부터 벗어날 거라는 큰 기대는 하지 않는 게 좋을 것 같다. 이것이 사회학자가 보는 메타버스에 대한 몇 가지 단상 중 하나다.

6장

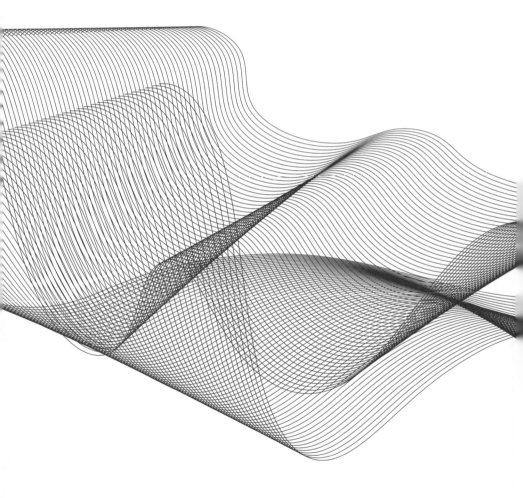

무궁무진한 잠재력을 가진 메타버스:

메타버스의 확장성

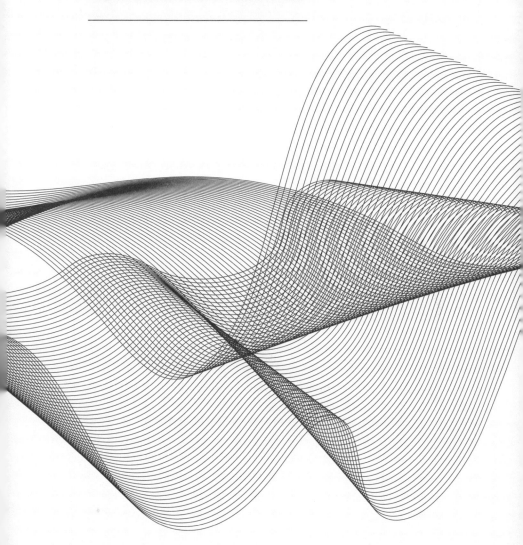

메타버스는
대안이 될 수 있을까

참여자

안재홍 KAIST 문화기술대학원 교수
도영임 KAIST 문화기술대학원 교수
이은수 KAIST 문화기술대학원 교수
이원재 KAIST 문화기술대학원 교수
우운택 KAIST 문화기술대학원 교수

🧑 **이원재**: 메타버스 기술을 통해 문화재를 눈앞에 복원하고 역사적 지식을 통해 직관적으로 이해할 수 있다면 무척 유의미한 일일 것 같다. 그런데 문화재 복원이 아니라 단순히 일반적인 과거의 기억이라고 가정했을 때, 많은 예술이나 과학 발전은 오히려 과거 기억이 흐릿하거나 도저히 이해할 수 없어서 혁신이나 전환이 일어난 부분도 있다. 완벽하게 구현한 정보를 사람들에게 전달하는 게 이후에 우리가 새로운 것을 만들어가는 데 어떤 역할을 하게 될까, 고민하시는 부분이 있는지 궁금하다.

🧑 **안재홍**: 역사가와 과거가 끊임없이 대화를 한다는 건 단순히 과거를 들여다보는 것이 아니라, 끊임없는 상호작용으로 인해 항상 바뀔 수도 있다는 것이다. 그래서 복원한 모습을 보

여주는 것은 사실을 보여준다기보다 '이럴 수 있다'는 하나의 가설을 보여주는 셈이다. 그런데 문제는 발전된 컴퓨터 그래픽 기술의 영향으로 불분명한 역사적 사건 같은 것을 사람들이 실제로 믿게 되는 역효과가 있었다. 그래서 어떤 역사적 요소를 시각화 기술로 보여줄 때 어떤 기준을 가져야 하는지에 대한 논의도 일어난 바가 있다. 여러 가설이 있을 때, 일반 대중들로 하여금 그것이 가설에 기반한 것이며 또 다른 가능성이 있다는 걸 인지할 수 있도록 하는 윤리적인 태도는 굉장히 중요하다.

이은수: 지금까지 디지털 헤리티지를 복원하는 여러 프로젝트도 있었는데, 이제는 단순히 기술을 적용하고 만들어내는 것을 넘어 어떤 걸 베이스로 만들 것인지 진지한 고민이 필요한 시점인 것 같다. 특히 고고학자나 역사학자들은 더 비판적인 시각에서 프로젝트를 볼 필요가 있고, 개인적으로 그 답을 다양성에서 찾아야 하지 않나 싶다.

우운택: 우리가 지금 디지털 문화유산을 만들고 활용할 때는 디지타이즈해서 DB에 넣어놨다가 누군가 필요하면 액세스하는 과정을 거치는데, 문제는 아직까지 방법이 제각각이라는 것이다. 업체별로 소프트웨어가 달라서 각기 고립되어 있는데, 메타버스에서 이 문제를 해결할 수 있을까.

안재홍: 굉장히 중요한 문제다. 사실 데이터의 표준이나 작업 프로세스에 대한 기준을 마련하려는 노력은 이전부터 계속되어 왔다. 메타버스에서도 상호 운용성을 원활히 하고 데이터 활용성을 높이기 위해 표준화는 물론이고 데이터베이스 간에 상호 운용성이 떨어지는 부분에 대해 공유가 가능한 방안을 꼭 마련해야 한다. 그래서 향후에는 메타버스가 집단 지성이 발휘되는 공동의 공간이 되기를 바라고, 보다 많은 사람들이 이해하고 경험을 나누는 것이 결국 문화재 보존 자체에도 기여할 것이라고 생각한다.

우운택: 우리가 웹에서 데이터에 접근할 때는 하이퍼링크를 통해 끊임없이 탐색할 수가 있다. 그런데 2차원 평면에서의 데이터 링크와 다른 3차원 데이터가 주어진다면 또 다른 방식의 탐색과 공유가 필요할 것 같다.

안재홍: 최근 3D 데이터를 이용한 기록이 늘고 있는데, 몇몇 사례를 보면 2D 정보를 결합하여 3D에서 보는 데 그치는 것이 아니라 다른 정보들을 보다 효과적으로 볼 수 있도록 만들어내고 있다. 나 역시 3D 데이터를 중심으로 상호 연계하는 것에 관심을 가지고 있다. 향유를 위해 3D를 활용하는 것뿐만 아니라 학술적 가치가 있는 전문적 영역에서도 3D 데이터의 활용이 이루어져야 한다. 이를 위해 가상 공

간에서 상호 소통하거나 논의하고, 정보를 통합적으로 다룰 수 있어야 할 것이다. 이 과정에 많은 전문가들의 협력이 필요하다. 문화재 전문가들은 당면하고 있는 문제를 어떤 기술로 풀 수 있는지 파악하기 어렵고, IT 전문가들은 좋은 기술이 있어도 그것이 문화재 분야의 문제를 풀 수 있다는 사실을 모른다. 때로는 해결 가능한 새로운 문제 자체를 함께 발견해야 할 수도 있다. 따라서 각 분야를 이어주는 커뮤니케이션의 장이 있다면 더 많은 가능성이 열릴 것이다.

우운택: 메타버스는 재미의 측면과 의미의 측면이 모두 중요할 것으로 보인다. 이은수 교수님이 인문학자로서 메타버스를 통해 인문학을 전달한다면, 의미는 충분하지만 재미까지 전달하기엔 새로운 고민이 필요할 것 같다. 대학에서 개발한 콘텐츠가 재미있는 대중문화와 경쟁할 수 있을까.

이은수: 사실 요즘 사람들이 인문학은 어렵고 재미없다고 생각하다 보니 5분짜리, 10분짜리 콘텐츠가 인기를 끄는 것 같다. 10분짜리 인문학이 된 것이다. 사실 인문학이 궁극적으로 해야 할 일 중의 하나는 반성적인 사유를 끌어내고 보다 깊은 사고를 할 수 있는 토양을 제공하는 것이기 때문에, 재미있는 얘깃거리로만 소비되는 건 인문학자로

서 우려되는 면이 있다. 그래서 어떻게 5분, 10분짜리 집중력을 요구하는 시대에 대세를 거스르지 않으면서도 본질에 가까워질 수 있을까 고민하던 와중에 메타버스가 새로운 기회를 제공하고 있는 것 같다. 예를 들어 과거 유명했던 천재들이 메타버스로 돌아온다면, 그리고 소크라테스에게 궁금한 걸 묻고 대화할 수 있게 된다면, 기존과는 결이 다른 새로운 콘텐츠가 되지 않을까. 실감 나는 경험을 할 수 있는 인문학 콘텐츠를 만드는 노력이 필요할 것 같다. 전통적인 인문학의 연구도 여전히 중요하지만, 동시에 수백만 독자들에게 닿을 수 있는 메타버스 실감형 콘텐츠 역시 인문학자가 만들어가야 할 부분이라고 본다. 대중에 대한 확장성을 놓치면 인문학은 그 자체로의 매력을 잃어버리는 셈이기 때문이다.

👤**이원재**: 메타버스 안에서 고전을 체험하는 콘텐츠의 새로운 의미와 교육적인 효과는 분명히 있을 것 같다. 그런데 그것을 고전학자들이 번역하고 학술적으로 다룬 내용과 머신러닝으로 내놓은 결론 중 무엇이 우월하다고 볼 수는 없지 않을까 하는 의문이 든다. 기존의 학자들이 도달하려던 어떤 목표가 새로운 기술과 방법을 통해 훨씬 잘 이루어질 수 있다고 보기는 어렵지 않나.

이은수: 맞다. 지금은 아주 심플하게 '아무도 책을 잘 읽지 않으니 디지털 네이티브를 위해 메타버스를 이용해 보면 어떨까' 라고 접근하는 것이다. 학자가 아니라 말 그대로 책을 읽기 어려운 세대에게 내놓는 대안이라고 볼 수 있다. 좀 더 높은 수준으로 끌어올리는 부분은 다시 고민이 필요할 것이다. 우리가 메타버스로 새로운 콘텐츠를 만든다고 할 때 디렉터의 역할이 굉장히 중요하다. 어떤 문장을 화내는 것으로 표현할 것인지, 평범한 톤으로 이야기할 것인지 등의 해석이 필수적으로 가미될 것이다. 이에 대한 비판도 있을 수 있겠지만, 구더기 무서워서 장 못 담글 수는 없지 않은가. 새로운 툴을 이용해 뭘 할 수 있을지에 대해 누군가는 고민을 시작해야 하며, 그에 대한 비판과 응원 모두 새로운 시도에 대한 책임이라고 생각한다.

우운택: 메타버스를 다양한 방면에서 활용하고 확장해 나가는 것도 중요하지만, 한편으로는 누구나 쉽게 접근할 수 있는 공간으로서 다양성이나 포용성도 아주 중요한 주제다. 접근성 면에서 오히려 UI 쪽은 쉽게 해결할 수도 있을 것 같은데 그 외에 콘텐츠 관점에서는 어떨까. 현재 메타버스의 콘텐츠는 MZ 세대에 최적화되어 있기 때문에, 그런 입장에서 보면 사실상 메타버스가 낯선 사람들 모두가 장애인일 수 있다는 생각이 든다.

도영임: 메타버스는 특정 콘텐츠를 전달하기보다 생활 공간 속에서 이용자가 만드는 콘텐츠 쪽에 더 방점이 가는 것 같다. 제공되는 서비스에 접근하는 것뿐 아니라 이용자들이 자기 고유의 이야기를 만들어 다른 사람에게 표현하고 전달할 자유가 있는가, 그리고 그것이 시스템 안에서 서비스로 지원될 수 있는가의 이슈가 중요할 것으로 본다. 그런 의미에서 완성된 콘텐츠를 제공하기만 하는 모델이 아니라 누구나 그 안에서 자기 이야기를 펼쳐 보이는 공간으로 전환된다는 의미의 접근성을 생각해 봐야 할 것이다. 물론 콘텐츠를 창작하는 사람들이 가지는 권리, 지원 체계, 또 정책적인 법 제도의 문제까지 연관될 듯하다.

이원재: 메타버스에서 우리는 자기 정체성 전환을 할 수가 있는데, 장애인이 메타버스에서 장애를 숨기기보다 오히려 드러내는 경험을 원하기도 한다는 도영임 교수님의 말씀이 의외다. 우리가 무엇을 개발하고 생각해 봐야 하는지 다시 짚어보게 된다.

도영임: 우리가 게임을 처음 할 때는 캐릭터 이름, 나이, 성별 등의 정체성을 다양하게 바꿔본다. 그런데 결국 캐릭터 뒤에 현존하는 사람이 있기 때문에, 어느 시점에 서로 친해지면 결국 현실의 생활이 투영되기 마련이다. 처음엔 손님

처럼 그 세계를 모색하지만, 적응하고 나면 생활 공간과 다르지 않게 되는 것이다. 그런 걸 생각해 보면, 장애인도 성장 단계에 따라 나와 다른 자아 정체성을 추구하게 되는 시기가 있는가 하면 어느 시점에는 자기의 한계와 가능성을 모두 받아들여서 나의 고유 가치를 인정하고 더 드러내는 시기로 바뀌기도 한다. 그래서 그 사람이 어느 시기에 어떤 욕구를 가졌느냐에 따라서 자유롭게 표현하는 것이 문제가 없는 공간이 되어야 할 것 같다. 무엇이 어떤 맥락에 놓이느냐에 따라 비용이 되기도 하고 가치가 되기도 한다. 이전에는 비용이라고 여겼던 의사결정 기준이 메타버스 시대에는 오히려 새로운 가치를 부과하는 쪽으로 옮겨갈 수 있지 않을까. 그런 질문을 가지고 여러 규범과 기준을 다시 생각해 보는 계기가 되었으면 한다.

메타버스로 연결되는
문화유산 경험

시간을 넘어 공간으로 확장하는 문화유산

✕ 안재홍 교수 ✕

역사학자 에드워드 카 Edward Hallett Carr 가 했던 유명한 말이 있다.

"역사란 역사가와 역사적 사실 사이의 부단한 상호작용의
과정이며, 현재와 과거 사이의 끊임없는 대화이다."

역사라는 것은 하나의 확정된 사실로서 존재하는 게 아니라, 역사가의 연구와 해석에 의해 유동적으로 바뀌어 간다는 것이다. 그 과정에서 문화유산은 과거와 현재가 먼 시간을 뛰어넘어 대화할 수 있게 해주는 통로이자 매개체의 역할을 한다. 이것은 우리가 문화유산을 보존하기 위해 노력해야 하는 이유이기도 하다. 우리 시대에 있어 소통과 지식 창출의 매개체인 디지털이 문화유산과 만나게 된 것은 당연한 과정이었다. 디지털화된 문화유산은 역사에의 통

로이자 매개체로서 어떤 역할을 하고 있으며 문화유산 분야에서
는 메타버스에 대해 무엇을 기대할 수 있을까.

1. 디지털, 문화유산의 새로운 맥락을 열다

2021년은 한국의 고고학사에서 기념비적인 사건이 생긴 지
50년이 된 해였다. 1971년 충남 공주에서 백제 무령왕릉이 송산리
고분군에서 도굴도 되지 않은 온전한 상태로 우연히 발견된 것
이다. 당시 무덤 안에서 발굴된 많은 유물들은 국립공주박물관에 보
관되었고, 꾸준한 보존 노력과 연구를 통해 새로운 사실을 확인하고
이를 바탕으로 새로운 해석을 할 수 있는 길을 열어주었다. 그러
나 발굴 유물을 수습하여 박물관에 보관하게 되면 안전하게 유물을
보존하며 전시와 연구를 할 수 있는 기회가 되기도 하지만, 그 순간
유물이 갖는 공간적 맥락이 상실되는 문제도 발생한다. 디지털화된
문화유산은 시간과 공간적으로 비어있는 문화유산의 맥락을 채워
주는 역할을 한다.

오랜 시간을 넘어 전해져 온 문화유산은 이제 박물관을 넘어
새로운 공간으로 확장되고 있다. 디지털 공간, 혹은 가상 공간
이다. 문화유산이 가상 공간 속으로 확장해 가면서 과거와 현재를
연결해주는 매개체로서, 통로로서의 역할은 더욱 강화되고 있다. 디
지털 공간에서 무령왕릉은 백제 문화의 정수라고 할 만한 관꾸미
개와 금귀걸이, 봉황과 금으로 장식된 화려한 베개와 발받침을 비
롯한 많은 유물들로 채워져 1500년 전 백제의 모습을 가늠해 볼

수 있게 한다.

아테네 예술의 절정을 보여주는 그리스 파르테논 신전의 대리석 부조들은 영국에 빼앗긴 채 돌아오지 못하고 있다. 신전과 부조들은 정교한 3차원 데이터가 되어 가상 공간에서 만나 제자리를 찾아가며 온전한 모습으로 재현되고 화려한 컬러를 보여주기도 했다. 안타까운 사건이었던 숭례문과 프랑스의 노트르담 대성당 화재, IS에 의한 문화유산 파괴 직후에는 자연재해, 혹은 인간에 의한 훼손이 일어난 뒤 디지털 기술과 데이터가 복원에 어떤 역할을 할 수 있을 것인지에 대한 가능성이 논의되기도 했다. 이처럼 가상 공간 속에서 디지털 문화유산은 실세계에서 잃어버린 공간적 맥락을 회복하게 하거나, 실물의 복원을 도와 실세계에서의 맥락의 복원에 기여한다. 뿐만 아니라 디지털 데이터는 다양한 디지털 기술에 의한 처리를 거쳐 인간이 감각으로 인지할 수 있는 영역 너머에 있는 전혀 새로운 맥락을 드러내기도 한다.

가상 공간은 이제 메타버스로 진화하는 중이다. 사람들은 오래전부터 가상 공간에서의 소통과 공동생활을 시도해 왔기에 '진화'라기보다는 재진입에 가깝다. 최근 문화유산 분야에서도 메타버스에 대한 논의와 시도가 이루어지고 있지만 역할과 가능성에 대해선 누구도 확신하기 어렵다.

보다 장기적으로 볼 때 문화유산 분야의 관점에서 메타버스에 주목해야 할 것은 아바타를 통해 3차원 가상 공간에서 소통하는 지금의 플랫폼 자체보다는 미래 초연결 사회의 단면으로서의 메타버스일 것이다. 디지털 문화유산에 있어 초연결은 어떤 의미를 갖게 될 것인가. 그리고 이는 문화유산의 보존에 어떻게 기여할 수 있을 것인가. 이를 이해하기 위해서는 디지털 문화유산의 현재와 앞으로의 방향을 볼 필요가 있다.

2. 문화유산과 디지털, 만나다

우리의 정보 소통 문화는 역사 속에서 당대의 기술에 따라 그 방식이 달라져 왔다. 이제 우리는 디지털 시대에 와있다. 디지털은 문화를 창조하고 향유하는 수단인 동시에 정보를 전달하고 생산하기도 하는 방식으로서 우리 사회의 각 분야에 큰 영향을 미치고 있다. 우리가 문화유산을 이해하고 해석하는 과정에도 디지털이 매개체가 되고 토대가 되었다. 디지털과 문화유산이 만나게 되면서 디지털 유산Digital Heritage 이라는 개념이 태동하게 되었다.

최근 디지털 헤리티지는 유산은 디지털 형식의 정보 자체뿐만 아니라 정보를 사용하는 다양한 응용 분야, 활용되는 여러 기술, 이를 둘러싼 환경까지 논의되는 폭넓은 분야로 성장하고 있으며, 코로나19 이후 중요성이 더해지고 있다. 문화유산을 연구하는 다양한 분야가 있는 만큼, 디지털 유산의 세부 분야도 매우 다양한데 이를 나누면 네 개의 세부 분야로 정리할 수 있다. 각 단계는 상호연계가 되며 다양한 디지털 기술이 기여한다.

① **기록과 디지털화:** 문화유산을 기록하고 디지털화하면서

디지털 자원을 생성

② **해석과 제시:** 문화유산을 해석하고 해석 정보를 가시화

③ **표현과 보급:** 대중들에게 표현해서 보여주고 보급

④ **저장과 보존:** 각 과정에서 생성되는 디지털 자원들을 아카이브하고 중장기적으로 안전하게 보존

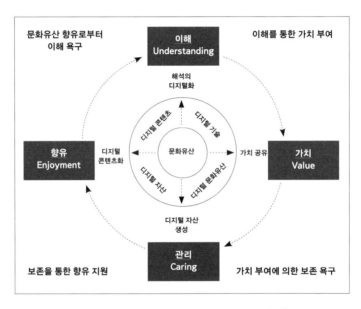

※ 그림 9 ※ 문화유산 사이클에서 디지털 문화유산의 역할

　디지털이 문화유산의 보존과 가치 인식에 주는 영향과 기여하는 방식, 상호연계를 촉진하는 방식을 문화유산 사이클과 가치 사슬의 측면에서 보자.

　문화유산 사이클은 우리가 문화유산을 이해하고 보존하는 단계가 어떻게 연계되는지 보여준다. 즉 문화유산을 이해하고 보존할

가치가 있다고 여기게 되면, 보존 노력을 통해 관리하게 된다. 관리 영역에서 보존과 더불어 향유를 지원하면 더욱 문화유산을 이해하고자 하는 욕구가 생긴다. 각 단계는 연계되어 문화유산을 잘 보존하고 이해하기 위한 하나의 사이클을 이룬다. 디지털은 이러한 사이클 속에서 각 단계에 중요한 영향을 미치고 있다. 디지털 기술을 사용해 이전에 하지 못했던 새로운 방법을 개발하기도 하고, 서로가 이해하는 가치를 공유하기도 하며, 그 과정에서 새로운 디지털 자산을 생산하고 콘텐츠화하여 우리가 문화유산을 이해하고 향유하는 데에 도움을 준다.

문화유산의 가치가 발생하는 일련의 과정이라고 할 수 있는 가치 사슬value chain은 발굴, 조사부터 보존과 관리, 향유에 이르는 과정에 걸쳐있다. 기존의 아날로그 방식에서는 각 단계에서 산출되는 정보가 다른 단계에서 적극적으로 쓰이는 데에는 한계가 있었다. 디지털 정보화가 이루어지면서 각 단계에서 생산되는 데이터는 정보화 플랫폼을 기반으로 하여 적극적으로 활용될 수 있게 되었다.

이와 같이 서술한 디지털 문화유산의 세부 분야 간의 연계는 더욱 뚜렷해지고 있다. AI를 비롯한 데이터 기반 기술들은 데이터를 더욱 고도화하고 활용성을 높이는 동시에, 이를 바탕으로 한 상호 연계성을 강화하고 있다. 앞으로 디지털 기술로 문화유산을 디지털화하고 이를 바탕으로 해석하고 향유를 하는 서로 다른 다양한 경험과 가치는 데이터를 중심으로 더욱 밀접하게 연결될 것이며, 이는 다가오는 초연결 사회에서 문화유산 메타버스의 바탕이 된다고 볼 수 있다.

3. 문화유산, 디지털이 되다

정밀한 문화유산 디지털 데이터는 주로 기록과 실측의 과정에서 디지털화를 통해 생산된다.

문화유산을 이해하고 보존하는 데 있어 기록은 매우 중요하다. 문화유산을 기록하는 방법은 기록에 활용할 수 있는 당대의 기술을 적극 도입하면서 발전해 왔다. 수手 실측이나 아날로그 기술을 활용하는 단계에서, 디지털 센서로 획득한 다양한 신호를 디지털 형식으로 데이터화하는 디지털 기록의 단계로 들어서게 되었다. 디지털 기술을 활용하게 되면서 어느 때보다 빠르고 효율적으로 기록할 수 있게 되었고 기록한 결과를 직접적으로 다양하게 활용할 수 있다는 장점을 갖게 되었다. 또한 특징적인 점點을 기준으로 실측하고 기록하는 단계에서 면面으로, 이미지에서 고해상도의 3차원 데이터 기록으로 점차 정밀하고 광범위하게 기록할 수 있는 방향으로 발전해 왔다. 이는 이전에는 담을 수 없었던 3차원의 비정형 형상 정보를 더 완전하고 촘촘하게 기록 데이터화할 수 있게 되었다는 것을 의미한다.

최근에는 고가의 장비인 3차원 스캐너가 아니라, 일반적인 카메라를 사용하는 사진 측량Photogrammetry 기술도 고품질의 3차원 모델을 만드는 데 활발하게 쓰이고 있다. 사진 측량 기술은 낮은 비용과 높은 효율성 외에 운용성 측면에서도 장점이 있다. 카메라를 드론에 달아서 넓은 발굴지나 거대한 조각품 같은 것을 촬영해 3D 데이터화할 수도 있고, 수중 카메라를 사용해 바닷속의 유물 분포나 난파선 같은 유물을 3차원으로 기록할 수도 있다. 문화유산이 훼손되기 이전에 촬영된 사진을 수집해 3차원 모델을 생성할 수도 있다. 2001년 바미안 석불이 탈레반에 의해 완전히 파괴된 사건이 있었다. 안타깝게도 그 이전에 남아있던 정밀한 3차원 기록은 없었는데, 관광객들이 촬영한 여러 사진과 연구 조사를 위해 촬영한 사진들을 수집해 이를 바탕으로 정밀한 바미안 석불 모델을 생성한 사례가 대표적이다.

이러한 특별한 사례뿐만 아니라, 스마트폰으로도 고품질의 데이터를 생성하여 활용할 수 있게 되었다는 것은 이제 전문가가 아닌 지역 사회의 주민들도 누구나 문화유산을 전문적 수준으로 기록하는 주체가 될 수 있게 되었음을 의미한다. 또한 기록과 활용이 보다 가깝게 보다 유연하게 연결되고 있다는 것을 보여주는 것이기도 하다.

4. 문화유산, 가상 공간으로

이렇게 데이터화한 기록들은 어떻게 활용되고 있을까. 최근에는 디지털 기록 과정에서 만들어진 정보나 데이터를 적극적으로 오픈해서 일반 대중들이 쉽게 접근하여 콘텐츠를 만드는 등 활용할 수 있도록 하는 방향으로 가는 추세다. 예를 들어 오픈 헤리티지Open Heritage 사이트에서는 3차원으로 기록한 각국의 문화유산 데이터를 공개하기도 하고, 스미스소니언 협회Smithsonian Institute에서는 전시하지 못하는 많은 유물을 계속 3차원 데이터화하여 공개하고 있다. 세계 최고의 디지털 라이브러리인 유로피아나Europeana는 5천만 건이 넘는 방대한 디지털 문화유산 데이터를 대중들에게 제공하고 있으며, 구글도 Google Arts&Culture를 통해 문화유산 데이터의 보고寶庫를 구축하고 있다. 이들은 단순히 데이터를 공개하기만 하는 것이 아니라, 전문가들이 다양한 주제로 큐레이션하거나 스토리를 부여하기도 하고 AI 기술로 자원들을 흥미롭게 탐험할 수 있게 한다. 이와 같이 새로운 경험 방식으로 대중들이 역사 정보와 자원에 친근하게 접근할 수 있도록 길을 터주고 있다. 무형유산 분야에서도 이와 유사한 노력이 이루어지고 있다. 일례로 유네스코아태무형유산센터는 무형유산 정보공유 플랫폼인 IchLinks아이씨에이치링크스를 구축하고 무형유산에 대한 이미지 자료나 영상 자료, 음원 자료와 같은 데이터를 계속 확충해 나가고 있다. 이와 같이 기록, 해석 과정에서 데이터에 대한 직접적인 활용 폭을 넓히면서 다양한 디지털 문화유산 경험과 데이터 사이의 간극을 좁히고 있다.

디지털을 직접 활용할 수 있는 응용 사례로 가장 알려진 것은 기록을 시각화하는 디지털 재건digital reconstruction이다. 문화유산이 훼손되기 이전에 어떤 상태였는지 여러 역사 연구와 고증 자료를 바탕으로 과거의 모습을 가상 공간에 재건하여 보여주는 것이다. 디지털 재건은 PC에서 컴퓨터 그래픽 기술이 발달하기 이전부터 많은 관심을 받아왔고, 지금까지도 가장 각광받는 응용 분야 중 하나다. 무엇보다 컴퓨터 그래픽 기술과 하드웨어의 발전이 활성화에 큰 영향을 미쳤으며, 3차원 스캔 데이터와 같은 기록 데이터를 활용해 문화유산의 형상에 가깝게 3차원 모델링하여 시각화할 수 있게 되었다. 최근에는 가상현실과 증강현실 등의 기술을 기반으로 사용자의 참여와 상호작용이 가능한 인터랙티브 콘텐츠로도 활발하게 개발되고 있다.

문화유산을 해석하거나 보존 및 복원하는 과정에도 데이터와 여러 디지털 기술이 활용되고 있다. 기존의 전통적인 보존과 복원 방법을 디지털 데이터와 기술로 지원하거나 이전에는 할 수 없던 새로운 방법으로 역사 정보를 발견하거나 보존 연구를 강화하는 등 문화유산을 보존하고 이해하는 틀을 확장해 나가고 있다. 대상의 정밀한 특성을 데이터상에서 분석할 수 있도록 하는 형상 분석 기법, 주기적인 데이터 실측과 비교에 의한 모니터링, 인간의 감각을 넘어 문화유산을 새롭게 이해할 수 있게 하는, 예를 들어 맨눈으로 확인하기 어려운 것을 드러낼 수 있도록 하여 시각적 인지를 강화해 주는 방법, 기하학적으로 문화유산의 특성을 해석하는 데 도움을 주는 기법, 또한 CG를 이용한 가설의 시각화, 오염이나 위험을 시뮬레이션하여 대비하는 기술 등은 이러한 예이다.

훼손된 문화유산의 실물 복원에 디지털 데이터를 효과적으로 활용할 수도 있다. 이탈리아 중부에서 발생한 지진으로 부서진 성모상을 복원하는 과정에 가상 복원 방식이 활용된 사례는 가상의 공간에서 데이터 기반으로 복원하여 실제 복원에 도움을 주는 방식을 보여준다. 내부에 빈 공간이 있어 파편 조립이 어려웠는데, 물리적인 복원에 앞서 각 조각을 3차원 스캐닝한 뒤 가상 공간에서 조각들을 조립해 원형을 완성했다. 그다음 내부의 빈 공간 형상을 추출해 모형으로 만들어 지지대로 삼아 물리적 복원을 진행했다. 3차원 프린팅 기술과 같은 공 기술은 이러한 디지털 데이터 기반의 복원 가능성을 강화한다. 물리적인 복원이 불가능한 경우 가상 공간 내에서 디지털 데이터와 기술을 활용한 복원을 시도하기도 한다. 화재와 수분으로 인해 물리적으로 복원할 수 없을 만큼 손상된 고문서를 정교한 3차원 데이터로 만들고 고문서 3차원 모델을 펼쳐서 형상과 내용을 복원한 사례가 좋은 예이다.

디지털 복원은 가상 세계에서 복원을 수행하여 디지털 포맷을 가진 새로운 대체 원본을 생성할 수 있다. 흔한 사례로 사진, 문서, 영상 같은 것을 디지털화하여 훼손된 부분을 수정하거나 색감을 개선하는 경우 등이 있다.

최근 유적이나 박물관에서 관람객들이 가상현실이나 증강현실 등을 통해 인터랙티브하게 체험할 수 있는 콘텐츠가 많이 선보여지고 있다. 증강현실은 유적이나 유물을 앞에 두고 가상의 정보를 불러옴으로써 원본 앞에서 느끼는 아우라와 현장감을 유지한 상태에서 대상이 복원된 형태를 재현하여 실제 스케일로 보여주는 등 현실감을 강화하고 문화유산을 직관적으로 잘 이해하도록 할 수 있다. 이러한 응용 과정에는 실제 기반의 데이터와 전문가의 해석, 사용자 경험이 밀접하게 연결된다.

문화유산 분야에서 인공지능을 다양하게 활용하는 방법도 활발히 연구되고 있다. 디지털로 기록한 건축물의 3차원 데이터를 인식하여 지붕, 바닥, 벽 등의 속성으로 분류하기도 하고, 영상이나 이미지 파일을 고품질로 만드는 데 이용하기도 한다. 대중들이 문화유산을 접하는 데 있어 관심사에 맞게 정보를 추천해 주고, 새로운 방식으로 이해할 수 있도록 해주는 응용 서비스도 개발되고 있다. 방대한 양의 고품질 문화유산 데이터가 계속 구축되고 있어 AI의 역할과 중요성은 점차 커질 것이며 이를 통한 새로운 지식의 창출과 상호 연결은 더욱 강화될 것이다.

5. 디지털 문화유산과 메타버스

앞서 서술한 문화유산의 여러 세부 분야는 다양한 방식으로 디지털 데이터와 기술을 활용하면서 점차 강하게 연계될 것으로 보인다. 이를 보여줄 수 있는 한 가지 사례가 유럽에서 진행되고 있는 타임머신 Venice Time machine 프로젝트다. 베니스는 과거 행정 도시였기 때문에 수많은 문서가 남아있다. 이를 자동으로 디지털화하고 AI가 문자와 문맥을 인식하여 수많은 문서의 내용 속에서 인물이나 공간의 상관관계와 같은 역사적 사실의 패턴을 찾아낸다. 베니스의 과거 모습을 시간에 따라 3차원으로 모델링하여 4D 공간을 구축하고, 방대한 역사적 정보들을 4D 공간에 맵핑한다. 이렇게 시간과 기하학적 공간, 역사적 정보가 가상의 공간 내에서 하나의 맥락으로 상호 연결될 수 있게 되며, 이는 기록과 보존, 해석, 향유의 경험이 밀접하게 연결되는 새로운 형태의 지식과 정보의 플랫폼이 될 것으로 기대된다.

지능형 정보화 시대의 발전과 코로나19로 인한 시대적 변화는 디지털 전환을 가속화하고 있으며, 이로 인해 디지털 문화유산의 역할은 더욱 중요해지고 디지털 기반의 연결성은 더욱 강화될 것으로 보인다. 국내에서도 문화유산 분야의 디지털 전환이 빠른 속도로 활성화되고 있다. 최근 몇 년간 문화재청에서 나온 정책을 보면, 〈문화유산 미래 정책 비전〉의 중장기 계획에서 디지털 문화유산은 미래 정책의 중요한 한 축이 되었고, 〈코로나19 이후 문화유산 미래 전략〉에서도 디지털 문화유산은 전략의 핵심으로 자리 잡았다. 2021년 발표된 〈문화재 디지털 대전환 2030〉에서는 디지털이 문화유산 정책에서 핵심적인 역할을 할 것으로 보고 향후 디지털 데이터 기반의 의사결정을 목표로 설정했다. 이를 위해 수많은 문화유산을 디지털화하고, 관련 기술들을 개발하는 중장기 계획을 수립했다.

과거와의 대화가 역사가의 전유물은 아니다. 전문가와 대중들은 문화유산의 기록과 보존, 해석, 향유의 경험을 통해 각자 과거와 대화한다. 전문가들은 디지털로 기록하고 보존하면서 해석하고, 대중들은 가상 공간에서 유물을 살펴보며 역사를 이해하거나 박물관이나 유적에서 이러한 과정에서 다양한 분야의 역량과 경험은 긴밀하게 연계될 것이다. 그리고 디지털을 기반으로 하는 문화유산 경험의 연결성 강화는 문화유산 메타버스, 즉 문화유산을 기록하며 데이터를 생산하는 과정부터 디지털로 문화유산을 향유하는 과정까지 유연하면서도 동시적으로 존재하는 초연결 공간을 구축할 수 있게 할 것이다. 이렇게 문화유산은 시간을 넘어 새로운 공간으로 확장된다.

메타버스가 크게 이슈가 되고 있지만, 아직 메타버스에 대한 정의나 전망은 분분하다. 메타버스는 가상 공간에 만들어지는 일종의 '난장亂場'이라고 할 수 있지 않을까. 난장은 불규칙하게 열리지만 많은 사람이 멀리서도 찾아와 만나고 경제 활동을 하며 경험을 나누는 크고 작은 축제와 같은 공간이다. 문화유산 메타버스가 사람들이 서로 다른 플랫폼에서 수많은 문화유산 데이터와 자산을 함께 구축하고 이를 해석하고 활용하면서 소통하는 장이 될 수 있기를 바라본다. 그렇게 역사에 한 걸음 더 가까워지는 축제의 공간이 될 수 있지 않을까.

메타버스,
누구나 탈 수 있나요?

메타버스의 장애인 접근성과 확장성

✕ 도영임 교수 ✕

　　코로나 이후 우리 삶의 모든 영역에서 기술 진화에 따른 디지털 전환이 빠르게 이루어지고 있다. 메타버스는 이러한 변화의 흐름 중 하나로, 가상 세계와 현실 세계가 긴밀하게 연결되어 상호작용하면서 함께 진화하는 현상이다. 즉, 우리가 배우고, 일하고, 관계를 맺고, 함께 노는 일상생활 모든 영역에서 디지털 기술을 바탕으로 사람들의 생활 양식이 변화하고 확장되는 현상을 메타버스로 이해할 수 있다. 이처럼 우리가 일상에서 충족하지 못하지만 때로는 충족하고 싶은 경험을 투영하는 디지털로 구현한 사람이나 사물, 지역, 생태, 환경 시스템 같은 것을 통틀어 메타버스라고 한다면 일단 우리의 일상과 경험, 그리고 개인적인 삶에서부터 이야기를 시작해 볼 수 있을 것이다.

　　메타버스 개념은 아직 완전히 정립된 상태는 아니라서 학자마다 다양한 의견을 제시하고 있다. 메타버스의 여러 정의 중에서 개인적으로 마음에 와닿았던 것은 고대 그리스어에서 '형태 변화'를 뜻하는 메타모포시스Metamorphosis 개념에서의 '메타Meta'와 세계를 의미하는 '유니버스Universe'를 연결하여 해석해 보는 것이다. 하나의 세계는 사람들이 자신의 정체성을 어떻게 구성하고 이해하느냐에 따라 굉장히 달라질 수 있다.

그래서 지금 당장 모든 것이 통합된 큰 세계로서의 메타버스를 상상하기보다는, 개인적인 경험에서 출발하여 우리가 새롭게 빚어내고자 하는 세상이 무엇인지 생각하다 보면 메타버스에 좀 더 구체적인 방향으로 접근할 수 있지 않을까 싶다. 지금 서비스되고 있는 메타버스는 우리가 상상하는 모습의 완전한 구현체라기보다 작은 서비스들이 서로 연결되거나 또 고립된 멀티버스의 개념에 가깝다고 볼 수 있다. 지금 단계에서 개선점을 찾아 변화시키고 발전해 나가면 미래에 더 나은 메타버스를 만날 수 있을 것이다. 그러기 위해서 먼저 누구나 이 메타버스 세계에 쉽게 들어갈 수 있는지, 메타버스를 설계할 때 어떠한 점을 고려해야 우리가 꿈꾸는 메타버스의 다양한 가치를 실현할 수 있을지 메타버스의 접근성 문제를 생각해 보는 것도 중요하다.

장애인 이용자 목소리 듣기

2005년 무렵, 성인들이 왜 게임을 하며 게임 속에서 정체성 경험이 어떻게 변화하는가를 연구 주제로 삼고 처음 온라인 게임 연구를 시작했다. 그런데 아무리 관련 책과 논문을 읽어봐도 와닿지 않아서 2006년부터는 게임에서 아바타도 만들고, 새로운 사람을 만나고, 집도 짓고, 결혼도 하는 여러 가지 활동을 직접 해보기 시작했다. 처음 그 세계에 들어갔을 때는 그 세계의 규칙도 알지 못했고, 주고받는 이야기의 내용도 이해할 수 없었고, 어떻게 해야 이 자리에서 다른 자리로 건너갈 수 있을지도 전혀 몰랐기 때문에 누군가의 도움을 받지 않으면 계속 그 자리에 멈춰서 있어야 했다.

그러면서 한편으로 어떤 새로운 서비스, 특히 사이버 공간이나 디지털 세계와 관련된 서비스가 일반 사람들에게 열릴 때 그 세계를 쉽고 편안하게 이용할 수 있도록 설계하는 것이 얼마나 중요한지 다시 생각하게 되었다. 이후 일련의 연구를 하면서 장애인의 접근성에 대해 고민할 기회가 있었고, 특히 이 글에서는 메타버스라는 플랫폼에서 장애인들이 겪고 있는 어려움을 비롯해 기회와 가능성에 대해서도 함께 살펴보려고 한다.

현재 사용하고 있는 메타버스 플랫폼

현재 국내에서 많이 사용하는 메타버스 플랫폼은 일종의 사회적 공간으로 여겨지는 제페토나 게더타운, 그리고 좀 더 게임에 가까운 로블록스나 포트나이트 같은 것들이 있다. 이 네 가지 사례는 각각의 기능과 역할, 그 안의 문화, 교류하는 사람들도 달라서 하나로 연계하여 비교하긴 어렵다. 하지만 이 각기 다른 세계를 활용하는 장애인들이 주관적으로 이 세계를 어떻게 인식하고, 어떤 어려움을 겪는지, 또 그 안에서 겪는 어려움을 개선하기 위해 어떤 노력을 기울이는지 들여다볼 수는 있다.

① 포트나이트 사례

2019년에 포트나이트 프로게이머 팀에서 최초로 청각장애인 여성 청소년 이웍Ewok 이 활동한 사례가 유튜브를 통해 소개되었다. 이웍은 청각에 어려움이 있고, 대화를 할 때 수어를 사용하므로 프로게이머 팀에서 환영받지 못할 수 있는 신체 조건이 있지만, 포트나이트는 청각장애인일지라도 게임을 플레이하는 데 어려움이 없을 정도로 자연스럽게 접근할 수 있는 환경이라는 것이 큰 도움이 됐다. 그래서 청각장애인 프로게이머 선수가 비장애인 프로게이머와 동등한 기회를 얻고 함께 플레이하고 있다는 것에 대해 전 세계적으로 사람들이 열광했고, 선수의 부모님 역시 포트나이트라는 가상 세계가 새로운 가능성을 열어주었다고 인터뷰에서 말했다.

"포트나이트에서는 모든 청각적 특수효과가 시각적이기도 하고, 그것이 다른 청인 플레이어들과 동등한 환경에서 플레이할 수 있는 접근성을 제공하는 것이죠."

그동안 성별, 나이, 신체장애 등의 제약은 삶에서 선택의 가능성을 훼손하는 조건으로 여겨져 왔다. 그러나 이 사례는 13세 여성 청소년이 일부 신체적 기능을 이용할 수 없는 제약에도 불구하고 게임 세계에서 다른 플레이어들과 즐겁게 경험과 재능을 나누며, 확장된 공동체 활동을 누릴 수 있다는 것을 보여주었다.

② 제페토 사례

국내에서 서비스되고 있는 제페토의 경우, 장애인이 제페토를 활용할 때는 어떨지 시각장애인과 지체장애인의 사용 경험 차이를 설명하는 영상이 있다. 한국장애인개발원에서 제작하는 당장만나^장애를 이해하고 싶을 때 당장만나 채널에서 공유한 3편의 시리즈 유튜브 영상이다. 이에 따르면 시각장애인의 경우에 캐릭터를 설정할 때부터 사용자 인터페이스^{UI}가 시각적 정보로 구성되어 있고 화면 해설 기능이 충분히 제공되지 않아 접근하기가 어려웠다. 자신의 캐릭터를 만들려고 하면 스마트폰에서 얼굴을 화면에 맞춰 사진을 찍고 캐릭터 이미지를 구성해야 하는데, 그 틀을 맞추는 환경이나 피드백이 화면 안에 시각적으로만 존재하기 때문에 누군가의 도움 없이는 캐릭터 만들기를 시작할 수가 없는 것이다.

그리고 음성으로 화면 해설 기능이 부분적으로 제공되고 있긴 하지만 실제 화면에 나타나는 피부색, 체형 등의 선택지에 대한 상세 내용이 시각장애인이 설명을 듣고 이해하여 반응할 수 있을 만큼 충분히 전달되고 있지 않았다. 그 때문에 제페토에 접근하는 시작 과정에서부터 어려움을 느낄 수밖에 없었다. 이 시각장애인은 인터뷰에서 '메타버스 안에서는 삼중 사중의 장애를 겪고 있다'며 현실에서보다 메타버스에서 활동 지원인이 더 많이 필요한 것 같다고 말했다. 뇌파를 활용한 브레인 컴퓨터 인터페이스가 나올 정도가 되어야 이 서비스를 원하는 대로 자유롭게 쓸 수 있지 않을까 토로했다.

이러한 경험을 섬세하게 귀 기울여 들을 필요가 있다. 어떤 서비스에서 무엇이 힘든지 이야기하려면 그나마 무언가를 해볼 수 있어야 한다. 그런데 아예 시작도 할 수 없으니 어떤 게 힘든지도 알 수 없다는 것이 제페토에서 시각장애인이 겪는 경험이었다.

반면 지체장애인의 경우에는 시각이나 청각으로 제공되는 인터페이스를 활용하기에 무리가 없었고, 자신은 휠체어를 타고 있지만, 제약 없이 뛰어다니는 아바타를 통해 간접적으로 자유로운 경험을 할 수 있었다고 인터뷰했다. "메타버스는 엄청 멀리 뛰어놀 수 있는 새로운 놀이터다. 지체장애인이 경험하는 부자유 또는 물리적 제약들이 메타버스 안에서는 사라지기 때문에 제약 없이 자유롭게 생활해 보는 놀이터가 될 수 있을 것 같다."

한편 또 다른 제약을 느끼기도 했는데, 예를 들면 장애 표현을 할 수 있는 캐릭터 옵션이 없다는 점이다. 안내견이나 휠체어 이용 모습 같은 것을 표현할 수 있는 옵션이 없어서 지체장애인으로서 자신의 정체성을 아바타에 온전히 반영할 수 없다는 한계를 느꼈다는 것이다.

장애인이 장애 경험을 자기 정체성에 얼마나 수용하느냐에 따라서 장애 경험을 숨기고 싶을 수도 있지만, 또 그것을 다른 사람에게 보여주고 그 안에서 개인의 다양성을 표현하고 싶은 욕구도 있다. 자신의 선호에 따라 그것을 선택할 수 있는 것과 선택지 자체가 없는 상황은 굉장히 다르다. 우리나라에서 제공되는 메타버스 서비스에서도 장애인 접근성에 대해 좀 더 섬세한 고려가 필요하다는 것을 생각해 볼 수 있는 좋은 사례라고 할 수 있다.

농인들이 말하는 메타버스 체험기

장애인 접근성 연구를 위해 공개된 영상이나 자료를 찾다 보니 메타버스에서 장애인 이용과 관련한 국내 사례는 거의 찾아볼 수 없었다. 어디에서 그들의 구체적인 목소리를 들을 수 있을까 고민하던 중, 서울시 대안교육기관 입학설명회가 게더타운에서 열린다는 걸 알게 되었다. 참여한 학교 중 한 곳이 '소리를 보여주는 사람들소보사'이라는 이름의 대안학교였다. 농아동과 농청소년들을 지원하여 수어와 농문화도 배우고, 농인으로 살아가는 삶의 정체성을 어떻게 구성할지 함께 배우고 소통하며 성장하고 있는 학교다.

김주희 교장 선생님께 연락을 취해 메타버스에서 입학설명회에 참여하게 된 경험을 공유해 주실 수 있는지 여쭈었더니, 흔쾌히 인터뷰를 허락해 주셨다. 전 세계에서도 입학설명회에 농인 대안학교가 참여하여 메타버스를 경험하는 사례가 드물고, 또 소리를 보여주는 사람들 역시 메타버스가 어느 지점에서는 농인에게 잘 맞고 어느 지점에서는 맞지 않는지 다양한 경험과 시행착오를 겪고 있다고 말씀하셨다.

소리를 보여주는 사람들이 행사에 참여하면서 특히 기대했던 점은, 온라인을 통해서지만 농인 아이들을 만나고 그 아이들이 현실에 있는 공간으로 이어져 찾아오고, 함께 성장하고 배울 수 있는 경험을 나누는 것이 메타버스를 통해 가능하지 않을까 하는 점이었다. 농문화는 만나서 마주 보고 손짓, 몸짓, 표정 등 전 인격체가 함께 의사소통하는 경험을 해야 해서 대면하는 것 자체가 무엇보다 중요하다. 그런데 코로나19로 온라인에서 줌을 이용해 봐도 많은 제약이 있었다고 한다.

대부분의 인터넷 서비스가 청인 중심의 인터페이스이기 때문에, 수어를 제1언어로 쓰는 농인들은 소외될 수밖에 없는 상황이다. 미래 메타버스의 가장 큰 철학이 쌍방향으로 서로 소통하고 참여하는 경험을 만들어내는 것인 만큼, 서로 마주볼 수 있는 환경을 구축하거나 오프라인의 경험을 그대로 재현하기 어려운 상황에서 이들의 경험이 굉장히 가치 있는 제안을 제공해 줄 수 있으리라 생각한다.

이번 입학설명회에 참여해 본 농인들의 입장에서 게더타운을 쓰기 어려웠던 점은 먼저 기능적인 측면에서 몇 가지가 있다. 첫째로는, 서비스에 접근하는 것 자체의 어려움이다. 게더타운은 대부분 글 중심이라 수어로 접근할 수 없다. 그러다 보니 이 메타버스 시스템 자체에 처음 적응하는 데 시간과 노력이 매우 많이 필요했다.

둘째로, 수어 사용 환경과 대응되지 않는 기능적 어려움이 있다. 수어 환경을 설정하려면 아바타를 움직이다가도 멈추고 카메라를 통해 수어를 전달해야 하는데, 그러면 이 공간 안에 아바타를 세워두고 별도의 창에서 의사소통해야 한다. 아바타가 실제 사람을 많은 부분 대체할 수 있다고 기대하지만, 여전히 사람이 표정과 손짓과 몸짓을 통해 전달하는 미묘한 감정 표현을 모두 담기에는 구현 정도가 매우 부족하다.

셋째로 키보드 조작 시스템에서 캐릭터, 맵, 수어 통역사를 동시에 보면서 이동하기도 어려웠다. 수어 통역사 화면이 고정되지 않아 일일이 찾아야 하고, 각 맵마다 다른 활동으로 인터페이스가 전환되지만 참여하는 수어 통역사 인원이 적어 맵마다 배치되지 않아서 제한된 상황에서 이 행사를 진행할 수밖에 없었다.

한편, 문화적인 측면에서 살펴볼 때 메타버스의 미래 가능성과 함께 고려할 점도 있다. 기존의 줌이나 카카오톡 등의 서비스와 달리, 게더타운에서는 공간의 구성이나 배치를 이용자가 직접 설정할 수 있다. 따라서 공간의 가구 배치를 다르게 변형하여 농인들이 의사소통하는 데 도움이 되는 방식의 농문화를 표현할 수 있다는 장점이 있다.

농문화는 만나서 마주보고 한 공간에 원을 이뤄 앉는 시각적 접점과 교류가 매우 중요하다. 게더타운에서는 [그림 10]처럼 동그랗게 가구를 배치하고 아바타를 자리에 앉게 하여 카메라를 통해 사람들과 수어 통역사가 같이 소통할 수 있고, 청인 옆에 수어 통역사의 자리를 배치하는 식의 자유로운 구성을 할 수 있다. 청인들이 이 공간에 들어왔을 때 농문화의 소통 방식을 직관적으로 이해할 수 있어서 농인의 삶을 자연스럽게 이해하는 공간 구성을 할 수 있다는 점에서도 가능성을 엿볼 수 있다. 하지만 한계 역시 존재하는데, 시각적 교류를 풍부하게 해야 하는 농인들에게는 카메라 화면이 너무 작아서 수어 통역사의 동작을 다 보여줄 수 없다는 의사소통의 아쉬움이 있었다.

소리를 보여주는 사람들이 가장 중요하게 생각하는 가치는 농

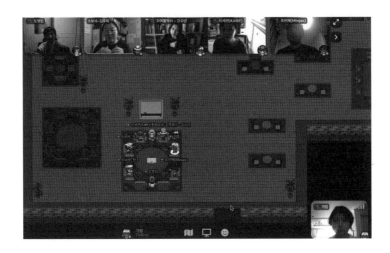

※ **그림 10** ※ 게더타운 안에서 소리를 보여주는 사람들이 구성한 카페의 공간 배치
– 농인들이 의사소통할 때 둥글게 모여 앉는 농문화를 반영한 자리 배치를 표현함

인 아이들에게 공동체를 허락하는 것이다. 그 안에서 언제든지 사람들과 함께 어울리며 어떻게 농인으로서 안전하게 살아가고 성장할수 있을지 자연스럽게 몸으로 느끼는 것이다. 물론 현실에서도 이러한 공간이 필요하지만, 사이버 공간에서도 이런 경험이 가능하다면신체적 장애나 물리적 제약으로 소외된 사람들이 공동체 안으로 들어올 수 있는 문이 더 쉽게 열릴 것이다. 김주희 교장 선생님은 "그러려면 사람이 필요하고 공간이 필요한데 굉장히 제약이 많다. 그런데 메타버스 같은 경우는 저희가 의도적으로 농인들에게 특화된, 그리고 농인들이 편안하게 지낼 수 있는 공간을 만들고 구성할 수있다"라며 메타버스의 가능성을 발견하고 계셨다.

또 함께 참여해준 유현주 선생님 역시 "농인들 입장에서도 게더타운 안에서 퀴즈게임이나 미로 찾기, 방 탈출 같은 것에 참여하는 게 굉장히 재미있다. 그리고 농인과 청인이 직접 만날 기회가 아주 적은데, 제한된 공간이지만 다양한 경험을 해볼 기회가 되었다"는 말씀을 해주셨다.

인터뷰를 진행하면서 현재 메타버스 서비스가 한편으로는 아직 답답하고 불편한 점이 많지만, 또 반면에 누군가 필요로 하는 것을 우리가 잘 이해할 수만 있다면 더 나은 여건의 미래 환경을 만들어나갈 수 있지 않을까 하는 기대감도 동시에 가지게 되었다.

2. 메타버스 접근성 향상을 위한 기업의 새로운 시도

메타버스의 접근성 향상을 위해서 기업은 어떤 시도와 노력을 하고 있을까. 메타버스뿐 아니라 디지털 미디어나 디지털 테크놀로지의 접근성 연구는 지난 20여 년간 이루어져 왔다. 그런데 앞으로 등장할 메타버스에서는 이러한 논의가 기술과 서비스 개발이 모두 진행된 뒤에 고려하는 것이 아니라 기획 단계에서부터 전체 개발 과정에 걸쳐 함께 고려해야 할 필요성이 보다 강조되고 있다. 이에 대한 다양한 기업들의 사례를 소개해 본다.

구글

2018년 구글 I/O 개발자 콘퍼런스에서는 증강현실AR과 가상현실VR의 접근성 문제를 다룬 세션이 진행되었다. 여기서는 개발자들에게 접근성 이슈의 중요성을 강조했는데, 전 세계에서 10억 명 이상의 사람들은 어떤 형태로든 장애를 가지며, 미국에서는 5명 중

1명이 일상의 어느 시점에는 장애를 경험하고 있다고 한다. 따라서 접근성은 '있다/없다'의 이분법적 개념이 아니라, 모든 사람의 역량과 능력과 경험이 다양하다는 스펙트럼의 개념으로 이해해야 하며, 장기적인 상황과 환경을 고려한 포용 설계와 디자인이 필요하다는 점을 짚었다. 또한, 접근성 개선은 개발자들이 선한 사회적 영향력을 미치는 일이라고 강조하였다.

실제로 다양한 상황을 고려한 접근성 기능들이 이 콘퍼런스에서 소개되었는데 예를 들면 ①시각장애인을 위해 화면 상황을 스피커로 설명해주는 안드로이드 기반 API 'Talkback', ②휠체어 이용자를 고려해 이동 동선과 다양한 높낮이 설정을 할 수 있도록 하는 UI 디자인, 혹은 목표가 되는 행동을 좀 더 쉽게 유도하고 이용자가 쉽게 조작할 수 있도록 지원하는 목표 선택 유도 기능, ③청각장애인을 위해 자막을 통해 주변의 대화 정보를 제공하는 등의 기능이다. 이렇듯 다양한 접근성에 대한 논의가 개발자 콘퍼런스에서 중요한 이슈로 다뤄지고 있다.

마이크로소프트

비교적 최근인 2021년 3월에는 마이크로소프트에서 확장현실 XR 접근성 커뮤니티인 'XR Access'를 초청하여 혼합현실 MR 강연을 진행했다. 주된 이슈로는 첫째, 접근성에 대한 방향과 정의를 제시했다. 접근성은 기능의 문제가 아니라 인권의 문제이기 때문에 개발과 서비스와 기술을 만들고 확산하는 사람들이 얼마나 인권에 대한 감수성과 인간의 다양성을 고려할 수 있는지 그 이해의 역량이 필요한 영역이다. 따라서 개인이 가진 능력과 상관없이 누구나 여러 가지 환경들을 유용하게 사용할 수 있도록 고려하여 설계하는 것이 중요하다. 이런 시도는 소수로 여겨지는 장애인 그룹뿐 아니라 모두에게 더 나은 경험을 제공하게 될 것이다. 각자가 가지고 있는 크고 작은 불편함에 대해 고려하는 것은 결과적으로 누구에게나 혜택이 돌아가는 일이기 때문이다.

둘째로는 확장현실과 관련된 도전적인 접근성 기능 개발 경험을 공유했다. 예를 들면 가상현실 속 자막의 환경과 상황에 따른 적절한 정보 전달 기능 개발의 어려움이나, 또는 장애를 포함한 움직임이 제한된 환경에서의 자연스러운 화면 이동 및 전환 방법 개발의 어려움 등이 있었다. 많은 개발자가 가상현실에서 자막을 어디에 두어야 사람들이 쉽게 이해할지, 정보 전달을 위해 폰트는 얼마나 커야 하고 어떤 방식으로 전달되어야 하는지 등의 접근성 문제에 대하여 고민하고 있다. 또한 장애를 포함해 움직임이 제한된 환경에서 고글을 쓰고 움직여야 한다면 어떻게 이동하고 전환하며 인터페이스에 내가 원하는 입력 정보를 넣을 수 있을 것인지, 이러한 문제를 우리가 모두 일상적으로 당면하게 될 것이기 때문에 이에 대한 깊이 있는 이해 역시 필요하다는 것을 알 수 있다.

오큘러스

오큘러스는 2021년 11월에 유튜브를 통해 가상현실VR 경험을 위한 접근성 디자인을 주제로 영상을 게시했다. 해당 영상은 개발자 눈높이에서 접근성 디자인의 영향력과 효과를 설명하는 내용으로 구성되어 있고, 다양한 모범 사례들과 조작 방법을 제시할 뿐만 아니라, 모든 이용자의 참여를 증진하고자 노력하는 여러 개발자의 경험도 공유되었다.

특히 자세한 UI 디자인 설계를 통해 이용자에게 보다 명확한 목표와 내용을 전달하기 위해, 현재 주로 사용하는 접근성 디자인에서 이용자가 선택할 수 있는 옵션을 많이 소개했다. 예를 들면 색약 및 색맹 이용자를 위해 색뿐만 아니라 패턴과 모양이 고려된 UI를 디자인하거나, 혹은 자막을 통해 주위 상황과 가능한 행동 명령 정보를 제공해서 쉽게 그쪽으로 행동 의사결정을 할 수 있게 돕는 것이다.

또한 화면을 전환할 때의 스틱 사용 여부, 이동할 때 텔레포트 기능 사용 여부, 물체와 상호작용할 때 먼 거리의 물체를 어떻게 집고 움직이느냐 등 다양한 환경을 고려해서 이용자가 전환 가능한, 혹은 선택 가능한 옵션을 제시하는 것에 대해 고민하고 있다.

로블록스

개발자들이 단일 서비스나 단일 기술 영역에만 머무르지 않고 하나의 커뮤니티를 이루어서 접근성과 관련된 담론을 어떻게 사회적으로 확대하고 이어가야 할 것인지에 대한 논의도 이어지고 있다. 2021년 10월에 국제 게임 개발자 협회 IGDA 의 게임 접근성 그룹 GASIG 콘퍼런스에서는 메타버스 접근성을 주제로 발표가 진행되었다.

개발자에게 접근성 교육을 제공하면서는 특히 사용자 제작 콘텐츠 User-generated content 의 접근성에 주목했다. 예를 들어 로블록스로 게임 개발을 시작하는 아이들이 스스로 창작한 게임이 누구에게나 쉽게 다가가기 위해서는 어떤 조건을 갖추어야 하는지 그 접근성을 먼저 고려하도록 하는 데에 중점을 두었고, 이러한 교육은 장기적으로 산업계 전반에 긍정적인 영향을 미치게 될 것이라고 설명하였다.

사례 중심 접근으로 개발 단계에서 사용할 수 있는 접근성 에셋 사용 매뉴얼을 제작해 배포하거나, 다양한 장애 환경의 이해를 돕기 위한 교육 도구를 제공하는 노력도 이루어지고 있다. 시야를 흐릿하게 전환하거나, 소리 정보를 감지하지 못하는 아바타 등의 예시를 보여줌으로써 감각 기능이 제한되었을 때 또 다른 선택지를 통해 그 부분을 해결하도록 한 것이다. 또한 아이콘을 활용해 소리를 시각화하거나 특정 감각 경험으로 제공되는 신호들을 다른 감각 채널로 전환하려는 노력도 많이 이루어지고 있다.

결국 접근성을 높이기 위한 다양한 시도들은 어느 한 사람의 노력으로 되는 게 아니라 많은 사람의 관심과 공론화가 필요한 커뮤니티의 영역이라는 것을 알 수 있다.

3. 메타버스 접근성을 높이기 위해 고려할 것들

여러 사례를 살펴보면 메타버스 접근성을 높이기 위해서는 다양한 영역에서의 고려가 필요하다. 먼저 이용 단계별로 접근해야 할 필요가 있는데, 여기에서 기술적 측면과 함께 문화적 측면도 통합적으로 고려하는 것이 미래의 플랫폼을 만드는 데 매우 중요하다는 걸 강조하고 싶다.

새로운 메타버스 서비스의 초기 진입 장벽을 허물기 위해서는 기술과 환경 지원으로 누구나 쉽게 시작할 수 있도록 하는 것이 중요하고, 그것을 지속해서 이용할 수 있도록 돕기 위해서는 다양성과 포용성을 갖춘 메타버스 문화를 만들어가야 한다. 그 과정을 통해 새로운 이용자들이 꾸준히 늘어나야 선순환이 이루어지는 큰 커뮤니티로 활성화될 수 있을 것이기 때문이다.

기술적 접근성 향상을 위한 지원

초기 진입 장벽을 허물고 기술적 접근성을 높이기 위해서는 이해당사자의 목소리에 귀 기울여야 한다. 듣지 않으면 어느 지점에서 불편을 겪는지 알 수 없다. 따라서 개발, 기획하는 단계에서부터 서비스를 이용자들을 초대해서 개발 과정에 참여하는 것이 도움이 될 수 있다.

앞서 말했듯 실제로 화면 해설 부족으로 시각장애인이 제페토 이용 시 아바타 세팅부터 어려움을 겪은 사례가 있었다. 만일 한 사람이라도 시각장애인의 경험을 들었으면 다른 음성언어 화면 해설 기능을 지원한다거나 활동 지원사 등 다른 서비스 지원 활동을 통해 접근할 수 있도록 도울 수 있지 않았을까. 게더타운에서 농인들에게 수어 통역을 지원할 때 불편함을 겪은 것도 마찬가지로, 농인 문화를 겪어본 사람이 직접 서비스 개발 기획 과정에 참여한다면 또 다른 개선된 경험을 제공할 수 있을 것이다.

올해 상반기에 국립재활원과 함께 연구 활동을 하면서 중증중복장애인을 위한 맞춤형 컨트롤러를 제공한 적이 있는데, 실제로 게임 접근성이 높아지고, 장애인이나 가족들이 디지털 매체를 활용하는 역량이 확장되는 걸 관찰할 수 있었다.

또한 로블록스 사례처럼 최근에는 서비스 개발자뿐 아니라 메타버스 세계 안의 창작자, 이용자까지 세 가지 축의 사람들의 경계가 느슨해지거나 중첩되는 현상이 벌어지고 있다. 이런 모든 사람을 포함하여 메타버스의 시민이라고 얘기한다면, 이 모든 시민을 대상으로 이 세계에 대한 기술적 접근성을 확장시키고 사회적으로 가치 있는 개발 방향에 대한 교육을 하는 것도 필요한 시점이다.

환경 설정 지원

환경 설정을 지원하는 측면에서, 중증중복장애 아동 부모님의 인터뷰에서는 초기에 진입 장벽이 있어 게임에 들어갈 수 없을 때 누군가 1대1로 천천히 가르쳐주는 등 이것을 해결할 수 있는 방법이 있었으면 좋겠다는 의견이 있었다. 소리를 보여주는 사람들의 유현주 선생님 역시, 일단 문턱을 넘어가기만 하면 쓰기 쉬워지는 부분이 있으니 그 부분을 넘길 방법이 필요하다는 의견을 전했다.

메타버스의 초기 진입 장벽을 허물기 위한 몇 가지 해결 방법이 있다. 활동 지원사를 연계해서 기기나 서비스의 초기 설정을 도와주거나 메타버스 안에서의 활동을 지원해주는 것도 방법이 될 수 있고, 장애인이나 노인 이용자나 보호자를 대상으로 디지털/메타버스 리터러시 교육이 이루어지는 것도 필요하다. 메타버스의 이용 방법과 함께 그 세계 안에서의 사회 규범에 대한 교육이 마련된다면 조금 더 쉽게 메타버스에 접근하고 활용할 수 있을 것이다. 또한 자기에게 맞는 장비를 찾고, 테스트해 보고, 이용 방법에 대해 배워볼 수 있는 지역 사회의 물리적 공간 혹은 찾아가는 서비스가 중요할 수 있다.

다양성과 포용성을 갖춘 문화 형성

메타버스가 지속 가능한 세계가 되려면 다양성과 포용성을 갖춘 문화를 만들어가는 것도 중요하다. 제페토 이용 사례 중에 안내견이나 휠체어 이용 같은 장애인의 행동을 투영할 수 없어 아쉽다는 의견이 있었는데, 이렇게 다양한 자기표현의 욕구를 메타버스 문화 안에 수용하고 표현하는 기회를 마련해 나갈 필요가 있다. 장애에만 국한하는 것이 아니라 성별, 인종, 언어 등 다양한 고유 정체성이 두루 고려되어야 할 것이다.

각자의 정체성을 공유하고 안전함과 편안함을 느낄 수 있는 커뮤니티와, 그런 커뮤니티가 연계되어 자유롭게 소통할 수 있는 열린

공간은 모두에게 필요하다. 지금까지 메타버스는 경계를 허무는 초
연결의 방향으로만 일관되게 설명되는 경향이 있었는데, 그러면 사
람들은 오히려 자신의 준거집단 안에서 느낄 수 있는 안정감과 보호
감을 상실하고, 자기 삶의 기준을 어디에 두어야 할지 혼란스러워
할 위험성이 있다. 소리를 보여주는 사람들의 김주희 교장 선생님도
농인 아이들의 사회 통합 이전에 농인 공동체 소속에 대한 중요성을
강조했다.

> "농인들의 경우는 통합이 먼저가 아니라 온전히 그 농인 공
> 동체 안에 소속되는 게 먼저예요. 그 후에 아이들이 성장하
> 고 청인 사회와 계속 부분적으로 통합하는 것들을 시도하
> 죠. (…) 그러니까 따로도 존재해야 하고 함께도 존재해서
> 나의 상태에 맞게 이것들을 자율적으로 선택할 수 있는 여
> 지를 많이 두는 게 중요해요."

그래서 메타버스가 지속성을 갖추기 위해서는 자신이 속한 공
동체 안에서 확고한 정체성을 먼저 수립하고, 그 정체성을 확장하는
안전한 기반을 가진 상태에서 자율적인 선택이 이루어지는 것이 매
우 중요할 것으로 보인다.

메타버스의 가치를 실현하는 출발점

우리는 미래에 메타버스가 구현되면 다양성, 포용성, 개방성의 가치가 저절로 실현될 것처럼 이야기하는 경향이 있다. 그런데 몇 가지 사례만 주의 깊게 살펴봐도 메타버스 혹은 디지털 서비스 안에서 이러한 가치를 실현하는 데 얼마나 많은 장벽이 있는지 알 수 있다.

그렇다면 메타버스가 추구하는 이 가치를 메타버스에서의 활동 설계에 어떻게 반영할 수 있을까. 그 실마리는 자신이 서있는 곳, 자기가 하는 일, 그 안에서 변화를 일으킬 수 있는 아주 작은 시도에서 출발한다고 본다. 이렇게 가깝고 개인적인 경험에서부터 시작하지 않는다면 미래의 큰 메타버스가 담아야 할 다양성, 포용성, 개방성의 가치가 우리에게 저절로 선물처럼 찾아오지는 않을 것이다. 각자의 자리에서 미래의 메타버스가 이런 가치를 실현할 수 있도록 내가 지금 오늘부터 시작해야 하는 일이 무엇인지 스스로 질문하는 시간을 가져보면 좋겠다.

* 이 글은 KAIST 문화기술대학원 장애인 게임 접근성 연구팀에서 연구하고 있는 내용을 바탕으로 작성한 것입니다. 함께 자료를 수집하고 이야기 흐름을 만드는 데 도움을 준 이세연 박사후연구원, 엄가람 석사과정 연구원, 조민재 석사과정 연구원에게 고마움을 전합니다. 인터뷰에 기꺼이 참여하신 소리를 보여주는 사람들의 김주희 교장 선생님, 유현주 선생님, 우현 선생님, 김수년 수어 통역사 선생님께도 깊은 감사의 마음을 전합니다.

달을 볼 수 있는
최초의 망원경을 만나다

인문학, 디지털 인문학, 그리고 메타 인문학

※ 이은수 교수 ※

    메타버스는 인문학에 어떤 변화를 가져올 것인가? 오래된 서고에서 책을 읽고 글을 쓰는 전통적인 인문학자의 공간 속에 메타버스라는 최신의 트렌드를 들여오는 데 대해 낯설게 혹은 거북하게 느끼실 분들이 많을 것이다. 그러나 인공지능과 메타버스로 대변되는 디지털 기술의 발전은 인문학 연구에 있어서도 많은 변화를 가져왔다. 오늘 디지털 인문학이라는 이름으로 인문학의 연구 동향이 어떻게 바뀌어 왔는지 또 메타 인문학의 이름으로 인문학의 미래가 어떻게 펼쳐질지 제한된 것이긴 하나 나의 경험을 기반으로 생각을 나누고자 한다.

    나는 라틴어와 그리스어 문헌을 읽는 고전학자이다. 호메로스의 《일리아스》와 《오디세이아》를 낭송하는 소리에 반해서 고전학에 입문한 이후 미국 서부로 유학을 갔고 실리콘밸리에서 10년간 고전학, 과학사, 디지털 인문학을 연구했다. 만일 미국 서부가 아니라 미국 동부나 유럽으로 유학을 갔다면 아마도 인문학의 미래에 대해 지금과는 다른 시각을 갖게 되었을 것이다. 실리콘밸리의 창업 문화와 기술의 빠른 변화를 매일같이 목격하면서 인문학을 공부했기 때문에, 인문학을 기반으로 창업하려고도 해보았고 자연스레 인문학과 기술을 융합하는 데 많은 관심을 가지게 되었기 때문이다.

당시 스탠퍼드 옆에 내가 거의 출근하듯 매일 가던 스타벅스가 있었다. 매일 아침 6시 30분에 이 스타벅스에 오는 사람이 딱 두 명 있었다. 한 명은 나, 다른 한 명은 애플의 CEO 팀 쿡이다. 만약 당신이 팀 쿡과 단둘이 얘기하고 싶다면 아침 6시 30분에 이 스타벅스로 가면 된다. 특별히 출장 등의 일정이 없으면 어김없이 그 시간에 팀 쿡이 이곳에 나타나곤 했다. 이곳에서 우리 둘 다 미래를 고민했다. 팀 쿡은 애플의 미래, IT 산업의 미래를 고민했겠지만 나는 인문학의 미래에 대해서 고민했다. 실리콘밸리 한복판에서 인문학은 어떻게 될까, 또 앞으로 어떻게 인문학을 공부해야 수백만 문송한 학생들이 인문학을 했다는 걸 부끄러워하지 않고 인문학을 그들의 상상력의 원천으로 삼을 수 있을까 고민했던 결과를 오늘 나눠보려고 한다.

이 글에서는 다소 무리가 있겠으나 인문학 연구의 흐름을 보편적으로 알고 있는 전통 인문학 Humanities 에서 디지털 인문학 Digital Humanities 으로, 그리고 메타버스가 가져온 메타 인문학 Meta Humanities 으로 나누기로 한다. 참고로 메타 인문학은 내가 개인적으로 이름

붙인 것이다. 전통 인문학에서 디지털 인문학으로 넘어간 과정을 Digital Turn으로, 디지털 인문학에서 메타 인문학으로 넘어가는 과정을 Metaverse Turn이라고 할 때, 이 두 가지 전환을 고찰하는 것이 이 글의 주된 작업이 될 것이다.

1. Humanities

시작하기에 앞서 먼저 대전제로 말해둘 것은, 내가 한 사람의 인문학자로서 감히 인문학을 대변할 수는 없다는 점이고, 또한 인문학이 변하고 있다고 해도 인문학인 한 변하지 않는 사실이 엄연히 있다는 점이다.

Homo sum, humani nihil a me lalienum puto.
나도 인간이다. 인간인 한, 인간사 그 어떤 것도
나와 무관하지 않다.

이것은 Humanities인문학의 어원이 된 희극 작가 테렌티우스Publius Terentius Afer의 라틴어 구절이다. 어떻게 보면 인문학의 기본 발로라고도 할 수 있다. 이 경구가 말하듯, 인문학인 한 인문학은 인간사 전반에 관련이 있다. 인문학 연구에 새로운 기술을 도입한다 하더라도 인문학이 본연에 수행하고 있던 본질과 인문학 본연의 연구 방법 중 변하지 않고 여전히 그대로 남는 것들이 있을 것이다.

고전학자이자 고대 그리스부터 르네상스, 과학 혁명 시기에 이르기까지 인류 지성사를 연구하는 과학사학자로서 나도 전통적인 인문학 연구에 매진해 왔다. 예를 들면, 나는 《유클리드 기하학원론》의 사본을 찾아 전 세계 도서관의 고문서실을 뒤지면서 기하학과 도형의 역사를 재구성하는 연구를 수행했다. 성서 다음으로 가장 많이 인쇄되었던 《유클리드 기하학원론》의 원본은 비록 사라졌지만 역사적으로 의미 있는 사본들이 많이 남아있다. 이런 자료들을 찾기 위해서 인문학자는 고문서실의 사본들을 찾아 나선다. 이런 일을 하는 인문학자들은 극히 소수이다. 예를 들면, 2014년 여름 《유클리드 기하학원론》의 필사본을 보려고 베니스의 마르시아나 도서관 고문서실에 들어간 일이 있었다. 이 필사본의 열람 카드에 이름을 기입하려고 보았더니, 지난 100년 넘는 시간 동안 단 여섯 명의 학자들이 이 사본을 열람했을 뿐이었다. 내가 했던 전통 인문학은 원래 이러한 필사본들을 찾아내고 거기 얽혀 있는 이야기를 뒤좇는 연구를 하는 것이었다.

오늘 디지털 인문학과 메타 인문학에 관한 이야기는 그런 전통 인문학을 부인하고자 하는 것이 아니다. 다만, 인문학 한 귀퉁이에서 이전에는 우리가 볼 수 없었던 새로운 연구 방법의 흐름이 있었던 것도 사실이다. 따라서 지금까지의 변화를 요약하고 또 그런 변화가 우리의 인문학을 어느 지점으로 데리고 갈지 가늠해 보고자 한다.

인문학에 디지털을 결합하다

한국에서 책을 읽고, 해석하고, 번역하고, 토론하는 등 전통적인 인문학 연구를 했던 나에게 디지털 전환의 두 계기가 스탠퍼드의 수업시간에 찾아왔다. 첫 번째 디지털 전환은 로마 시대의 구글맵을 만드는 수업이었다. 로마사의 저명한 학자 발터 샤이델Walter Scheidel이 이끄는 스탠퍼드의 첫 수업에서 나를 비롯한 열댓 명 남짓의 대학원생들은 남아있는 자료들을 분석하여 고대 로마 시대 당시의 디지털 지도를 만드는 연구에 참여하였다. 당시 한 도시에서 다른 도시까지 가려면 어떤 길을 이용했을지 얼마나 오래 걸렸을지를 쉽게 계산할 수 있는 디지털 지도를 만들기 위해서 네트워크 엔지니어들도 합류하였다. 실제 우리가 구글맵을 쓰는 것처럼 계절별, 상황별 여러 조건을 주고 가장 비용이 저렴한 루트, 가장 거리가 짧은 루트 등 로마 시대에 남아있던 문헌을 바탕으로 맵핑을 했고 그 결과가 스탠퍼드 오르비스라는 이름으로 현재도 공개되어 있다. 이런 것도 인문학 수업이 될 수 있다는 걸 처음 느꼈던 충격적인 수업이었다.

오르비스 프로젝트를 마치고 난 다음 해, 수업시간에 접했던 아르키메데스 팔림세스트Palimpsest는 내게 찾아온 두 번째 디지털 전환이었다. 1907년 이스탄불에서 아르키메데스의 작품을 기록한 양피지 사본이 발견되었다는 기사가 뉴욕타임스에 보도되었다. 그런데 이 아르키메데스의 양피지 사본은, 기존의 텍스트 위에 새로운 텍스트를 덧대어 쓴 팔림세스트 사본이라는 특징이 있었다. 중세의 수도원에서 원래의 아르키메데스의 수학 작품이 기록되었던 양피지 사본을 반으로 자르고 90도 회전시켜 기도문을 적어넣었던 것이다. 그래서 이 사본에는 수평선과 수직선 방향의 흐릿한 텍스트들이 보이는데, 아래에 가려진 텍스트가 아르키메데스의 작품이고 위에 있는 것이 중세의 기도문이다. 어떻게 보면 아르키메데스의 작품을 훼손한 셈이지만, 역설적이게도 기도문으로 간주된 까닭에 중세 수도원에 잘 보관되어 오랫동안 살아남을 수 있었다.

이 팔림세스트에 기록된 기도문은 워낙 많이 남아있기 때문에 굳이 내용을 복원하지 않아도 되지만, 아르키메데스의 작품은 오직 이 사본에만 남아있는 것들이 있기 때문에 그의 수학을 연구하는 데 가장 중요한 자료였다. 문제는 1907년 이것이 처음 발견된 당시에는 글자들이 겹쳐있고 사본의 상태가 좋지 않아 학자들이 제대로 그 내용을 읽을 수 없었다는 점이다. 디지털 인문학은 이런 난관을 해결할 돌파구가 되었다. 학자들이 스탠퍼드의 선형가속기센터의 도움을 받아 글자를 복원하기 위한 연구를 진행할 수 있었기 때문이다. 글자를 적은 잉크마다 특정 성분을 가지고 있기 때문에 다른 스펙트럼의 빛을 쏘면 아르키메데스의 기록을 중세 기도문의 기록으로부터 분리할 수 있으리라는 것이 기본 아이디어였다. 이에 따라, 눈으로는 식별하기 어려웠던 아르키메데스의 기록이 비교적 선명하게 드러나게 되었다. 예를 들어, '포물선 단면의 넓이가 그 안에 내접한 삼각형의 4/3배다'라는 아르키메데스의 유명한 정리를 마침내 이 팔림세스트로부터 읽을 수 있게 된 것이다.

이러한 사례들을 접하면서 나는 디지털 기술을 접목하여 새로운 연구를 진행하는 디지털 인문학의 가능성을 발견하게 되었다. 특별히 고전학이란 분야가 아무래도 지난 2천 년 동안 해오던 분야이다 보니 새로운 연구를 진행하기가 쉽지 않은 편인데, 그 돌파구를 디지털 기술로부터 찾을 수도 있겠다는 단초를 보게 된 것이다. 그래서 나는 디지털 인문학의 방법론을 더 적극적으로 탐색하기 시작하였다.

2. Digital Humanities

디지털 인문학의 시작

그럼 디지털 인문학의 시작은 도대체 언제일까. 인문학적 컴퓨팅 역사에서는 보통 1951년을 디지털 인문학자들이 말하는 디지털 인문학의 시작점으로 본다. 이때가 처음으로 컴퓨터를 이용해 콘코던스concordance를 만든 시기이기 때문이다. 성서나 여러 인문학 텍스트를 연구하는 사람들은 콘코던스, 일종의 인덱스를 만들고 싶어 한다. 전체 문헌에서 이 단어가 어디에 어떻게 등장했는지 알고 싶은 것이다. 성서의 콘코던스는 이미 1230년부터 일찍이 만들어졌고, 셰익스피어의 콘코던스도 충분히 만들어낼 수 있었다. 그러나 《신학대전》으로 유명한 토마스 아퀴나스Thomas Aquinas의 경우 단어들에 대한 인덱스를 만드는 것이 사실상 불가능에 가까웠다. 라틴어 단어 수가 무려 1천만 개가 넘었기 때문이다. 그래서 예수회 신부인 로베르토 부사Roberto Busa는 당시 IBM에서 새롭게 개발하던 기술을 이용하여 이 난관을 해결하고자 하였다. 그래서 그는 IBM의 도움을 받고자 뉴욕으로 날아가서 창립자 왓슨을 만난다. 처음에 부사의 프로젝트에 우호적이지 않았던 왓슨이 우호적으로 전향하게 된 것은 아마도 아퀴나스 인덱스를 만들고자 했던 부사의 열정 때문이었을 것이다. "우리에게 어려운 일이란 당장 해낼 수 있는 일이고, 불가능한 일이란 조금 더 걸릴 일일 뿐이다 The difficult we do right away; the impossible takes a little longer"라는 IBM의 포스터를 보여주며 프로젝트를 꼭 도와달라고 부탁했던 부사에게 왓슨은 이런 말을 남기며 아퀴나스 프로젝트를 도와주기로 약속한다. "우리 회사의 사명 International Bussiness Machines을 International Busa Machines로 바꾸지만 않으면 도와주겠다."

그 덕분에 부사는 약 20년에 걸쳐서 처음으로 토마스 아퀴나스에 대한 인덱스를 만들 수 있었다. 오늘날 기준으로 볼 때 대수롭지 않은 일처럼 보일 수도 있겠지만, 당시 인문학자들에게는 불가능에 가까웠던 일을 가능하게 만드는 전산 기술의 힘을 경험하게 된 순간이었다. 이 기념비적인 프로젝트 이후 더 가속화된 기술의 개발로 퍼스널 컴퓨터가 보급되고 인터넷망이 깔리면서, 또 많은 기관에서 인문학과 기술의 결합에 대해 여러 지원을 하게 됨에 따라 2000년 이후로 미국과 유럽에서는 디지털 인문학이 활성화되는 시기를 맞이하게 된다.

디지털 인문학의 사례

그렇다면, 구체적으로 디지털 인문학은 무엇을 말하는가? 디지털 인문학을 여러 방식으로 소개할 수 있겠지만, 예일 대학의 디지털 인문학 랩에서 나눠놓은 네 가지 카테고리, Text Analysis, Visual Analysis, Spatial Analysis, Network Analysis를 따라 디지털 인문학의 구체적인 모습에 대해 살펴보기로 하자.

① 텍스트 분석 Text Analysis

텍스트 분석은 디지털 인문학의 초창기부터 한국에서도 많이 해왔던 방식이다. 텍스트 분석이 주로 하는 일을 거칠게 요약하자면 책을 덜 읽고도 책에 대해 알아내겠다는 것이다. 보통 전통적인 인문학이 책의 모든 세부 요소들을 꼼꼼히 읽어나간 데 반해 close reading, 디지털 인문학의 텍스트 분석은 책에서부터 거리를 두고 계량적인 요소들을 분석해 나간다 distant reading. 주로 텍스트 분석은 책의 장르나 스타일이나 문체 등을 분석할 수 있기 때문에, 셰익스피어 작품은 셰익스피어가 다 썼을까 하는 사람들의 의문에 대해서도 문체를 분석해 텍스트의 특징을 파악하는 데 중점을 둔다.

또한 비교적 최근에는 온라인 마케팅 댓글에 대해서도 많이 쓰이는 감정 분석 방법도 문학작품의 텍스트 분석의 도구로 사용되고 있다. 감정 분석에서는 긍정적인 단어에는 3점, 부정적인 단어에는 -3점을 주는 식으로 단어마다 점수를 부여해 그래프를 그림으로써 감정을 따라 문학작품의 전체적인 플롯 plot 을 시각화하기도 한다.

디지털 인문학 분야에서 감정 분석을 적용한 매튜 조커Matthew Jocker 교수가 자신의 영문학 수업 학생들에게 그래프의 굴곡이 무슨 사건을 나타내는지 예측해 표시하게 했더니 실제 소설의 흐름과 거의 정확하게 일치하는 결과를 얻었다고 한다. 감정 분석의 유의미한 연구 결과를 보여주는 하나의 사례로 볼 수 있는 대목이다.

② 비주얼 분석 Visual Analysis

최근의 디지털 인문학은 텍스트보다 이미지를 분석하는 비주얼 분석에 더 힘을 쏟는 모양새이다. 아마도 과거에 비해 기술이 발전함에 따라 이미지를 분석할 수 있는 소프트웨어가 만들어지고 이미지 분석의 사례들도 지속적으로 쌓여왔기 때문일 것이다. 재미있는 사례들이 많지만 지면 관계상 뉴욕 브로드웨이 스트리트에 대한 디지털 인문학 프로젝트를 간략히 언급하고 넘어가고자 한다. 이 프로젝트는 세계 문화의 중심이라 할 수 있는 뉴욕시의 브로드웨이 거리에 대한 랜드마크, 구글 스트릿 뷰, 택시 통계, 소셜 미디어 통계 등을 이용하여 이 공간을 좀 더 입체감 있게 이해할 수 있도록 돕는다. 스트리트를 여러 시각에서 재구성하고 다층적 의미를 부여함으로써, 전통적인 브로드웨이에 관한 연구보다 더 그 거리에 대한 이해를 넓히려는 시도였다고 할 수 있다. 그 밖에도 패션 잡지 보그 Vogue의 타이틀 페이지들을 색조를 기준으로 분석하는 프로젝트도 비주얼 분석의 유명한 사례 중 하나이다.

③ 네트워크 분석 Network Analysis

사회과학에서 일찍이 활발히 사용되었던 네트워크 분석도 디지털 인문학의 주요 영역으로 자리매김하게 되었다. 예를 들어 컴퓨터 수학 프로그램 매스매티카를 만든 스티븐 울프럼Stephen Wolfram이 최근에 분석한 《유클리드 기하학원론》 네트워크 분석을 꼽을 수 있다. 《유클리드 기하학원론》은 뉴턴이 《프린키피아》를 집필할 때 참고했을 만큼 앞서 증명된 명제를 기본으로 다음 명제를 이끌어내는 연역적 구조로 유명한 책이다. 따라서 어떤 명제가 그 전의 몇 번째 명제를 이용했는지 그 연역적 구조를 분석하는 일은 많은 사람들의 관심을 끄는 주제였으나, 13권 465개의 명제들을 손으로 일일이 분석하기에는 너무 벅찬 양이었다. 그러나 디지털 인문학의 네트워크 분석에서는 명제들이 어떻게 서로 연결되는지 그 관계망을 눈으로 확인하는 것이 쉽게 가능해졌다. 이처럼 전통적인 방법으로 시도했을 때 굉장히 오랜 시간이 걸릴 만한 일들을 컴퓨터를 통해 비약적으로 소요시간을 단축시킬 수 있는 기회가 열렸다는 점이 디지털 인문학이 갖는 또 다른 매력 중 하나이다.

④ 공간 분석 Spatial Analysis

디지털 인문학의 마지막 범주는 공간 분석에 해당한다. GIS기술의 발전에 따라 위치기반 스토리텔링이 가능해지면서 최근 이 분야에서 더욱 많은 디지털 인문학 프로젝트들을 볼 수 있게 되었다. 공간 분석 프로젝트들을 어떤 수준의 분석이 시도되는가에 따라 여러 층위로 나누어볼 수 있다. 가장 쉬운 공간 분석 프로젝트들은 인물, 작품들을 해당하는 공간에 맵핑하는 프로젝트이다. 예를 들어, Artists in Paris 프로젝트는 많은 유명한 예술가들이 사랑했던 도시 18세기 파리를 중심으로 아티스트들이 어디에서 태어나고 죽었으며 또 어떤 작품을 어디에서 남겼는지에 대한 공간 분석이다. 작가들이 자신의 작품에서 영국 런던을 언급한 대목들을 맵핑해 놓은 Authorial London 프로젝트도 비슷한 사례이다. 이런 프로젝트들은 위치 정보를 작품이나 인물에 매칭하는 굉장히 단순한 프로젝트지만 기존의 전통적 인문학에서는 이런 정보를 한눈에 보기는 어려웠다는 점에서 디지털 인문학의 매력을 보여준다.

공간 분석에서 수준을 조금 더 높여보자면, 지도 자체를 인문학의 분석 대상으로 삼는 프로젝트들이 있다. 예를 들어, 이스탄불의 오랜 지도들을 오늘날의 지도에 덧씌워서 보거나 여러 지도를 한눈에 비교할 수 있게 한 Istanbul Urban Database 프로젝트가 그런 경우이다. 더 나아가 단순히 공간 정보를 보여주는 것을 넘어서서 역사, 공간, 문화의 총체를 다루는 디지털 인문학 프로젝트들이 공간 분석의 핵심으로 떠오르게 되었다. 예를 들어, 그린 스트리트 프로젝트greenstreet.nyc는 뉴욕시의 그린 스트리트라는 작은 블록 하나에 집중해서 그 변화상을 다채롭게 보여주고 있다. 주로 경제사, 사회사, 문화사를 이야기할 때 거시적으로만 다루는 경향이 있었는데, 이 프로젝트는 그런 경향과는 달리 도시의 한 작은 블록에 집중하여 역사를 이야기한다. 이 프로젝트의 웹사이트는 처음에는 방직공장지대로 출발한 이 거리가 윤락가로 변모하였다가 이후 패션 거리로 바뀌는 과정을 고스란히 보여준다. 특별히 인트로 화면의 배경음악은 몇십 년 전 뉴욕의 거리로 돌아가 그 시기의 향수를 느끼게 해줌으로써, 책에서 읽었을 때는 얻을 수 없었던 보다 더 생생한 경험을 제공한다.

공간 분석 프로젝트의 마지막 사례로 Hidden Florence 프로젝트를 소개하려 한다. 지금도 아이폰 어플로 다운받을 수 있는 이 앱을 켜면, 르네상스 플로렌스에 살았던 인물이 가이드로 등장하여 그 당시의 플로렌스 지도를 따라 역사적 장소들을 찾아갈 수 있도록 안내한다. 위치기반 오픈 투어리즘 시도가 이제는 당연한 것이 되었지만, 역사적 콘텐츠를 결합하여 플로렌스를 여행할 수 있다는 매력이 여전히 눈길을 끈다. 위치기반 어플이 이미 우리에게 친숙해진 것처럼, 디지털 인문학 공간 분석도 더 이상 PC에만 머물지 않고 우리의 손안으로 옮겨왔음을 보여주는 대표적인 사례이다.

그 밖의 사례들

디지털 인문학의 특성상 자료가 방대하기 때문에 소수의 연구진이 할 수 있는 게 아니라 집단적인 도움이 필요할 때가 있다. 그래서 디지털 인문학 프로젝트 중에서 크라우드 소싱 Crowd Sourcing 으로 진행하는 경우들도 꽤 많이 있다. 예를 들면, 뉴욕의 공립도서관은 1만 4천 개가 넘는 수많은 뉴욕 지도를 보유하고 있다. 이 도서관에는 뉴욕의 어떤 장소에 어떤 빌딩이 있었다가 없어지고 또 새로 들어섰는지 자세히 알 수 있도록 예전의 지도가 오늘날의 지도에서 어디에 해당하는지 매칭하는 Map Warper 프로젝트를 진행했다. 이 프로젝트를 소수의 연구진 몇 명이서 수행할 수 없었기 때문에, 연구책임자들은 인터페이스를 만들어 크라우드 소싱에 참여하는 사람들이 직접 옛 지도와 오늘날의 지도를 비교하고 체크할 수 있도록 했다. 이런 크라우드 소싱 프로젝트는 일반인들도 쉽게 참여할 수 있도록 아주 쉬운 프로토콜을 고안한다. 이처럼 조금 더 많은 사람들이 인문학 콘텐츠에 친숙하게 다가갈 수 있도록 배려하는 것이 디지털 인문학 프로젝트들이 보여주는 공통된 정신이라고 할 수 있다.

이런 디지털 인문학 연구의 동향에 발맞추어 카이스트도 이번 학기부터 디지털 인문사회과학 센터를 개소하여 디지털 인문학 연구에 본격적으로 뛰어들게 되었다. 현재 우리 랩이 계획하고 있는 프로젝트 중 하나로 세계 최초로 원본, 필사본, 번역본, 이미지의 여러 층위를 거쳐 선택적으로 고전을 읽을 수 있는 플랫폼을 만들고 있다. 그리고 또 다른 프로젝트로는 다이어그램Diagrams을 모두 모으는 데이터베이스를 구축하고 있기도 하다. 이제 모든 도서관들이 소수 몇몇에게만 보여주던 필사본을 대중에 공개하기 시작했기 때문에, 이런 것들을 데이터베이스화할 시점이 왔다고 생각해 여러 기관이 협력해서 현재 진행 중인 상태다.

머리가 아닌 가슴으로 와닿는 디지털 인문학

지금까지 간략히 소개한 디지털 인문학이 공통적으로 지향하고 있는 것은 무엇일까? 나는 그 해답을 1900년 파리 엑스포의 한 부스에서 찾았다. 흑인 최초로 하버드 대학에서 박사 학위를 받았던 두 보이스Du Bois는 이 엑스포에서 미국의 차별받는 흑인들에 대해 발표할 기회를 얻었지만 한 가지 큰 고민이 있었다. 당시 파리 엑스포에서는 대관람차, 에스컬레이터 등의 엄청난 신문물이 소개될 예정이었는데, 이 화려한 기술들의 향연 속에서 흑인들이 차별 받고 교육에 소외되고 있다는 숫자들을 내어놓는다 한들 큰 주목을 받지 못할 것 같았기 때문이다. 그래서 그는 비록 화려한 신기술을 이길 수는 없겠지만, 자신이 조사한 통계자료들을 가장 잘 전달할 방법을 찾아야만 했다. 그 해결책의 일환으로 그가 몇몇 대학원생들과 직접 손으로 그렸던 형형색색의 도표와 차트와 그래프들은 그의 부스를 찾았던 관람객들이 통계수치들을 머리로 차갑게 계산하기 전에 흑인들이 당하고 있던 차별에 대해 가슴으로 뜨겁게 느낄 수 있게 해준 유일한 도구였다.

자료시각화의 시초가 된 이 사례에서 나는 디지털 인문학의 정신을 읽는다. 인문학이라는 것은 지난 오랜 시간 어찌 보면 소수만이 누리는, 막연히 어렵고 추상적인 것으로 느껴지는 경우가 많았다. 그러나 디지털 인문학의 상당수 프로젝트는 학자들에게 새로운 연구 기회를 주었을 뿐 아니라 많은 일반 대중들이 인문학 콘텐츠를 쉽게 접하고 이해할 수 있도록 인문학의 지평을 넓혀왔다. 두 보이스가 그랬던 것처럼 디지털 인문학자들도 자신이 연구한 결과물들이 대중의 가슴에 직접 와닿도록 자료들을 시각화하고 연결망을 보여주고 실제 생생한 경험을 선사하기 위해 노력해 온 것이다.

디지털 인문학이 이렇게 가능해진 것은 현재 디지털 인문학자들이 주로 쓰는 도구들이 대부분 특별한 코딩 지식을 필요로 하지 않고 필요에 따라 자유롭게 활용할 수 있을 만큼 기술적으로 발전한 덕분이기도 하다. 그래서 나는 지금의 상황을 갈릴레오 갈릴레이의 망원경에 빗대어 보기도 한다. 비록 그가 망원경을 만든 건 아니었고 개량하였을 뿐이지만, 그가 광학 비율을 높여 처음 달의 본모습을 보게 됐을 때 그의 마음에 얼마나 큰 희열과 전율이 일었을까.

전통적으로 지난 몇천 년간 똑같은 방식으로 책을 읽고 해석하고 토의했던 인문학자들에게 디지털 기술이라는 새로운 도구가 주어졌다. 인문학을 새롭게 시도할 수 있는 망원경과 같은 도구가 주어지면서, 인문학의 연구 분야도 그만큼 넓어지고 더 많은 새로운 발견을 해낼 수 있게 된 것이 내가 생각하는 2020년 디지털 인문학 연구의 현장이었다.

3. Meta Humanities

이렇듯 디지털 인문학으로 인해 많은 새로운 기회가 생겨났지만, 코로나 바이러스의 비정상적인 상황과 한국에 불어닥친 메타버스의 열풍은 다시 한번 더 새로운 변화로 나아가게 하였다. 그래서 이 글을 마치기 전에 지금 동시대를 살고 있는 한 사람의 인문학자로서 내가 겪고 있는 변화를 Metaverse Turn이라는 이름으로 정리해 보고자 한다.

많은 사람들이 코로나 바이러스가 몰고 온 지난 2년의 격리 생활이 메타버스의 도래를 촉발하고 이행을 가속화했다고 보고 있다. 나 역시 그런 진단에 동의하지만, 이 팬데믹 상황은 개인적으로 나에게 더욱 큰 영향을 남겼다고 반추하고 있다. 2020년 4월 미국의 코로나 바이러스 상황은 상당히 심각했고 처음 경험하는 집에서의 격리 생활은 결코 적응하기 쉽지 않은 것이었다. 이런 낯선 생활 속에서 사람들은 평소 하지 않던 선택을 하기도 한다. 평생 게임이라고는 제대로 해본 적 없던 내가 게임기의 전원 버튼을 누르고 몇 번 밤을 새워보았던 것이 바로 그 무렵이었다. 그때 처음 해본 게임이 캐나다 유비소프트Ubisoft 회사가 개발한 〈어쌔신 크리드: 오디세이 Assassin's Creed: Odyssey〉였다. 그 게임을 시작한 뒤 얼마 지나지 않아 나는 거의 새로 태어나는 경험을 했다. 그리스 로마만 20년 가까이 공부하였지만 그 오랜 세월 그렇게 공부를 해도 절대 외워지지 않던 그리스의 소도시 지리들이 게임을 한 지 불과 며칠 만에 선명하게 그려지게 된 것이다. 이렇게 쉽게 외울 수 있었던 걸 지난 20년 동안 과연 나는 왜 허송세월을 했던 것인가, 적잖이 충격적이었다.

이 게임의 개발자들은 그리스의 많은 도시를 생생하게 재구성했다. 온전히 남아있지 않은 많은 도시의 시장과 신전과 거리를 걷고 누빌 수 있다는 것은 이 게임이 가진 가장 큰 매력 중 하나일 것이다. 물론 역사적 고증을 하자면 지적할 만한 점도 많겠으나, 그리스 문화를 재현하여 실감 나게 경험하게 하는 데 있어서는 충분히 성공적인 콘텐츠라고 볼 수 있다.

디지털 네이티브를 위한 실감형 리딩 콘텐츠 개발

이 게임을 경험한 뒤에 나는 인문학자로서 메타버스가 가져오는 이런 매력적인 기회들을 어떻게 잘 활용할 수 있을지 많은 고민을 했다. 그래서 다소 거창하지만 그 활용 사례 중 하나로 '디지털 네이티브를 위한 실감형 리딩 컨텐츠'를 개발하고자 준비하고 있다. 긴 글을 기피하는 디지털 네이티브 세대는 그리스 비극 전집이나 플라톤 대화편 전집 같은 것이 번역되어 있어도 그런 두꺼운 책들을 잘 읽지 않는다. 그렇다 보니 클래식인 고전古典이 분투하고 고생한다는 뜻의 고전苦戰이 되어가고 있는 형국이다. 그래서 어떻게 하면 디지털 네이티브가 고전을 쉽게 읽을 수 있도록 도울 것인가가 고전학자로서 평소 가진 고민이었다.

메타버스의 기술을 활용하여 몇백 페이지의 책을 해설과 함께 실감 나는 메타버스 콘텐츠로서 재가공하는 것이 진행 중인 프로젝트의 핵심 과제이다. 이 목표를 이루기 위해 여러 게임 회사와 협력하여 가상의 리딩 콘텐츠를 만드는 일을 추진 중이다. 아직 전 세계에서 아무도 해보지 않은 것이기 때문에 충분히 의미 있는 프로젝트가 될 수 있을 것이라고 본다. 예를 들어, 만약 비극 작품에 대한 리딩 콘텐츠를 만든다면 대략 이런 단계를 거쳐야 한다. 1단계, 일단 무대와 배경에 대한 3D 모델링을 해야 할 것이다. 2단계, 캐릭터의 3D 모델링을 하여 독자들이 등장인물 중에서 자신의 배역을 골라 접속할 수 있으면 좋을 것이다. 3단계로 캐릭터별 대화를 구현하여 입력하고, 4단계에서는 배역별 리딩을 가능하게 한다. 1인 플레이로 대사를 읽을 수도 있고, 다중 접속으로 다른 사람과 배역을 하나씩 맡아 상대 배역과 대화를 할 수도 있을 것이다. 극 작품뿐 아니라 대화로 되어있는 플라톤의 대화편이나 연설 작품 등도 충분히 이런 콘텐츠로 개발 가능할 것이다.

물론 메타버스를 결합한 메타 인문학이라는 것이 아직 개념 정립이 되어있지 않을뿐더러, 메타버스 자체도 어떤 미래를 가져올지 불분명한 상황이기 때문에, 이러한 작업은 완벽한 의미의 메타 인문학이라고 부르기는 어렵겠고, 메타 인문학으로 나아가기 위한 일종의 실험으로 평가받아야 할 것이다.

메타 인문학의 현재와 미래

지금의 메타 인문학의 현실은 18세기 말 체스마스터가 체스판 밑에서 조종했던 체스기계The Turk의 상황과 유사하다고 볼 수 있다. 겉모습은 기계처럼 보였으나 속으로는 사람이 있었던 것처럼, 메타 인문학도 아직은 사람의 상상력을 열심히 집어넣어 메타버스가 할 수 있는 일들을 만들어가야 하는 그런 수준에 있다고 볼 수 있기 때문이다. 하지만 기존의 전통적인 인문학에서 인문학과 기술이 완전히 분리되어 있었던 것과는 달리, 디지털 인문학에서는 그 두 영역이 어느 정도 공존하게 되었고, 어쩌면 인문학의 미래에서는 기술이 인문학의 새로운 연구 분야를 선도해 나갈 수도 있겠다는 생각이 든다. 그런 의미에서 초월적인 의미의 메타 인문학이 곧 등장하게 될 수도 있을 것이다. 이런 흐름 속에서 인문학자로서 메타버스가 가져오는 변화를 통해 인문학은 어떤 것들을 새롭게 시도할 수 있을지, 그 가능성과 나아가야 할 길에 대해 적극적으로 고민하고 그 결과를 계속해서 나누고자 한다.

7장

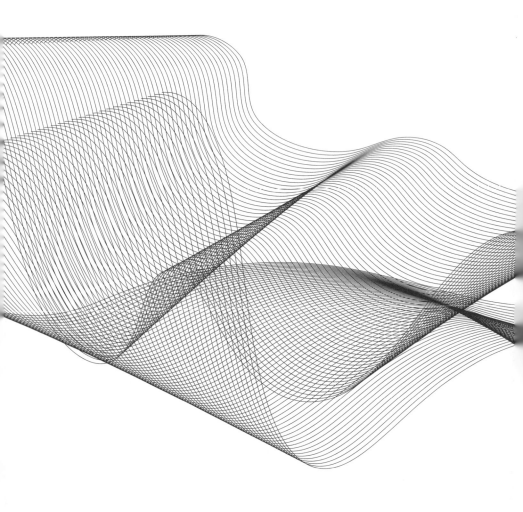

전에 없던 새로운 감각:

메타버스와 예술

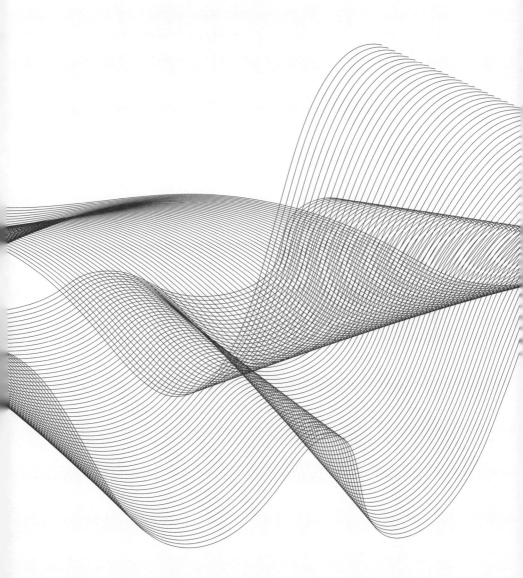

기술과 예술이
결합될 때

참여자

이경면 KAIST 문화기술대학원 교수

남주한 KAIST 문화기술대학원 교수

이진준 KAIST 문화기술대학원 교수

이원재 KAIST 문화기술대학원 교수

우운택 KAIST 문화기술대학원 교수

이원재: 메타버스에서 음악과 미술 등의 예술을 누리기 위해 현재
도 다양한 공연 방식이 시도되고 있는 것 같다. 예를 들어,
BTS 7명이 한 명의 실제 가수와 6명의 홀로그램으로 7개
국에서 동시에 공연하는 상황이 구현된다고 가정해 보면,
기술적으로 가능한 것인가.

남주한: 여러 가지 기술이 동원될 것 같다. 일단 속도가 딜레이되
지 않는 것이 중요할 것이고 그런 면에서 기술은 계속 발
달하고 있다. 특히 코로나 상황에서 연주 공연하는 사람
들도 어떻게 온라인에서 합주를 할 수 있을지 고민하는
경우가 많았는데, 그런 부분을 해결하는 솔루션이 없지
않다. 물론 약간의 딜레이는 있지만 연주나 공연을 방해
할 정도까지는 아니기 때문에, 개인적으로 불가능하다고

여겨지지는 않는다.

우운택: 현재까지 공연 분야는 주로 청자 입장에서 공연을 얼마나 현실감 있게 느낄 수 있을지에 집중하고 있는 듯하다. 반대로 연주자 입장에서는 아무도 없는 텅 빈 공간에서 연주하기 때문에 현실과 상당히 다르게 느껴지지 않을까. 공연자도 마찬가지로 듣는 사람과 같은 공간에 있는 것처럼 공존감을 느끼려면 인지과학적으로 어떻게 접근해야 할지 궁금해진다.

이경면: 연주자가 관객과 어떻게 더 활발하게 인터랙션할 수 있는지는 중요한 이슈다. 기존에는 사람들의 환호성이나 박수 같은 걸로 알 수 있었지만, 메타버스가 그런 인터랙션의 가능성을 더 확장시켜 줄 수도 있다고 생각한다. 예를 들어 화상으로 강의할 때 학생들이 보내는 하트 스티커나 채팅을 보며 오히려 대면 수업보다 인터랙션의 만족감을 느끼기도 한다. 지금까지는 연주자가 본인의 창작품을 발표하는 데까지 어느 정도 시간이 걸리고 또 여러 홍보 매체의 도움을 받아야 했는데, 앞으로는 좀 더 직접적이고 색다른 방법으로 인터랙션과 피드백을 받을 수 있고, 또 한정된 청중이 아니라 더 확장된 대중의 반응도 충분히 받을 수 있다고 본다. 그러면 어떤 방법이 가능할지 앞으

로 많이 연구되어야 할 듯하다. 더 먼 미래를 바라본다면, 지금의 성인들은 이미 커뮤니케이션 방식이 한정되어 있지만 앞으로 태어날 세대는 우리 신체가 가진 감각 기관에 한정 짓지 않고 메타버스를 통해 확장된 감각을 통해 상상 이상의 인터랙션이 가능해지지 않을까. 메타버스를 통한 다양한 감각 경험이 가능하다면, 표상 체계도 더 넓게 확장될 것이다. 또한 공연자와 관객의 공존감에 대하여 가장 연구되어야 하는 키워드는 공감인 것 같다. 메타버스 안에서 편안한 커뮤니케이션을 위해 필요한 새로운 차원의 공감에 대한 인지 과학적 연구가 꼭 필요하다고 본다. 우리 랩에서도 이런 키워드를 주제로 공감의 양적 측정에 대해 연구를 진행하려고 한다.

👤**이원재**: 현대 무용처럼 인간의 몸이 가지는 물성 같은 것에서 느끼는 감동을 메타버스에서도 느끼는 것이 가능할까.

👤**이진준**: 나는 이 문제에 대한 확실한 입장이 있다. 많은 분들이 전통적인 예술 분야에서 추구했던 미학적인 지점들과 메타버스 기술을 통해 만들어지는 공연을 비교하여 기존의 것만큼 할 수 있는지 고민하는 것 같다. 그런데 나는 우리가 현실 공연을 따라하기 위해 메타버스를 이용하는 것이 아니라고 본다. 이 세계에서 한 번도 경험해 보지 못했던 다

른 미학적 경험이 있을 것이다. 과거에 존재하지 않았던 새로운 감각들이 나오고, 그로 인해 제3의 예술적 경험과 공간이 만들어질 것이다. 그걸 위해 기술과 예술가들의 감각이 앞으로 더 나아가야 한다고 본다.

남주한: 나 역시 실제 무대에서 느끼는 것과 다른 차원의 감동이 있을 것 같다. 비유하자면, 우리가 여행을 가면 그곳에서 다양한 경험을 하게 되지만 기대만큼 즐기지 못하는 경우도 많다. 그런데 방송 프로그램을 통해 여행지를 보면 우리가 실제로는 볼 수 없는 뷰를 드론을 띄워 보여주기도 하고, 관람객이 많아서 볼 수 없었던 그림을 가까이서 보여주기도 한다. 여행에서 실제로 볼 수 없는 걸 매체로 볼 수 있는 것처럼, 메타버스에서도 그러한 사례들이 분명히 있지 않을까 생각한다.

이원재: 이진준 교수님은 리미노이드Liminoid라는 새로운 개념을 소개시켜 주셨다. 우리가 흔히 건축 관점에서 물리적인 한계를 극복하는 연장선에서 메타버스가 구현된다고 생각하는 것과 반대로, 인터스텔라에서 보는 듯한 비정형적인 모습들도 메타버스가 수용할 수 있다고 보시는지 궁금하다.

이진준: 나도 건축 회사에서 일한 경험이 있는데, 사실 좀 더 창의적인 공간 디자인에 집중하는 창작자에 가까웠다. 그래서 지금 메타버스라는 공간에서 건축하는 것은 굉장히 재미있다. 중력에 영향을 받지 않고 내 상상력을 마음껏 발휘하는 완전히 새로운 형태의 조형적 건축을 할 수 있다. 이라크 출신 건축가 자하 하디드Zaha Hadid가 항상 공모전에서 떨어졌는데, 기술적으로 어려운 비정형적인 디자인을 했기 때문이다. 그런데 기술의 진보와 맞춰 그것을 실제로 만들어내는 순간 엄청난 영향력을 갖게 됐다. 구현 가능한 것을 스스로 검열하지 않는다면, 상상의 힘으로 나아가서 기술에 오히려 영감을 주는 일을 할 수 있다고 생각한다.

이원재: 메타버스가 새로운 기술 때문에 펼쳐지는 새로운 세상이라고 생각했는데, 한편으로는 과거에 어떤 초월적인 것을 상상했던 사람들에게는 자연스러운 것이었을지도 모른다는 생각이 든다. 어쩌면 메타버스도 인간이 수천 년 동안 가지고 있던 전통적인 상상력의 연장선 안에서 전개된 것으로 봐야 할까.

이진준: 최근에 AI 시대 이후에 대한 실험 영화를 만들고 있는데, 결국 귀결되는 질문은 AI가 무엇인가 하는 점이다. 그

렇다면 반대로 인간은 무엇인가 하는 근원적인 질문을 하게 된다. 그 과정에서 우리가 처음으로 불이라는 기술을 가졌을 때를 생각해 보면, 두렵지만 굉장히 유용한 것이었다. 새로운 것은 낯설고 두렵지만 동시에 유익함과 호기심이 따라오기 마련이다. 그런 일이 인류 역사에 여러 번 벌어졌고, AI도 그런 흐름 중 하나가 아닐까. 그런데 왜 지금 갑자기 메타버스에 집중하고 있는지 생각해 보면, 과거의 가상 공간은 그냥 상상의 영역이고 예술가들이 놀 수 있는 터전이었는데 이제는 경제 활동이 가능한 공간이 되었다는 점에서 유행이 더욱 커지고 있는 것 같다. 한 가지 덧붙이자면, 예술가들이 돈이 없어서 모이던 동네가 소문이 나서 사람들이 모여들면 결국 그곳에서 쫓겨나는 젠트리피케이션이 발생하지 않나. 메타버스도 비슷한 것 같다. 예술가들이 호기심을 가지고 이 기술에 뛰어들고 있는데, 경제 활동의 시스템이 만들어져서 산업이 진입하면 예술가들은 결국 다른 곳으로 가게 될 것이다.

음악은 '듣는 것'이 아니라 '하는 것'이다

메타버스에서 음악하기

⁂ 이경면 교수 ⁂

음악은 언제 어디서든 우리를 현실에서 벗어난 특별한 세계로 이끄는 힘이 있다. 지구상에는 다양한 사람들이 다양한 형태로 음악을 즐기고 있고, 역사적으로도 아주 오래전부터 인간은 음악과 함께해 왔다. 최근 급격한 기술 발전과 코로나19의 영향으로 음악 활동에도 다양한 변화가 생기게 되었다. 예를 들어, 얼마 전에 유튜브에서 인기를 끈 영상이 하나 있었다. 이탈리아에서 촬영한 영상인데, 코로나19로 사람들이 각자 집에 고립된 상황에 누군가 발코니에 나와 노래를 하기 시작했다. 그러자 그 옆집의 발코니에서 다른 사람이 박수를 치고, 또 다른 옆집의 누군가가 함께 악기를 연주하며 즉흥적으로 합주와 합창을 하는 음악 플래시몹이 이루어졌다. 음악을 통해 외로움을 극복하고 하나로 모인 마음을 느끼게 하는 인상적인 영상이었다. 이와 비슷하게 얼마 전에는 카이스트 학생들도 외롭고 학업으로 지친 마음을 달래기 위해 줌으로 모여서 누군가는 노래를 하고, 누군가는 기타나 드럼을 연주하는 등 합주를 하는 영상을 촬영하기도 했다. 코로나19로 인한 사회적인 거리두기가 지속되고 있고, 이로 인한 코로나 블루와 사회적 고립이 큰 문제로 대두되고 있는 이 시기에도 사람들은 끊임없이 음악을 통해 소통하려는 시도를 하고 있는 것이다. 이처럼 인간은 언제나 음악을 필요로 하는 존재이기 때문에, 앞으로 다가올 사회적 변화나 기술 발전이 인간의 음악 활동을 어떻게 변화시킬 것인가를 논의하는 것도 중요하다. 다가오는 메타버스 세계에서는 인간이 어떤 형태로 음악을 하게 될까? 본 글에서는 메타버스에서 현재 어떻게 음악 활동이 이루어지고 있는지, 또한 메타버스에서의 한계와 그 한계를 극복하기 위한 인지과학 연구는 어떤 것들이 있는지, 앞으로 메타버스에서 가능한 음악 경험의 미래는 어떤 모습일지 살펴보고자 한다.

1. 메타버스 음악 현황

코로나19로 인해 가장 피해를 많이 보고 있는 직업군 중의 하나가 바로 음악가다. 항상 대면으로 진행되었던 모든 콘서트가 중지되었기 때문에 당장 공연을 할 수 있는 무대가 사라져버렸다. 하지만 대중음악 분야에서 먼저 온라인 콘서트를 통해 비대면 음악 소통의 가능성을 열기 시작했다.

대중음악의 온라인 콘서트

지난해 BTS가 온라인 콘서트를 성황리에 마무리했다. 공연 장소는 올림픽 주경기장이었는데, 오프라인으로는 최대 10만 명의 관객을 수용할 수 있는 곳이다. 그런데 온라인 콘서트를 통해 무려 197개국에서, 그리고 수용 인원보다 몇 배나 많은 관객이 공연을 관람했다고 한다. 온라인으로 공연을 관람한 관객들은 여러 화면을 통해 실제 공연 모습을 다양한 각도에서 볼 수 있었고, 화면이나 음향 세팅 등을 선택적으로 고를 수 있도록 여러 종류의 표를 판매했다. 온라인에서 진행되는 콘서트지만 대면 콘서트장에 간 것 같은 느낌을 최대한 살리기 위해 노력했으며, 이렇게 진행된 이번 공연은 매우 성공적이었다고 한다. 또다른 온라인 콘서트에서는 관객이 객석에 앉지 못하기 때문에, 관객들의 줌 화면을 공연장 뒤 화면에 띄움으로써 대면 콘서트의 현장감을 대신하였다.

이처럼 대면 콘서트의 현장감을 그대로 살릴 수 있는 방법으로 온라인 콘서트가 진행되기도 하지만, 한편으로는 온라인 콘서트에서만 시도할 수 있는 새로운 방법을 선보이기도 한다. 공연이 가상 환경에서 진행되는 것이기 때문에 오히려 가상 환경이 줄 수 있는 장점을 살리기 위해, 콘서트장을 재현하기보다 실제로 존재하지 않는 화면을 보여주면서 판타지를 극대화시키는 방법이다. 예를 들면 가수가 거인처럼 크게 등장하거나, 한국에서 공연하는데도 마치 이탈리아의 콜로세움 같은 이국적인 장소에서 공연하는 것처럼 연출하는 것도 가상 환경의 콘서트에서는 얼마든지 가능하다. 국내뿐 아니라 해외에서도 다양한 시도가 이루어지고 있는데, 아리아나 그란데 Ariana Grande 는 포트나이트에서 가수와 관객이 모두 아바타로 참여하는 형태의 온라인 공연을 진행하기도 했다. 가수와 관객이 모두 아바타로 만나서 공연을 보고 같이 춤을 추기도 하는 새로운 형식의 콘서트였다. 트래비스 스캇은 지난 4월에 다섯 차례의 온라인 공연을 진행했는데 총 2천8백만여 명이 관람했다. 아무리 큰 공연장이라도 2천만 명 이상을 수용하기는 힘든 만큼, 메타버스에서의 공연이 가지고 있는 무한한 가능성을 엿볼 수 있었다. 실제로 이 공연을 통해 약 230억 원의 수익을 창출하기도 했다고 한다. 하지만 지난 11월에 진행된 트래비스 스캇의 대면 콘서트 역시 수많은 관객이 모여들었고, 온라인 콘서트가 열린다고 해도 여전히 관객들은 대면 콘서트에 대한 갈망을 가지고 있는 것이 사실이다. 메타버스 공연이 미래에 큰 가능성을 제시하고 있으나 아직은 대면 콘서트에 비해 부족한 한계점이 있으며, 이것을 극복하기 위해서는 어떤 연구와 기술적 진보가 이루어져야 할지 고민해 볼 필요가 있다.

다양한 분야로 확장되는 새로운 시도

재즈나 락 음악 분야에서도 매년 다양한 음악 페스티벌이 열리며 그 장르에 관심 있는 사람들이 모여 공연 현장의 열기를 즐겼는데, 코로나19로 이 역시 중단되며 아쉬움을 느낀 관객들이 많을 것이다. 그런데 최근 로블록스에서 최초로 온라인 음악 페스티벌을 개최하기로 했다는 소식이 전해졌다. 로블록스는 소니 Sony 뮤직과도 손을 잡았는데, 이를 통해 기존의 기업들 역시 가상 공간에서의 음악 사업에 대한 중요성을 깨닫고 그 영역을 확장하고 있다는 사실을 알 수 있다. 국내 메타버스 플랫폼인 제페토에서도 이와 같은 음악 페스티벌이나 온라인 콘서트뿐 아니라 신곡 발표회를 진행하고, 가수와 관객 각각의 아바타가 만나 같이 사진을 찍는 등 대면으로 할 수 없는 다양한 홍보 활동을 진행하기도 한다. 우리에게 익숙하던 많은 음악 문화생활이 차츰 메타버스로 넘어가고 있는 모습이다.

클래식 음악계에서는 아직 메타버스에서 공연하는 사례가 많지 않지만, 코로나로 대면 공연이 중단된 시기에 동영상으로 관객에게 음악회를 전달하는 온라인 콘서트가 많이 진행되었다. 또한 메타버스 공간은 아니지만 기존의 콘서트홀에서 연주자의 실제 모습이 아닌 홀로그램으로 음악회를 감상할 수 있는 공연도 시도되었다. 전 세계로 공연을 다니는 세계적인 성악가의 공연을 국내에서 보기 쉽지 않은데, 홀로그램으로 재현하여 우리가 쉽게 공연을 즐길 수 있게 된 것이다. 개인적으로도 한 공연을 볼 기회가 있었는데, 입체감 측면에서도 뛰어날 뿐 아니라 현실에서는 볼 수 없는 환상적인 배경이 함께하여 새로운 차원의 공연을 제시하고 있다는 걸 느낄 수 있었다.

2. 인류와 함께해 온 음악

역사적으로 인간은 다양한 모습으로 음악과 함께해 왔다. 그리고 지금은 메타버스의 문턱에서 또 다른 형태의 변화를 경험하는 중이다. 메타버스에서의 음악 활동은 앞으로 어떻게 변화되어야 할까? 음악하는 인간에 대한 인지과학, 신경과학 연구들이 이러한 질문에 어떤 답을 제시할 수 있는지 이야기하고자 한다.

듣는 음악이 아니라 하는 음악

음악학자인 크리스토퍼 스몰 Christopher Small 은 그의 저서 《Musicking》에서 음악은 움직이지 않는 대상으로서 존재하는 명사가 아니라 동사, 즉 'Music'이 아니라 'Musicking'이라고 주장한다. 실제로 음악의 역사를 살펴보면 인간은 수동적으로 음악을 감상하는 것이 아니라, 음악에 적극적으로 '참여했다'는 사실을 알 수 있다. 그럼 인간은 얼마나 오래전부터 음악을 했을까. 음악사 책을 펼쳐보면 대부분 첫 장은 중세시대부터 시작하지만 음악은 그보다 훨씬 이전부터 존재해 왔다. 인류의 가장 오래된 악기는 독일의 한 동굴에서 발견되었는데 동물의 뼈에 구멍을 뚫은 것이었다. 지금으로부터 약 4만 2~3천 년 전 호모사피엔스 시대에 만들어진 악기인데 피리나 리코더처럼 불어서 음의 높낮이를 표현했을 것으로 추측한다. 즉 그 시절에도 음의 높이 조절을 통해 인간이 음악을 만들어냈다는 것이다. 그뿐 아니라 이미 60만 년 전부터 인류는 성대를 조절하여 소리의 높낮이를 표현하거나, 규칙적인 리듬을 들었을 때 자신의 몸을 이에 동조화하여 박수를 치는 등 몸으로 리듬을 표현하였다. 사실상 중세시대보다 훨씬 전부터 인간은 음악을 할 수 있는 역량을 지녔으며, 몸이나 악기를 사용하여 음악 행위를 해왔다. 오래전부터 사람들은 음악을 귀로 듣기만 한 것이 아니라 노래로 부르고 몸으로 느끼고 악기를 직접 연주하는 등 동적인 활동으로써 음악을 즐겨온 것이다. 또한 이집트 고대 문명에서 음악이 어떤 식으로 사용되었는지 살펴보면, 수동적으로 감상하기만 한 것이 아니라 제사나 장례 등 다양한 의식에 음악을 적극적으로 사용한 것을 알 수 있다. 일종의 종교 의식으로 신에 대한 의식을 행할 때 역시 노래를 사용했는데, 오늘날 교회나 성당에서 신자들이 성가를 듣기만 하는 게 아니라 따라 부르며 교감하는 것을 떠올리면 금방 이해가 될 것이다. 함께 노래 부르며 의식에 참여하는 과정 속에서 소속감과 공동체 의식을 고취시키는 역할을 음악이 해온 것이다. 음악을 떠올리면 빠질 수 없는 축제 현장도 마찬가지였다. 옛 축제에서 음악이 흘러나오면 사람들이 듣기만 하는 게 아니라 춤을 추며 즐기던 모습을 찾아볼 수 있다. 춤을 추면서 음악을 연주하고, 여기에 시가 함께하면서 노래가 되는 등, 모든 것들이 어우러진 형태로서 음악은 오랜 시간 동안 인류와 함께해 왔다.

이처럼 인간과 오랫동안 함께해 온 음악은 체화된 형태의 음악인데, 현대에는 음악을 위한 작곡가, 연주자, 감상자가 각각 별도의 형태로 존재하고 있다. 음악을 작곡하거나 연주하는 건 특정 전공자나 직업군의 역할이며 나머지 대다수의 사람들은 음악을 감상하는 데 그친다. 특히 공연 현장을 보면 연주와 감상의 간극이 더욱 느껴지는데, 연주자들이 바로 앞에서 연주하는 게 아니라 관객과 완전히 분리된 특별한 공간인 무대에서 연주를 한다. 또한 작곡가들만이 에 대해 특별한 권리를 갖는 것으로 여겨지면서, 서양 음악사를 살펴보면 창작자인 작곡가, 그것을 전달하는 연주자, 수동적으로 그것을 받아들이는 감상자 사이에 어떤 위계가 존재하는 것처럼 느껴진다. 그러나 사실상 이처럼 음악의 역할이 나뉘어 있는 문화는 인류 역사에서 최근에, 그것도 서양 음악권에서 주로 이루어진 것이다.

메타버스가 가져올 변화

최근 메타버스에서 다양한 음악 활동이 이루어지고 있는데 주로 현실 세계와 마찬가지로 작곡가와 연주자, 감상자가 나뉘어있는 형태로 재현되고 있다. 대면 콘서트를 재현한 메타버스의 온라인 콘서트가 그 예이다. 그런데 이러한 음악 형태에는 한계가 존재한다. 진화적으로 봤을 때 사람들은 음악을 듣기만 한 것이 아니라 음악에 적극적으로 참여해 왔는데, 현대에 이르며 그것이 감상의 형태로 국한되었고, 온라인 콘서트에서는 기술적 한계로 인해 감상자가 공연의 주체로부터 더욱 멀어지게 되면서 감상의 피로감이 더욱 증가될 것이기 때문이다. 따라서 지금 메타버스의 첫 단계에서는 작곡과 연주, 감상이 분리되어 있는 형태로 음악이 재현되고 있지만, 앞으로의 메타버스 음악은 오히려 과거의 모습으로 돌아가야 할 것으로 생각한다. 본연의 음악하는 인간의 모습을 다시 이끌어내고, 기술 역시 인간이 더 자연스럽게 음악을 할 수 있도록 돕는 방향으로 향상된다면 메타버스에서의 음악이 한층 풍성하게 발전할 수 있을 것으로 보인다.

3. 음악할 때 뇌에서 일어나는 일

메타버스에서 보다 자유롭게 체화된 음악을 즐기기 위해서는 인간이 음악을 할 때 뇌에서 어떤 일이 벌어지는지 이해할 필요가 있다. 메타버스에서 음악을 위한 커뮤니케이션을 할 때 이러한 뇌의 신호를 통해 커뮤니케이션의 질을 높일 수 있는 가능성이 있기 때문이다. 우리는 생각보다 많은 뇌의 영역을 음악을 위해 사용하고 있다. 당연히 먼저 귀를 통해 음악을 듣지만, 그 음악을 몸으로 표현하기 위해서는 몸을 움직이는 운동 영역으로 신호가 전달된다. 또한 음악에 대한 고차원적 사고를 하거나 음악이 내게 어떤 의미로 다가오는지 느끼는 과정은 전두엽에서 일어난다. 음악을 들어서 즐겁거나 슬프거나 타인과 공감하는 등의 감정적인 과정은 뇌 안쪽의 보상 회로를 통해 이루어진다. 즉, 우리는 다양한 뇌를 사용해 음악 활동을 하고 있다. 현재는 음악을 감상하거나 이해할 때 주로 시각과 청각에 의존하지만 음악을 할 때 사용되는 다양한 뇌 신호에 대한 이해가 높아진다면, 궁극적으로는 뇌와 뇌가 더 직접적으로 소통하여 마치 텔레파시처럼 향상된 형태의 커뮤니케이션도 가능할 것이다.

뇌의 청각 경로

구체적으로 음악을 할 때 우리 뇌에서 청각 피질과 운동 피질을 어떻게 사용하는지 살펴보자. 우리가 소리를 들을 때 소리는 귀를 통해 중뇌를 거쳐 대뇌피질로 가게 된다. 귀를 통해 소리를 듣지만 결국 뇌의 청각 피질에서 소리를 처리하는 것이다. 청각 피질에

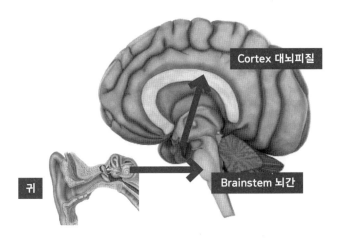

는 우리가 높은음을 들을 때와 낮은음을 들을 때 각각 응답하는 신경들이 따로 자리를 잡고 있다. 음고의 높낮이 변화 통해 선율이 만들어지는데, 우리가 높은 소리를 들을 때는 이를 담당하는 청각 신경이 활성화되고, 낮은 소리를 들을 때는 다른 쪽의 청각 신경이 활성화된다.

소리에 대한 뇌파 응답

소리에 대한 뇌의 응답을 보기 위해서는 자기공명영상MRI를 사용해 뇌 영상을 찍거나, EEG와 같은 뇌파 장치를 통해 뇌에서 나오는 전기적 신호를 측정한다. 음악을 한다는 건 우리가 인식하는 차원에서는 소리를 통한 정보 전달이지만 사실 뇌에서는 전부 전기적 신호로 바뀌어 처리되기 때문에, 사실 뇌에서는 소리 그 자체가 아닌 전기적인 신호를 통한 커뮤니케이션이 이루어진다. 따라서 음악을 들을 때 뇌파를 측정해 그 전기 신호를 분석해 보면, 뇌에서 어떤 일이 일어났는지를 알 수 있는 것이다. 음악을 들을 때 뇌간Brainstem의 응답을 측정해 보면 원래 소리와 뇌파의 특징이 매우 유사하다. 예를 들어 첼로 소리를 들을 때 뇌파를 측정해 보면, 원래 첼로 소리의 음높이와 음색 특징을 잘 반영하고 있다. 뇌파를 측정해 보면 실제 그 사람이 지금 어떤 소리를 듣고 있는지 알아낼 수 있다는 것이다. 마찬가지로, '다'라는 말소리를 들었을 때 뇌파는 '다'의 음향적 특징을 잘 반영한다. 따라서 뇌파를 분석해 보면 우리가 '다'라는 소리를 얼마나 정확하고 효율적으로 처리하고 있는지를 직접적으로 관찰할 수 있다. 실제로 어릴 때부터 10년 이상 음악을 해온 음악가와 음악을 전공하지 않은 일반인들이 같은 음악을 들었을 때 뇌파를 비교해 보면, 음악 훈련을 오랫동안 해온 사람은 신경이 기능적으로 발달되어 뇌파도 다르고 소리를 좀 더 효율적으로 처리하고 있다는 것을 알 수 있다.

내 머릿속의 음악

우리가 음악을 실제로 듣고 있지 않아도 머릿속으로 상상될 때가 있다. 내가 의도하지 않았는데도 귀에서 끊임없이 그 소리가 맴돌아 괴롭다고 이야기하는 사례가 있는데, 이것을 '이어 웜ear warm'이라고 한다. 귓속에 벌레가 있는 것처럼 소리가 느껴진다는 이야기다. 실제로 우리가 소리를 상상할 때 청각 피질에서도 활성화가 일어나는 것으로 밝혀졌다. 최근에는 말소리를 들을 때 뇌에서 어떤 신호가 나오는지를 측정하여, 다양한 말소리에 대한 뇌파의 데이터를 분석하는 연구도 이루어지고 있다. 수많은 말소리에 대한 뇌파 데이터를 사용해 인공지능을 학습시키면, 거꾸로 뇌파만 보고도 실제로 이 사람이 어떤 소리를 듣고 있는지를 AI가 예측해 맞출 수 있게 된다. 더 나아가면 뇌파를 측정하는 것만으로도 이 사람이 무슨 생각을 하는지, 마음속으로 어떤 소리를 생각하고 있는지 알 수 있는 단계의 연구도 가능할 것이다.

운동 피질 moter cortex

청각 피질 외에도 음악을 할 때 중요한 뇌의 영역이 바로 운동 피질이다. 음악을 연주하거나 음악에 맞춰 춤을 출 때도 몸을 사용하지만, 음악의 중요한 요소인 리듬을 들을 때도 몸과 관련된 운동 피질을 사용한다. 운동 피질은 우리 몸의 다양한 부분과 연결되어 있으며, 실제로 내가 손을 움직여야겠다고 생각하면 운동 피질의 손에 해당되는 부분에 신호를 보내 손을 움직인다. 만약 내가 손을 움직이고 싶을 때 운동 피질에서 어떤 신호를 발생시키는지를 측정해 분석하면, 반대로 그 신호가 측정되었을 때 지금 이 사람이 어떤 움직임을 원하는지를 예측할 수 있다. 이러한 연구는 향후 메타버스 공간에 있는 가상의 악기를 인간이 연주할 때 손을 직접 움직일 필요 없이 운동 피질의 뇌파 신호만을 통해 가상 악기를 조절할 수 있는 가능성을 보여준다.

청각과 운동 피질의 동기화

중요한 것은 음악을 할 때 우리가 몸을 움직여야겠다고 의식하지 않아도, 리듬을 듣는 순간 청각 피질뿐만 아니라 운동 피질이 동시에 활성화된다는 것이다. 청각 피질과 운동 피질이 서로 연결되어서 신경망을 형성하고 있기 때문이다. 예를 들어 어떤 익숙한 리듬 패턴을 듣거나 흥겨운 댄스 음악이 울리는 박자를 듣게 되면, 그것은 단순히 소리이기 때문에 청각 피질만 활성화될 것으로 생각하지만, 실제로는 그와 연결되어 있는 운동 피질이 동시에 활성화된다. 신나는 음악을 들으면 나도 모르게 어깨가 들썩이거나 춤을 추고 싶어지는 것도 바로 뇌의 청각 피질과 운동 피질이 연결되어 있기 때문이다. 이처럼 청각 피질과 운동 피질이 연결되어 함께 활성화될 때 그것을 동기화synchronization라고 표현한다. 여러 신경들이 평소에는 각자 다르게 무작위적으로 신호를 보내지만 규칙적인 리듬을 들려주면 모든 신경이 동일한 주기로 동기화되어 신호를 보낸다. 이처럼 외부의 소리에 맞추어 신경이 동기화되는 것은 당연한 것 같지만 사실 인간과 아주 일부의 동물만이 가능한 진화적으로 발달된 능력이다.

4. 메타버스에서 음악 경험의 미래

메타버스에서의 음악을 이야기할 때 앞서 말한 동기화는 매우 중요한 요소이다. 우리가 대면 콘서트를 관람할 때와 온라인을 통해서 관람할 때 가장 큰 차이는 무엇일까. 바로 음악에 대한 신체의 동기화이다. 대면 콘서트에서는 관중들이 음악을 들으며 함께 박수를 치고, 손을 흔들거나 머리를 흔들며 음악에 자연스럽게 반응한다. 하지만 온라인 콘서트는 제한된 공간에서 혼자 고립되어 음악을 감상하다 보니 자연스럽게 일어나는 신체의 동기화가 제한될 수밖에 없다. 사람들이 이런 상황에 대해 얼마나 답답함을 느끼는지 알 수 있는 사례 중 하나가 바로 퀸의 음악을 영화화한 〈보헤미안 랩소디〉라고 할 수 있다. 당시 관객석에 앉아 영화를 보는 것만으로는 부족해서, 많은 사람들이 싱어롱 상영관을 통해 마치 콘서트 현장에 온 것처럼 다 같이 박수를 치고 노래를 부르고 손을 흔들며 영화를 관람했다. 이처럼 음악을 가만히 앉아 관람하는 건 인간의 음악하기, 'Musicking'을 한정시키는 것이기 때문에 몸의 동기화를 자연스럽게 이끌어낼 수 있는 음악 환경을 메타버스에서 만드는 것이 매우 중요하다. 메타버스 공간에서 공연을 볼 때, 가수와 관객이 아바타로 만나 함께 춤을 추면서 공연을 즐기는 사례가 새로운 가능성을 열어줄 수 있을 것이다. 직접 몸을 움직이지는 않더라도 나의 아바타가 몸을 움직이는 걸 보면서 거울 신경을 통해 동기화에 대한 대리 만족을 느끼며 좀 더 실감 나는 감상이 가능할 것이다.

'우리는 음악을 근육으로 듣는다'고 말한 니체의 말처럼, 음악이란 감상의 대상에 그치는 것이 아니라 직접 행위를 하는 것이고, 따라서 몸의 참여가 매우 중요하다. 음악에 대한 인지과학 및 신경과학 연구들을 살펴보면, 앞으로 메타버스에서의 음악은 작곡가와 연주자, 감상자의 영역을 나누는 기존의 시스템을 재현하는 데 그치지 않고 귀뿐만 아니라 신체 움직임까지 아울러서 참여가 가능한 형태로 진화해야 할 것이다. 이를 통해 우리는 본연의 'Musicking'에 한 발짝 더 가까워질 수 있을 것으로 예상한다.

아바타 가수와 AI 피아노가 들려주는 음악

음악 공연 기술의 미래

✕ 남주한 교수 ✕

인공지능은 현재 우리 사회의 다양한 분야에서 적용되고 있다. 문화예술 및 콘텐츠 분야에서 큰 영역을 차지하는 음악에도 인공지능 기술을 적용하려는 시도가 활발히 이루어지고 있다. 예를 들어, 대량의 음원을 장르, 무드에 따라 분류하여 음악 추천 및 검색 시스템에 활용하거나, 연주 음원으로부터 멜로디, 화성, 리듬과 같은 악보 정보를 추출하여 악기 연주를 위한 앱에 사용하기도 한다. 또한, 자동 작곡, 소리 합성과 같이 새로운 음악 콘텐츠를 생성하는 기술을 통해 효율적이면서 기존과 다른 방식으로 음악을 창작하고 연주하려는 시도가 점차 늘어나고 있다. 이러한 인공지능 기술은 우리가 음악을 감상, 연주, 창작하는 방식의 한계를 더욱 확장하고 있는데, 특히 음악 공연 분야에서는 최근 각광받고 있는 메타버스 기술과 결합하면서 기존과 전혀 다른 차원의 새로운 장이 열리고 있다. 아바타로 표현된 아티스트가 가상의 연주와 춤으로 전 세계 팬들을 대상으로 공연을 하거나, 고인이 된 아티스트가 홀로그램으로 부활하여 전에 부른 적 없는 노래를 부르는 등 기존 공연이 가지는 물리적인 한계를 뛰어넘는 사례가 등장하고 있다. 또 다른 한편으로는 AI 피아노와 같이 자동으로 연주되는 어쿠스틱 악기를 통해 인간의 연주 행위 자체를 모사하는 공연도 소개되고 있다. 본 글에서는 이러한 인공지능과 메타버스가 음악 공연에 활용되는 사례를 통해, 향후 음악 공연 기술의 미래를 전망하고자 한다.

1. 메타버스에서의 다양한 음악 공연

코로나19의 영향으로 많은 공연이 취소되면서 공연 업계가 큰 위기를 겪고 있지만, 다른 한편으로는 이를 계기로 가상현실 플랫폼이나 홀로그램을 이용한 공연이 새로운 대안으로 등장하고 있다.

가상현실 공연

최근 메타버스에 기반한 다양한 음악 공연이 등장하고 있다. 가상 세계이기 때문에 무대를 얼마든지 자유롭게 연출할 수 있어 현실에서 실현하기 어려운 다양한 퍼포먼스를 선보이는데, 실제로 오프라인보다 많은 관객을 동원하고 더 큰 매출을 올리기도 한다. 해외에서는 트래비스 스캇이나 아리아나 그란데가 게임 플랫폼인 포트나이트에서 공연한 사례가 대표적으로 꼽히고, 국내의 경우에는 유명 K-pop 그룹인 블랙핑크가 가상현실 플랫폼인 제페토에서 공연했다. 특히 해외 가수인 셀레나 고메즈Selena Gomez의 아바타와 함께 합동 무대를 선보이고, 사인회를 통해 팬들과 교류하는 등 가상현실의 장점을 잘 보여주었다. 또 다른 K-pop 그룹인 에스파는 각 멤버와 매우 비슷한 외양을 가진 아바타와 함께 데뷔하였고, 더 나아가 현실 세계와 가상 세계를 밀접하게 연결하는 세계관을 함께 등장시켰다. 즉, 아바타가 단순한 가상 캐릭터를 넘어 실제 가수와 밀접하게 연결되고 공존하는 개념을 제시한 것이다. 이러한 온라인 기반 공연의 공통된 특징은 게임이나 가상현실 플랫폼에 익숙한 젊은 층을 대상으로 하기 때문에 아이돌이나 글로벌 팝스타들의 공연이 많다는 것이다. 또한, 아티스트와 팬들이 각 플랫폼 고유 스타일의 캐릭터로 비슷한 외양을 가지기 때문에 전 세계의 팬들과 서로 친밀감을 가지며 교류하는데, 이는 위버스나 유니버스와 같은 팬덤 커뮤니티와 연결되어 아티스트와 팬들이 지속적인 유대 관계를 가지도록 하고 있다.

홀로그램 공연 및 AI 모창

홀로그램 공연은 전용 공간 또는 물리적인 무대 위에서 홀로그램 형태로 표현된 아티스트를 투영하는 방식으로 이루어진다. 홀로그램의 역사는 아주 오래되었는데, 컴퓨터 그래픽스 기술이 발전하면서 실사에 가까운 형태로 발전하고 있다. 비교적 최근에 선보인 대표적인 사례 중에는 싸이의 홀로그램 콘서트가 있다. 싸이의 〈강남스타일〉이 전 세계적인 인기를 얻고 그의 공연이 하나의 문화 상품이 되면서, 극장에서 상영되는 영화처럼 언제라도 관람할 수 있도록 홀로그램 콘서트로 제작한 것이다. SM엔터테인먼트는 홀로그램 전용 극장을 직접 구축하여 다수의 아이돌 그룹이 출연하는 뮤지컬을 선보였는데, 이를 통해 한류 팬들이 언제라도 홀로그램 극장을 방문하면 K-pop 아이돌의 뮤지컬 공연을 실감 나게 볼 수 있도록 하였다. 해외의 경우, 유명 팝 음악 그룹인 ABBA가 은퇴한 지 40년 만에 홀로그램 형태로 다시 복귀할 것이라고 최근 소식을 알려왔다. 각 멤버들의 젊은 시절 모습으로 형상화된 아바타 홀로그램을 만들어, 영국에 건축 중인 전용 극장에서 상설 공연을 선보일 것이라고 한다. 클래식 분야에서도 홀로그램 형태의 공연을 선보이기 시작했다. 이미 세상을 떠난 성악가 마리아 칼라스Maria callas가 홀로그램으로 재현되어 실제 오케스트라와 함께 공연하는 무대를, 성악가 조수미는 최근 서울 예술의전당과 광주디자인비엔날레에서 홀로그램으로 제작된 상설 공연을 선보였다. 한편, 대부분의 홀로그램 공연은 이미 익숙한 곡의 음원을 재생하는 방식이기 때문에 다양성에 있어서 한계가 있는데, 최근에는 AI 모창 기술을 통해 실제 가수가 부른 적이 없는 노래를 부르는 무대가 소개되기도 하였다. AI 모창 기술은 특정 가수의 기존 곡에 대한 가사, 멜로디, 음원을 인공지능의 핵심 기술인 딥러닝에 적용하여, 임의의 가사와 멜로디에 대해서도 해당 가수와 동일한 목소리로 음원이 생성하는 기술이다. 이러한 AI 모창 기술을 통해 김현식, 김광석 등의 고인이 된 가수들이 생전에 부른 적 없는 곡을 노래하는 장면이 연출되기도 하였다. 이러한 홀로그램 공연들은 대체로 온라인 가상 현실 플랫폼에 익숙하지 않은 중장년층을 대상으로 하여 오프라인 공연 또는 상영 형식으로 제작되고 있다. 따라서 오랫동안 사랑받았던 또는 이미 고인이 된 아티스트를 통해 젊은 시절의 추억이 떠오르도록 무대를 연출하고, 이에 애니메이션 형태의 캐릭터보다는 실사 이미지로 아티스트를 표현하고 있다.

메타버스 공연의 한계점과 방향성

가상 또는 가상과 현실이 결합된 공연은 한계점 또한 지니고 있다. 우선, 가상으로 나타나는 아티스트는 게임 캐릭터처럼 동작하거나 영화 상영처럼 미리 제작된 영상을 재생하는 방식으로 연출되기 때문에, 상호작용이 불가능하거나 제한적이다. 또한, 공연 준비에 많은 기술과 자본이 투입되다 보니 현실 세계에서 대중적인 인기를 누렸던 아티스트를 중심으로 공연이 이루어지고 있는데, 이는 어쩌면 음악 공연 분야의 부익부 빈익빈을 더욱 심화시킬 수도 있다. 다시 말해, 무명 아티스트는 현재의 유명 아티스트뿐만 아니라 가상으로 보여지는 과거의 아티스트에게도 밀려 더욱 빛을 못 볼지도 모른다.

하지만, 이러한 한계점을 극복하여 새로운 가능성을 연 사례도 있다. 최근 소개된 미국의 가수 오디션 프로그램인 〈Alter EGO〉에서는 오디션 지원자들이 본 모습이 아닌 아바타로 등장한다. 즉, 가수는 무대 뒤에서 노래를 부르면서, 자신의 몸에 부착된 모션 캡처 장치로 조종되는 아바타로 자신을 보여주는 것이다. TV쇼에서는 아바타의 과장되고 흥미로운 퍼포먼스를 보여줌과 동시에, 외모 콤플렉스나 소심한 성격을 지닌 출연자들이 아바타를 통해 자신감을 얻고 무대에서 활약하는 모습을 보여주고 있다. 이는 앞에서 언급한 메타버스 공연의 한계점과 반대로, 실력은 있지만 외모나 성격으로 인해 대중 앞에 나서기를 두려워하는 숨어있는 아티스트들에게 새로운 기회를 열어주는 것으로 볼 수 있다. 또한, 향후 인공지능을 통해 아바타 제작 기술이 더욱 발전하면 누구나 쉽게 자신과 체화된 아바타를 만들 수 있어서, TV쇼와 같은 거창한 포맷이 아니라도 자신만의 공연을 제작할 수 있을 것이다.

가상 아티스트

지금까지 소개한 사례가 주로 현실에 존재하는 아티스트를 다룬 것이라면, 최근 TV 광고 등에 등장하는 가상 모델처럼 현실 세계에는 존재하지 않는, 소위 '디지털 휴먼'이라고 불리는 가상의 아티스트도 생각해 볼 수 있을 것이다. 국내 가상 아티스트의 대표적인 사례가 소위 사이버 가수 1호로 불리는 '아담'이다. 사실 실패 사례로 자주 등장하는데, 1집은 20만 장이나 판매되고 CF 광고도 찍었을 만큼 초반의 활동은 꽤 성공적이었다고 한다. 다만 2집부터 실패하고 자취를 감췄는데, 당시 그래픽 기술의 한계로 많은 수작업을 필요로 했고 이에 제작을 유지할 수 있는 자본이 부족했기 때문이다. 사이버 가수 아담의 탄생 이후 20년이 지난 현재의 그래픽 기술로

'디지털 아티스트'를 만든다면 성공할 수 있을까? 더 나아가, 무명 가수의 실제 목소리로 노래를 부르는 아담과 달리—TV 프로그램 〈슈가맨〉에서 그 무명가수가 소개되기도 하였다—세상에 존재하지 않는 목소리로 가창 합성을 하여 노래를 부를 수 있다면 대중들의 인기를 얻을 수 있을까? 현실의 인간과 '비슷하게 멋지고', '비슷하게 노래를 한다'면 처음에는 그 신기함으로 인해서 주목받을 수 있겠지만 오랫동안 인기를 유지하기는 어렵지 않을까 생각한다. 아티스트는 자신만의 독창적인 '매력'을 통해 가치를 가질 수 있다고 생각하는데, 이러한 예를 일본에서 인기 있는 사이버 가수인 하츠네 미쿠 Hatsune Miku 에서 찾아 볼 수 있다. 하츠네 미쿠는 일본의 애니메이션 문화에서 탄생한 캐릭터이며, '보컬로이드'라는 가창 합성 소프트웨어를 바탕으로 노래를 부른다. 일본의 악기 회사인 야마하에서 개발된 보컬로이드는 1990년대 초부터 기반이 되는 연구를 시작했으니 역사가 꽤 오래되었다. 보컬로이드가 처음 개발할 때 목표는 사람처럼 자연스럽게 노래를 부르도록 하는 것이었다. 하지만, 그 연구에 참여한 개발자가 언젠가 어떤 학회에서 이런 이야기를 했다. 자신은 정말 사람과 최대한 비슷한 목소리를 만들려고 노력했는데, 막상 만들고 보니 사람들은 그런 자연스러운 목소리에 크게 관심이 없다는 것이다. 현실 세계의 수많은 가수들이 이미 '사람처럼' 노래를 부르고 있기 때문에, 사람과 같은 노래 목소리를 만드는 것 자체가 특별할 것이 없다고 느껴진다. 하즈네 미쿠가 성공한 이유는, 오히려 사람처럼 부르지 않았기 때문이었다. 하즈네 미쿠의 노래를 들어보면,

사람의 노래 목소리와 달리 애니메이션 캐릭터 느낌을 극대화하기 위해 매우 높은 음정을 가지면서 특유의 귀여운 목소리로 노래를 한다. 즉, 자연스럽게 부르지 않는 것 자체가 비주얼 캐릭터와 효과적으로 결합하면서, 사람들이 좋아하고 매력을 느끼게 된 것이다. 이런 사례를 보면 가상 아티스트는 사람처럼 만드는 것이 중요한 게 아니라, 오히려 인공적인 면이 있더라도 사람들이 좋아할 만한 매력을 가지도록 하는 것이 핵심이 아닐까 생각한다.

2. 스스로 연주하는 인공지능의 연구

앞에서는 아바타 또는 홀로그램으로 표현되는 가수를 중심으로 살펴봤는데, 여기서는 인간 연주자처럼 악기를 연주하는 기술이 최신 인공지능 연구를 통해서 어떻게 발전하고 있는지 이야기해 보고자 한다.

음악 연주 로봇

자동으로 악기를 연주하는 장치의 역사는 굉장히 오래되었다. 태엽을 감으면 자동으로 움직이게 하는 기계 장치를 오토마타라고 하는데, 자크 드 보캉송 Jacques de Vaucanson 이라는 발명가가 오토마타를 처음으로 만든 것으로 알려져 있다. 재미있게도, 그가 1737년에 최초로 제작한 오토마타는 '플루트를 연주하는 소년 the flute player'으로 일종의 악기를 연주하는 로봇이었다. 지금은 원형이 남아있지 않아서 이후에 복원했는데, 요철로 표현되어 있는 멜로디에 의해 손가

락을 움직이고 공기 주머니를 불어서 플루트를 연주하는 모습을 볼 수 있다. 기계 장치에 의한 자동 악기 연주는 이후, 혼자 스스로 연주할 수 있는 플레이어 피아노player piano로 구현되었다. 이러한 기계 장치에 의한 악기 연주의 절정은 약 10년 전 재즈기타리스트인 팻 매스니Pat Metheny의 오케스트리온Orchestrion 프로젝트에서 볼 수 있다. 여기서 팻 매스니 본인이 연주하는 기타를 제외한 드럼, 마림바, 피아노 등의 악기들을 로봇 제어에 사용되는 솔레노이드solenoid 기반 액추에이터를 사용하여 자동으로 연주함으로써 혼자서 오케스트라를 지휘하듯이 음악을 연주했다. 최근에는 조지아 공과 대학 Georgia Institute of Technology을 중심으로 다양한 음악 로봇들이 개발되고 있는데, 예를 들면, 드럼 연주자가 본인 팔 외에 로봇 팔을 붙여서 로봇과 한 몸이 되어 드럼을 연주하는 등 기존 연주자의 능력을 더 향상시키는 방식의 연구도 이루어지고 있다.

지금까지 설명한 자동 연주는 기계 장치를 통해 물리적인 힘을 악기에 전달하고 정밀하게 제어하는 것을 중심으로 이루어지고 있다. 하지만, 진정한 연주자를 모델링하기 위해서는 이러한 하드웨어적인 부분뿐만 아니라 소리를 듣고 음악적인 정보를 이해하거나 악보를 읽고 표현력 있는 방식으로 템포나 셈여림을 조절하는 등의 소프트웨어적인 부분도 고려해야 한다. 이를 '음악 연주 지능'이라 일컫고, 소리를 듣고 이해하는 '청음 지능'과 주어진 악보에 대해 표현력 있는 연주를 생성하는 '표현 지능'으로 나누어 설명하고자 한다.

음악 청음 지능

음악 연주에 있어서 청음 지능은 악기 소리로부터 멜로디, 박자, 음정 등 악보상의 연주 정보를 추출하는 능력을 일컫는다. 기술 분야에서는 이를 총체적으로 자동 음악 채보 Automatic music transcription 라고 일컫는데, 피아노 음악과 같이 여러 음이 동시에 발생하는 경우, 각각의 음을 정확히 채보하는 것은 그동안 난제 중 하나였다. 최근 인공지능 기술의 발전으로 95% 이상의 정확도를 가지는 피아노 자동 채보 딥러닝 모델이 등장했는데, 우리 연구실에서도 비슷한 성능을 가지면서 크기가 작은 모델을 제안하였다. 이를 이용하여 피아니스트 조성진이 쇼팽 콩쿠르에서 우승했을 때 연주 영상의 소리를 가져와서 연주를 채보하고 이를 자동 연주 피아노를 통해 다시 재현하는 데모를 선보였는데, 단순히 음표 정보만 가지고 오는 것이 아니라 어떤 타이밍에 어떤 세기로 연주하고, 또 페달을 어떻게 밟았는지까지 정밀하게 예측하여, 조성진 피아니스트가 마치 실제로 연주를 하는 것처럼 재현할 수 있었다. 이보다 훨씬 전에 젠프 Zenph 라는 회사에서도 비슷한 아이디어로 개발한 것이 있는데, 1955년에 LP로 출시된 피아니스트 글렌 굴드 Glenn Herbert Gould 의 바흐 골드베르크 변주곡을 알고리즘을 통해 채보를 하고, 이를 자동 연주 피아노를 통해 연주하여 훨씬 좋은 음질로 재녹음을 하여 음반을 낸 것이다. 음원의 파형을 개선하는 리마스터링과 달리, 미디MIDI 파일 형식으로 표현되는 연주 데이터를 추출하여 다시 연주하여 녹음한 것이다. 이외에도 연주자의 소리를 듣고 악보상의 위치를 파악할 수 있으면,

그 연주자의 템포에 맞게 반주를 하거나 연주에 대한 평가를 하는 등 음악 연주나 음악 교육에 다양하게 활용될 수 있다.

감정이 담긴 연주를 하는 음악 표현 지능

표현 지능은 주어진 악보에 대하여 사람 연주자처럼 템포와 셈여림을 조절하여 감정을 섬세하게 표현하는 능력을 일컫는다. 표현 지능에서 한 가지 주안점은 같은 악보에 대해서 연주자마다 해석이 다르고, 따라서 연주의 결과물이 다 다를 수 있다는 점이다. 예를 들어, '이다지오'라는 클래식 음악 스트리밍 서비스에서 골드베르크 변주곡으로 검색하면 총 164명의 피아니스트 연주를 찾을 수 있다. 즉, 입력은 하나인데 출력은 매우 많이 존재할 수 있다는 것이다. 만약 이를 인공지능에 학습시키려면 누구의 연주로 학습시켜야 할까? 이를 위해서는 우선 연주 스타일을 보다 분석적으로 이해할 필요가 있다. 음악 인공지능을 연구하는 Widmer는 동일한 모차르트 소나타 곡을 연주한 6명의 피아니스트의 레코딩에 대하여 일정한 박자에 따른 템포와 셈여림을 변화를 각각 2차원상의 점의 애니메이션으로 표현하여 다양한 연주 스타일을 분석하였다. 그 결과 공통적으로 나타나는 24개의 연주 스타일 패턴 중에서, 연주자 별로 각 패턴에 대한 사용 빈도수의 분포가 조금씩 다르게 나타나는 것을 발견하였다. 특히, 6명의 피아니스트 중 한 명인 호로비츠Horowitz에게서 특정 스타일에 대해서는 유독 자주 발생하였고, 이를 'Horowitz factor'라고 불렀다.

이러한 분석을 통해 연주 표현을 어떻게 학습시킬지 아이디어를 얻을 수가 있다. 주어진 악보에 대해서 특정한 연주만 선택하는 것이 아니라, 여러 가지 가능한 연주 스타일 중에서 임의로 선택하게 하고 그것이 목표로 삼은 연주와 가장 가깝도록 하는 것이다. 이러한 아이디어는 Variational Auto Encoder라는 딥러닝 학습 모델을 통해 구현할 수 있다. 우리 연구실에서는 이러한 방법을 통해 주어진 악보에 대해서 자연스럽고 표현력 있는 피아노 연주를 생성할 수 있는 모델인 VirtuosoNet을 개발하였고, 자동 연주 피아노로 피아니스트처럼 연주하는 소위 'AI 피아노'를 개발하여 여러 공연 및 전시 행사에서 연주를 선보였다. 대표적인 사례로, 2019년 대전시립미술관 몰입형 아트 특별전에 전시된 〈Deep Space Music〉이라는 미디어 아트 작품에서 4곡의 20세기 현대 음악을 연주하였고, KAIST 개교 50주년 기념행사에서는 공동 연구를 수행했던 피아니스트 박종화와 함께 듀엣으로 연주를 하는 무대를 선보이기도 했다. 또한, 김포필하모닉오케스트라, 피아니스트 김기경과 함께 협연하는 큰 무대에 서기도 했다.

미래의 'AI 연주자'

앞으로 음악 연주를 위한 인공지능은 어떻게 발전해 나갈까? 완전한 'AI 연주자'를 구현하기 위해서는 우선 앞서 설명한 청음 지능과 표현 지능이 하나로 통합되어야 한다. 즉, 다른 연주자의 소리를 들으면서, 나의 악기를 표현력 있게 연주하는 능력이 필요한 것이다. 여기에 더해, 무대 연주를 위해서는 다른 연주자의 동작을 인식하거나 서로 눈빛을 교환하여 연주의 타이밍을 맞추는 등 시각적인 커뮤니케이션이나, 다른 연주자들이 AI 연주자의 상태와 의도를 파악할 수 있도록 시각화하는 것도 필요할 것이다. 몇 년 전에 선보인 AI 피아노와 현악 사중주단의 협연을 보면, 사람 연주자를 위해 AI 연주자의 형상을 바닥에 비치는 그림자로 표현하여 상호 간에 시각적인 커뮤니케이션을 한 사례가 있다. 이렇게 'AI 연주자'는 청각과 시각을 모두 필요로 하는 '멀티모달' 연구가 필요하며, 향후에는 앞서 설명한 아바타 기술과 결합하여 시각과 청각이 더욱 밀접하게 통합된 기술로 발전할 것이다.

마치며

메타버스 기술을 통한 아바타 가수, 인공지능 기술을 통한 AI 연주자는 앞으로 공연 산업을 활성화할 수 있을까? 더 나아가, 노래를 부르거나 악기 연주에 관심이 있는 일반인들도 이러한 기술을 통해 좀 더 쉽게 자신을 표현할 수 있을까? 아직 이런 질문에 대한 정답을 꺼내놓을 수는 없을 것이다. 다만 음악 공연의 본질은 결국 아티스트가 관객들에게 감정을 전달하고 감동을 주는 것인 만큼, 그 본질에 가까워지고자 하는 다양한 시도를 통해 좀 더 많은 사람들이 더 나은 음악 공연을 선보이고 또 감상할 수 있기를 기대해 본다.

그 어디에 있는,
그 어디에도 없는 공간

메타버스 시대의 뉴미디어 아트

✕ 이진준 교수 ✕

1966년도에 뉴욕에서 E. A. T. Experiments in Art and Technology 라는 단체가 '9evenings'이라는 행사를 열었다. 여기에 참여한 사람의 절반은 아티스트, 절반은 공학자였다. 많은 사람이 모여서 포럼도 하고 대화를 나누었는데, 이렇게 많은 공학자와 예술가들이 한꺼번에 모여 실질적인 공동 작업을 위해 논의한 것은 이때가 거의 처음이었다. 20세기 초 유럽의 혁신적인 예술들이 구시대의 예술에 젖어있던 미국에 끼친 충격은 적지 않았고, 마치 그것을 기리듯이 E. A. T 또한 공학과 예술가의 만남을 통해 새로운 예술에 대한 기대를 품었던 것 같다. 그러한 결과 중 하나는 1970년도에 오사카 엑스포에서 펩시 파빌리온Pepsi Pavilion 이라고 하는 아주 새롭고 실험적인 건축의 형태로 등장했다.

이 건물은 당시에 굉장히 센세이션한 반응을 일으켰다. 연기가 나는 미지의 우주선 같은 건물 내부에서 과학들과 예술가들이 모여 공연도 하고 대화도 하는 등 여러 행사를 진행했던 기념비적인 사건이었다고 볼 수 있다. 이러한 성공은 많은 기대를 품게 하였다.

E.A.T.의 사례 이후 반세기를 지나오는 동안 공학자와 예술가가 만나 이상적인 결합을 이루어내려는 시도는 많았지만 성공적인 융합이 이루어졌다기보다는 오히려 아마추어적이고 표피적인 결과로 이어지는 경우가 훨씬 많았다. 마치 프린트기와 복사기, 스캐너의 기능을 합쳤을 때 융합기라고 하지 않고 그저 프린트 복합기의 형태가 된 것처럼 말이다. 따라서, E.A.T의 성공적인 시도를 살펴보는 것은 예술가와 공학자가 어떻게 미학적인 의견과 기술적인 입장을 섞어 결과물을 만들어낼 수 있을지 보여준 좋은 융합의 모델로서 살펴볼 필요가 있다 하겠다.

이 당시에 E.A.T.에서 논의되었던 중요한 질문 중 하나는 도대체 새로운 뉴미디어 기술을 이용하여 어떻게 하면 예술을 만들 것인가라는 본질적인 질문 외에도 그렇게 만들어진 어떤 결과물이 과연 예술인가 혹은 그 기술을 사용하는 유저에 머무르는 것인가 하는 부분들이었다. 사실 미디어를 이용했을 때 진짜 미디어 예술 작품을 만들었다고 봐야 하는지, 그렇지 않으면 그냥 새로운 미디어를 사용하는 유저라고 봐야 하는지에 대한 논의는 계속되어 왔다. 결론부터 말하면, 결국 미디어가 가지고 있는 매체의 미학을 다루는지의 여부가 그 기준을 결정하는 중요한 요소 중의 하나가 될 수 있다. 매체가 가지고 있는 독특한 미학을 다루는 것이 미디어 기반의 예술가들에게 중요한 고민의 지점이 되는 것이다. 만약, 그냥 그 매체가 가진 가능성을 사용하고 있는 사람은 미디어 유저에 불과하다고 봐도 무방할 것이다. 따라서 미디어 예술가로서 나는 이러한 매체 미학의 탐구에 기반한 미디어 예술 작품을 제작해 왔으며, 나의 예술세계에 흐르고 있는 이러한 미학적 지점들은 리미널 Liminal 혹은 리미노이드 Liminoid 라는 두 단어에 집결되어 박사 논문을 통해 발표되었다.

1. 리미널과 리미노이드

리미널은 프랑스 인류학자였던 아르놀드 방주네프 Arnold van Gennep 의 '통과의례 Rite of Passage '를 설명하며 등장한다. 이후 문화인류학자였던 빅터 터너 Victor Turner 가 그러한 개념을 발전시켜, 어떤 통과의례의 과정에서 발생하는 공간을 리미널 스페이스, 즉 경계 공간이라고 하고 그 경계 공간에서 겪을 수 있는 독특한 경험들을 리미노이드 경험이라고 정의하였다.

예를 들어, 우리가 보통 청소년기를 '질풍노도의 시기'라고 표현하는데 이 시기도 어른이 되어가는 통과 의례라고 할 수 있고, 또 결혼식이나 장례식 등의 일을 겪는 것도 일종의 통과 의례라고 할 수 있다. 쉽게 말해 내가 뭔가 다르게 변화하는 과정을 말하는 것이고, 그 통과 의례의 과정에는 세 가지 프로세스가 존재한다고 설명된다. 첫 번째는 과거의 나 old self, 두 번째는 변해가는 단계 transitional phase, 마지막으로 새로 통합되어 새로운 관점을 갖게 되는 것 incorporation 이다.

나는 천주교의 세례 의식을 보며 리미노이드를 설명하는 데 도움이 된다고 생각하였다. 누군가 세례를 받을 때 신부님에 의해 이마에 손을 얹고 물 속에 들어갔다가 나오는 과정이 있는데 그것이 신의 세례를 받아 새롭게 태어난다는 의미를 갖는다. 이 과정이 경계 공간에서 일어나는 리미노이드의 경험을 아주 가깝게 체험할 수 있게 해준다. 세례를 받고 물에 빠지는 그 순간에 잠시 그는 자신의 과거의 모습을 잃어버리게 되고 물속에 들어간 찰나의 순간 변화의 단계를 경험하는데 그때 일어나는 아주 독특한 경험을 바로 리미노이드라고 하는 것이다.

경계 공간의 예를 더 살펴보자면, 횡단보도는 사람이 다니는 길인 동시에 차가 다니는 길이기도 하다. 초록불이 켜지면 사람이 건너고, 빨간불이 켜지면 차가 달려간다. 바로 이러한 것들이 경계 공간Liminal Space이 된다. 아주 일시적이고 하나로 딱 규정되어 있지 않은, 특정하게 말할 수 없는 사이 공간 같은 것을 지칭하는 것이다. 에스컬레이터나 계단도 마찬가지다. 1층도 아니고 2층도 아닌 계단이라는 공간이 바로 경계 공간이다.

이 경계 공간을 잘 이해하기 위해서 비장소NON PLACE라는 개념을 함께 이해할 필요가 있다. 프랑스의 인류학자 마르크 오제Marc Auge는 공항이나 기차역, 호텔처럼 우리가 잠시 머물고 떠나는 공간, 그래서 개인적인 애착을 가질 수 없는 공간을 '비장소'라는 개념을 통해 살펴보고자 하였다. 경계 공간이 1층도 아니고 2층도 아닌 물리적인 사이 공간이라고 한다면, 비장소라는 건 좀 더 심리적인 경계 공간이라고 보면 될 것 같다.

경계 공간과 리미노이드의 표현

이 비장소와 경계 공간, 특히 경계 공간에서 일어나는 어떤 독특한 경험, 즉 리미노이드에 주목한 예술가들이 있다. 빌 비올라Bill Viola라는 영상 작가는 물에 빠지는 영상 작품을 통해 이것을 전달했는데, 세례를 받을 때 물에 빠졌다가 다시 태어나는 그 찰나의 순간을 떠올리게 한다.

그리고 2014년 크리스토퍼 놀란Christopher Nolan 감독의 영화 〈인터스텔라〉에서도 리미노이드를 표현한 장면을 발견할 수 있다. 시간과 공간을 초월하여 우주로 여행을 간 아버지가 지구로 귀환하지 못하고 길을 잃어버려, 우주의 어떤 블랙홀에 빠지게 된다. 그 블랙홀에서 허우적거리다가 들어가게 된 공간에서 자신의 딸이 있는 서재를 발견한다. 바로 이 장면에서 리미노이드가 연출되어 있다. 물리적으로 어디에도 속하지 않는 사이 공간, 내가 애착을 가진 물건들이 남아있는 집도 아니고, 어딘가 잠시 떠나야 하는 순간에 잠깐 머무르게 되는 그런 공간들. 그런 경계 공간의 경험들이 만들어지는 시각적 효과가 〈인터스텔라〉에 굉장히 잘 표현되어 있다. 'inter-'라고 하는 '사이'의 개념이 적절하게 그려진 영상이었다.

경계 공간에 대한 또 다른 예를 살펴보면, '만달라'라고 불리는 티벳 불교의 도상이 있다. 승려들이 모래 바닥에 이상적인 공간을 그려나가는 수련을 할 때 부처의 이상 세계 같은 것을 그리는데, 이

✕ 그림 12 ✕ 엘 그레코, 〈오르가스 백작의 매장(1586)〉

역시 삶도 아니고 죽음도 아닌 어떤 사회 공간에 대한 시각적인 예시라고 볼 수 있다. 무엇보다도 힘들게 완성한 그 모래 작품을 영구히 보관하는 것이 아니라 순식간에 날려버림으로 '리미노이드'가 추구하는 그 찰나의 순간성이 적절하게 잘 표현된다고 생각한다.

또 우리가 흔히 보는 페르시안 러그에는 물고기가 있는 연못이나 화초를 키우는 정원 같은 모습이 그려져 있다. 자세히 보면 아랍의 정원 공간을 상징적으로 그려낸 것이다. 이 러그에 올라가는 순간, 사실 러그에 의해 물리적으로 한계지어지는 공간에 올라서서 경계 공간의 경험을 하게 되는 지점이 생겨난다. 그 러그가 놓여있는 공간은 마법처럼 하나의 무대를 독자적으로 만들어 내는 것이다.

엘 그레코의 중세시대 그림 역시 마찬가지다. 이 그림은 한 백작이 지상에서 죽음을 맞이하여 하늘로 올라가는 천상 세계의 모습을 동시에 표현하고 있다. 횡단보도나 계단뿐 아니라 이렇듯 통과의례의 순간을 지나가고 한편으로는 이상 세계 혹은 죽음 이후의 사후 세계에 도달하는 그 중간 과정을 경계 공간이라고 하며, 그 공간에서의 찰나적인 경험이 바로 리미노이드라고 이야기하는 것이다.

이와 같은 독특한 공간 경험은, 최근 주목받고 있는 메타버스, 특히 VR이나 AR을 통해 가상의 공간에 들어갈 때에도 그 찰나에 일어나는 독특한 미학적 경험이 존재하고, 그것이 바로 경계 공간과 리미노이드의 경험과 연관되어 있다고 할 수 있다. 그리고 나와 같은 뉴미디어 아티스트들은 이러한 새로운 기술의 탐구를 통해 새롭게 만들어지는 그 미학적 지점을 다루고 있기 때문에 단순히 미디어 유저가 아니라 예술가로서 미디어 아티스트라고 불리는 것이기도 하다.

2. 뉴미디어 아트의 실제 사례들

① Nowhere in somewhere

'Nowhere in somewhere'을 해석하자면 유토피아라기보다 이상향의 세계에 가깝다고 볼 수 있을 것 같다. 어떤 의미에서는 바로 메타버스에 가까운 이런 세계에 대하여 내가 어떻게 예술 작품과 새로운 미디어를 통해 탐구해 왔는지 몇 가지 작업을 소개하고자 한다.

※ **그림 13** ※ 피에로 디 코시모, 〈The Forest Fire(1505)〉

〈The Forest Fire〉는 1505년 피에로 디 코시모Piero di cosimo에 의해 그려진 작품이다. 숲에 불이 나서 동물들이 그 불을 피해 달아나고 있는데 그림을 자세히 살펴보면 동물들의 얼굴 중에 사람의 얼굴도 찾아볼 수 있다. 루크레티우스Lucretius라는 로마의 철학자가 쓴 시집《사물의 본성에 관하여》의 내용을 가지고 만들어진 작품이다.

그래서 이 그림이 가지고 있는 이상 세계, 본질에 대한 세계, 동물과 인간에 대한 질문들에 영감을 받아 나는 2017년에 〈Blind Sound in Sound Mirrors - Nowhere in Somewhere〉이라는 영상 작품을 발표하였다. 이 비디오 작품을 보면 화면에 존재하는 숲의 모습, 흔들리는 건초 더미 등 프레임이 다 각각 별개로 존재하고 있다. 같은 공간이긴 하지만 다른 앵글에서 다른 시간대에 만들어진 것들을 촬영하고 갖다 붙이는 비디오 콜라주 기법을 통해 그 사이의 경계 공간을 드러내며, 독립된 시간의 콜라주가 만들어내는 초현실적인 풍경의 공간을 만들고자 한 것이다.

스틸 이미지인 기존의 콜라주와 달리, 각각의 시간들의 조합으

전에 없던 새로운 감각: 메타버스와 예술　　　　　　　　　　349

로 만들어내는 비디오 콜라주는 추사적인 개념의 시간을 선형적인 것에서 비선형적이고 수직적인 두께를 부여하게 된다.

과거 공중파 방송의 PD로 일하며, 시간의 동시성과 함께 공간을 초월하는 시각적 경험을 가질 수 있었다. 예를 들어, 무대 위에서 한 명의 가수가 노래를 한다고 치면, 열 대가 넘는 카메라가 동시에 그 가수를 촬영하고, 피디는 그 영상을 모두 볼 수 있는 부조정실에 앉아 그 다양한 앵글을 동시에 확인할 수 있다. 다시 말해 무대 위의 가수는 한 사람이지만, 카메라는 여러 대가 동시에 그를 촬영하기 때문에 마치 신의 눈으로 하나의 대상을 동시에 여러 방향에서 입체적으로 볼 수 있는 것이다. 이러한 독특한 시각적 경험은 카메라와 영상이라는 기술의 도움에 의한 것임을 부인할 수가 없다.

그러다 보니 하나의 공간을 바라볼 때도, 다른 사람이 나를 보는 모습이나 내 안에서 스스로를 바라보는 모습, 또 어떤 카메라가 나를 촬영하는 모습 등의 이미지가 동시에 겹쳐서 떠오르는 경우가 종종 있다. 일종의 메타인식이 자연스럽게 생겨나는 것이다. 이렇게 시공간을 초월하여 여러 이미지가 겹쳐서 만들어지는 장면을 상상하게 되면서 내가 놓여있는 공간에 대한 독특한 경험이 생겨난다. 이것이 바로 일종의 경계 공간에서의 리미노이드한 경험인 셈이다.

2011년에 작업했던 〈Here and There〉은 동시에 4개의 문을 세워놓고 바닥에 실제 잔디를 깔았던 작품인데, 문 크기에 딱 맞춰서 양면에 모두 빔 프로젝션을 하여 새로운 풍경을 만들어냈다. 잘 보면 문 손잡이가 두 개라는 것을 알 수 있을 것이다. 잠그는 쪽과 열리는 쪽이 반대로 붙어있는데 이를 통해 어떤 상징적인 메시지를 전달하려고 했다.

문이라는 건 보통 여는 쪽과 잠그는 쪽, 둘 중 하나만 존재하는데 그러면 잠그는 쪽이 안이 되거나 밖이 되면서 문이 안과 밖을 나누는 경계가 된다. 이 작품에서는 문의 손잡이가 두 개라서 내가 잠글 수도 있고 또 열 수도 있으며, 반대편에서도 마찬가지일 것이다. 따라서 이 문이 열리려면 양쪽에 있는 다른 사람이 반드시 서로 열겠다는 동의를 해야만 하며, 어떤 조건에 의해서만 이 문을 열거나 혹은 열 수 없는 감옥을 만들거나 하게 될 것이다. 결국 어디가 안이고 어디가 밖인지 그 경계를 알 수 없는 지점이 생겨나는데, 바로 이 경계 공간의 경험을 담고 있는 작품이라고 볼 수 있다.

② **Artificial Garden**

2011년에 만들었던 또 다른 작품은 〈Artificial Garden〉이다.

정원은 사실 인공과 자연이 동시에 존재하는 경계 공간이다. 정원이라는 말 자체가 자연에 있는 것을 인위적으로 가져와서 만든 '인공적인' 공간을 뜻하는데, 이 작품은 제목에 〈Artificial Garden〉이라고 하여 그 '인공성'을 한 번 더 강조하려 하였다. 10여 년 전 디지털 세계에서의 정원이라는 경계 공간이 가상현실 혹은 증강현실의 세계에서 어떻게 진화해 나갈 것인지 상상하면서 만들었던 작품이었다.

보통 정원이라고 하면 흔히 생각하는 파라다이스 같은 풍경을 떠올리는데, 이 작품에서는 디지털이 결합되었을 때 생겨나는 독특한 공간 경험에 대한 미학적 탐구를 해보고자 했다. 여기에도 바닥에 실제 잔디를 깔았고, 이 잔디가 자랄 수 있도록 여러 구조물을 바닥에 설치하여 물을 주며 키웠다. 동시에 LED를 이용한 미디어 스페이스를 만들어서 놓고 이 공간에서 하프 연주자, 가수, 무용수, 연극배우 등의 아티스트가 콜라보레이션을 하며 어떤 다원적 공연예술의 가능성을 모색하고자 하였다.

작품의 크레딧에는 'Air conditioner & Fan sound'라고 적혀있는데, 이 공간의 온도가 18도에서 20도로 유지되도록 에어컨을 두 대 정도 설치하고 컨디션을 맞추었다. 그러니까 눈에 보이지 않는 온도, 팬이 돌아가는 소리, 그 모든 것이 이 작품에 있어 하나의 중요한 구성 요소였다. 일종의 총체적 경험을 통해 내가 추구하고 있는 경계 공간 경험을 구현하고 싶었던 것 같다. 그런 점에서 우리가 지금 연구하고 있는 메타버스의 세계라는 것도, 시각적인 경험만을 탐구하는 것이 아니라 몸이 체험하는 더 다양한 종류의 공간 경험을 만들어내기 위해서는 이렇듯 온도나 냄새 등의 눈에 보이지 않는 감각들도 중요한 고려 요소가 되어야 한다는 생각을 하게 된다.

③ Your Stage

〈Artificial Garden〉이라는 공간 속에서 공연을 만들었던 것처럼, '무대'라는 공간에도 한동안 많은 집중을 했었다. 2008년부터 시작된 이 무대 공간에 관한 프로젝트는 아직도 계속 탐구 중인 영역이다. 〈Your Stage〉는 2009년에 만들었던 공간인데, 경계 공간의 가장 적절한 예라 할 수 있는 '무대' 공간을 이용한 작품이다. 우리는 어떤 공연을 보러 갔을 때 바로 이 무대에 배우가 올라가는 순간 사실상 하나의 가상 세계가 만들어진다는 암묵적인 합의가 이루어진다. 무대 위에서는 배우들이 연기를 하고, 무대 밖을 벗어나면 일상으로 돌아오는 것이다.

④ Insomnia

〈Insomnia〉는 빔 프로젝션을 통해 창문 블라인드의 움직임을 만들어낸 작품이다. 사실 아무것도 없는 어두운 방에 불과한데, 빛이 마치 바깥쪽에서 안쪽으로 들어오는 것처럼 블라인드가 출렁거리고 그에 따라서 공간이 밝아졌다가 또 어두워진다. 사실은 내부에서 쏘아지는 빛인데 마치 밖에서 빛이 들어오듯 역전되는 상황을 만든 것이다. 그리고 블라인드가 움직이면서 벽에 부딪칠 때는 '쾅' 하는 굉음이 난다. 스피커가 벽 쪽에 얇게 설치되어 있어서 블라인드가 부딪칠 때 울림이 느껴지는 그런 소리와 빛 그리고 벽의 떨림을 동시에 경험할 수 있는 작품이다.

3. 뉴미디어 아티스트

뉴미디어 아티스트라는 개념이 다소 생소할 수 있을 것 같다. 뉴미디어라는 건 말 그대로 새로운 매체를 말하는 것이다. 뉴미디어 아티스트는 기존의 미디어가 아닌 새롭게 나오는 기술에 대해 궁금해하고 이 새로운 기술이 어떤 매체의 미학을 가지고 있는지 탐구한 다음, 그러한 것을 가지고 작품을 만들어내는 사람이다. 동시에 뉴미디어 아티스트는 사실상 지휘자와 같은 역할을 한다. 말하자면 영화의 감독이나 오케스트라의 지휘자처럼 디렉터로서 각각의 전문가들을 매니징하고 프로듀싱하여 함께 새로운 공간과 감각의 경험을 만들어낸다.

최근 각광받고 있는 뉴미디어 아티스트들의 방향은 크게 두 가지 정도가 있다. 그 중 하나는 미디어가 지닌 공연성을 이용한 새로운 퍼포먼스 공연예술에 대한 기획과 연출에 있다. 올림픽과 엑스포 혹은 여러 상업적인 대형 기획 공연 등에서 XR, 드론, AI 같은 새로운 기술이 적극적으로 활용되고 있다. 또한, 미디어를 이용한 공공 건축이나 조각 등 공공적인 프로젝트들 또한 최근 전 세계적으로 가장 최전선에 있다고 할 수 있다.

어떻게 보면 과거의 전통 조각가나 건축가는 돌, 나무, 쇠 등을 다루었지만 지금의 뉴미디어 아티스트는 빛이나 소리 같은 경계 물성을 통해 새로운 형식의 예술, 아니 메타버스 상에서의 중력의 한계를 벗어난 새로운 공간 예술의 탄생을 주도하고 있다 하겠다. 몇 가지 주요한 작품들을 살펴보려 한다,

미디어 조각

특히 이 미디어 조각 분야에서는 작품의 어떤 소스를 데이터와 연결시키는 데이터 조각 Data Sculpture 작품들이 많이 나오고 있다. 단

순히 전시하고 보여주기만 하는 정도가 아니라, 공공장소에서 그 데이터를 어떻게 이용해 광고의 효과를 낼 수 있을지, 또 사람들과 어떻게 인터랙션을 만들어낼 수 있을지 연구하는 작업들이 많다.

그 예로 소치올림픽에서 아시프 칸Ashif Khan 이라고 하는 디자이너는 2014년도에 바로 인터랙션과 키네틱Kinetic 을 동시에 만들어내는 그런 미디어 조각 작업을 선보였다. 이러한 데이터의 키네틱 방법은 바람이라는 비물성을 이용해 인터랙션을 만들어내는 조각이라고 할 수 있다. 또 키네틱 조각 분야가 공학적인 기술과 결합하여 BMW 광고에 사용되었던 사례도 있다.

최근에 이런 데이터 드리븐 디자인 예술Data-Driven Art 은 좀 더 확장되어서 훨씬 더 큰 공간으로까지 확대되고 있다. 그 예로 2019년에 서울 해몽Seoul Haemong 전시에서는 서울이 갖고 있는 데이터를 이용해서 레픽 아나돌Refik Anadol 이라는 아티스트가 동대문 DDP에 맵핑한 작품을 볼 수 있었다.

이러한 데이터 조각 작품의 영역에서 나는 아주 초창기부터 전 세계 여러 작가들과 협력하고 때론 경쟁하며 새로운 예술의 영역을 구축해 왔다. 2008년에 시작해 2010년에 완성된 한국 최초의 데이터 공공 조각 작품을 상암동에 설치할 수 있었는데, 이 작품은 나에겐 각별한 의미를 지닌다. 이 작품을 통해 이 분야의 새로운 개척자로서 인정받아 영국왕립조각원의 정회원MRSS 이 되었으며, 이후 영국을 중심으로 활동하며 2021년에 마침내 260년이 넘는 전통을 지닌 왕립예술원의 석학회원FRSA 으로 인정되었다.

※ 그림 14 ※ 이진준, 〈They(2010)〉

이 작품은 사실 색깔이 변하는 조각이다. 연인이 헤어지는 데이터를 바탕으로 색깔 변화를 만들었다. 보통 연인들이 봄이 오기 직전에 많이 헤어지고, 또 크리스마스 직전에 많이 헤어진다는 데이터가 있다. 그래서 이 데이터를 조합하여 일종의 알람처럼 연인이 많이 헤어지는 시기에 빨간색으로 바뀌도록 만든 것이다. 사실 기술적으로 굉장히 어려운 작업이었다. 삼각형의 픽셀들이 모여서 얼굴의 형태를 만드는데, 전부 다른 크기와 모양을 가진 삼각형이 만들어내는 구조 덩어리의 계산이 굉장히 복잡했고, 또 계절마다 프레임의 팽창률이 다르기 때문에 프레임 사이의 마감인 유리가 깨지지 않는 것도 굉장히 중요했다. 또 온실효과 때문에 여름에 해가 쨍하게 비추면 내부 온도가 60, 70도까지 올라가 LED 통신망이 고장 나는 상황도 해결하여야만 하였다.

이러한 기술적 어려움을 해결하고 10년 이상 작품의 완성도를 지속시킬 수 있었던 것은 2008년 당시 여러 건축공학을 전공했던 건축가들과 또 전기공학을 하는 전기 엔지니어들, 그리고 조형물 전문가들과의 협업 덕분일 것이다.

다양한 분야로의 진출

사실 조각뿐만 아니라 퍼포먼스 공연 분야에서도 미디어 쪽에서 활용할 수 있는 작업이 굉장히 많이 이루어지고 있다. 최근 존 레전드John Legend가 가상 공간에서의 아바타 공연을 하기도 했고, 아리아나 그란데나 트래비스 스캇의 온라인 게임 내 아바타 공연도 큰 흥행을 거뒀다. 또 XR 기술을 활용하여 실제 팝스타와 아바타가 동시에 무대에 서는 새로운 공연이 시도되기도 했다. 또 실제 인물이 조종하는 아바타가 대신 무대에 서거나, 홀로그램으로 무대 위에 가수의 모습을 연출하는 등 새로운 기술을 이용한 공연 기획이 계속해서 많이 이어지고 있다.

이러한 많은 기술적 진보를 바탕으로, 지금은 뉴미디어 아티스트가 미디어 조각이나 설치 건축 분야에 머무는 것이 아니라, 연출이나 지휘, 디렉터 분야까지도 다양하게 진출해 있는 상황이다. 메타버스와 함께 더욱 가까워지게 된 융합의 시대에, 과학자와 예술가와 철학자들의 융합이야말로 새 시대를 깨우는 최전선의 의미 있는 시도이자 도전이지 않을까. 그래서 앞으로는 뉴미디어 아티스트의 세계가 더욱 확장되지 않을까 싶다. 마지막으로 들뢰즈Gilles Deleuze가 했던 이야기를 인용해 본다.

혼돈의 바다 카오스의 바다에 뛰어드는

세 가지 부류가 있다.

한 부류는 과학자들이고 또 한 부류가 예술가들이고

또 마지막 부류가 철학자들이다.

포스트 메타버스

다음 세상이 온다

초판 1쇄 발행 2022년 3월 9일

지은이 · 원광연, 우운택, 이지현, 차승현, 이동만, 노준용, 시정곤, 이성희, 윤상호,
　　　　이정미, 송지은, 박주용, 이원재, 안재홍, 도영임, 이은수, 이경면, 남주한,
　　　　이진준
펴낸이 · 박영미
펴낸곳 · 포르체

편　집 · 원지연
마케팅 · 이광연
디자인 · 최희영

출판신고 · 2020년 7월 20일 제2020-000103호
전화 · 02-6083-0128 | 팩스 · 02-6008-0126
이메일 · porchetogo@gmail.com
포스트 · https://m.post.naver.com/porche_book
인스타그램 · www.instagram.com/porche_book

여러분의 소중한 원고를 보내주세요. porchetogo@gmail.com